아세안의 WTO 무역분쟁 연구

서울대학교 아시아연구소총서 기초연구시리즈 20

아세안의 WTO 무역분쟁 연구

글로벌 통상질서의 변화에 따른 특성 및 비교분석

초판 1쇄 발행 2020년 7월 10일

지은이 나희량
펴낸이 오세정
편집 정미경
디자인 장혜원
인쇄 네오프린텍

펴낸곳 서울대학교출판문화원
주소 08826 서울 관악구 관악로 1
도서주문 02-889-4424, 02-880-7995
홈페이지 www.snupress.com
페이스북 @snupress1947
인스타그램 @snupress
출판등록 제15-3호

ISBN 978-89-521-2907-9 94320
978-89-521-1475-4 (세트)

이 연구는 2017년도 서울대학교 아시아연구소 아시아기초연구사업의 지원을 받아 수행되었음.

서울대학교 아시아연구소총서
기초연구시리즈 20

아세안의 WTO 무역분쟁 연구

글로벌 통상질서의 변화에 따른 특성 및 비교분석

나희량 지음

서울대학교출판문화원

WTO Dispute Settlement of ASEAN

Characteristics and Changes in Global Trade Order

Heeryang Ra

Seoul National University Press

머리말

2008년 9월 미국의 대표적인 투자은행이던 리먼 브라더스(Lehman Brothers)의 파산에서 촉발된 글로벌 금융위기 이후 세계경제는 급격한 경기하락과 2010년 연이은 유럽의 재정위기로 세기의 경제위기를 맞았다. 이후에도 세계경제는 미국, EU, 일본 등 세계경제의 성장을 주도해온 주요 선진국에서 장기간의 경기침체와 저성장이 지속되면서 소위 디플레이션(장기간 성장이 지체되고 물가가 낮아지는 현상)의 시대라는 낯설지만 새로운 일상(new normal)을 직면하고 있다. 이러한 디플레이션 문제를 극복하기 위해 활용되었던 금리인하, 양적완화정책, 확대재정정책 등 전통적 또는 비전통적인 해결책들도 만족할 만한 효과를 내지 못하고 있다. 이제는 새로운 일상이 오히려 익숙한 일상이 되어가고 있다.

선진국의 경제가 고전을 면치 못하고 있을 때 BRICS(브라질, 러시아, 인도, 중국, 남아프리카공화국)를 대표로 하는 신흥국(개도국) 경제가 그나마 세계경제를 떠받치는 역할을 하게 되었다. 특히 중국과 인도는 세계경제에서 차지하는 경제규모뿐만 아니라 높은 경제성장률과 안정적인 경제의 운용 등으로 세계경제의 구원투수로서 그 존재감을 확실하게 드러냈다. 신흥국을 대표하는 이들 대국이 글로벌 경제위기를 극복하는 데 중요한 역할을 한 것은 부인할 수 없다. 세계경제에서 이들 국가의 위상과 역할은 앞으로도 강화될 것으로 예상된다.

하지만 세계의 공장 내지는 시장으로 일컬어지던 중국도 최근 경제성장률 하락, 임금 및 부동산 가격 급등 등에 따른 물가의 급격한 상승, 고령화·저출산에 따른 인구구조 변화의 가속화, 빈부 간, 지역 간 양극화의 심화, 국영기업들의 비효율성 증대 등으로 여러 가지 문제가 불거지고 있다. 중국으로 진출했던 많은 외국 기업들이 본국이나 다른 국가들로 철수 또는 이전하고 있는 이유도 이러한 배경에 기인한다고 볼 수 있다. 특히 중국은 2017년 미국 트럼프 정부 출범 이후 미중 간 무역전쟁 등 미국의 압박과 미국과의 충돌이 격화되면서 경기침체가 심화되고 있고 이에 따른 대내외적인 불안정성 또는 불확실성이 커지고 있다.

더욱이 중국은 미국이 문제 삼고 있는 지적재산권 침해, 불법 보조금 지급, 외자기업들에 대한 불법적인 기술 탈취 관행, 국가의 직간접적인 시장 간섭 등 자유시장경제시스템 및 자유무역질서를 침해하는 정책 및 구조에 대한 명확한 해결책이나 로드맵을 제시하지 못하고 있다. 다시 말해 중국이 세계경제, 특히 신흥국 경제의 중요한 한 축을 담당하고는 있지만 지속가능한 성장에 대한 불확실성과 세계경제 주체들의 신뢰 약화 등으로 중국을 대체하는 새로운 성장동력 내지는 신흥시장에 대한 필요성과 관심이 높아지고 있다.

이러한 세계경제 환경과 구조 변화에 따라 새로운 블루오션으로 떠오르고 있는 대표적인 지역이 아세안(ASEAN, 동남아시아국가연합)이다. 아세안은 연평균 경제성장률이 5% 이상으로 성장을 지속하고 있고 저렴한 인건비와 35세 이하 인구가 총인구의 65% 이상이라는 점에서 새로운 생산기지 내지는 소비시장으로 급부상하고 있다. 이러한 성장잠재력에 더해 아세안은 2015년 아세안경제공동체(ASEAN Economic Community, AEC) 출범을 기점으로 역내 국가들 간 경제적 통합을 가속하고 있어 향후 아세안이 단일경제권으로서 세계경제에서 차지하는 위상과 역할은 확대될 것으로 예상된다.

아세안은 우리나라에도 경제적·정치적·외교적 차원에서 전략적으로 매우 중요한 지역이다. 우리나라의 많은 기업이 아세안에 진출해 있고 무역과 투자 규모도 빠른 속도로 증가하고 있다. 중국에 이어 두 번째로 무역과 투자를 많이 하고 있다. 아세안은 우리나라 사람들이 가장 많이 찾는 관광지 중 하나이며, 노동력 유입 등 인적 자원 차원에서도 교류가 활발하다. 또한 우리나라에 필요한 천연자원과 원자재의 공급처이기도 하다. 따라서 우리나라가 미국, 일본, 중국, 러시아의 4강 중심의 전통적 외교노선에서 벗어나 아세안으로의 진출과 교류, 협력 확대를 위한 전향적인 정책전환의 필요성이 제기되는 것은 당연한 일일 것이다. 3P(사람 People, 평화 Peace, 번영 Prosperity)를 모토로 현재 문재인 정부에서 야심차게 추진하고 있는 신남방(新南方)정책도 이러한 연장선상에서 진행된다고 볼 수 있다.

세계무역기구(World Trade Organization, 이하 WTO) 무역분쟁은 각국이 국익과 자존심을 놓고 대결하는 총성 없는 전쟁이다. 동시에 그 판정결과의 실현에 강제성이 부여됨으로써 국제무역에 미치는 영향이 크다는 점에서 중요한 이슈가 되고 있다. 이는 아세안도 예외는 아니다. 대외개방과 무역을 통해 경제성장을 이루어온 아세안이 갈수록 격화되고 있는 국가 간 무역경쟁과 분쟁에서 성공적으로 지역의 이익을 담보해야 할 필요성이 더욱 커지고 있다. 이러한 의미에서 무역의 이익을 담보할 수 있는 최소한의 장치로 법의 지배를 토대로 한 WTO 무역분쟁의 효율적이고 적극적인 활용은 무엇보다도 필요하며, 이를 위해서는 WTO 무역분쟁의 분석과 이에 대한 이해와 적용이 전제되어야 한다.

특히 아세안은 지역의 안정과 발전을 위해서는 역사적으로 강대국들이 주효하게 활용해왔던 힘의 지배(rule of power)에서 벗어나 명분과 논리를 중심으로 하는 법의 지배(rule of law)를 토대로 하는 다자적 무역질서에 의존하는 것이 더 유리할 것이다. 따라서 WTO를 중심으로 한 다자적 무역질서를 더 공고히 하고 이를 자유무역 발전에 필요한 제도적 준거와 시스템으로 작동할 수 있도록 하는 노력이 두 진영 간에 공통적으로 요구된다고 할 수 있다. 따라서 아세안의 무역분쟁에 대한 이해는 우리나라가 아세안과 함께 공유할 수 있는 이익의 창출이라는 측면에서 필요한 학술적 정보와 시사점을 제공할 수 있는 출발점이 될 수 있을 것이다.

단 하루도 멈추지 않고 끊임없이 일어나는 무역에서 분쟁의 발생은 불가피하다. 또한 기업 간의 문제에서뿐 아니라 국가 간의 이해를 다투는 분쟁으로 표출되는 경우 이를 당사국들이 수용할 수 있는 정당하고 객관적인 방법을 통해 해결되지 못하고 상호 간 보복으로 악화되면 무역은 난항을 겪을 수밖에 없고 국가 경제에도 부정적인 영향을 미칠 것이다. 이는 우리나라도 아세안도 예외는 아니다.

최근 세계경제 상황을 보면 미국 트럼프 정부의 보호무역정책의 강화, 영국의 브렉시트(Brexit) 등의 고립주의가 득세하고 있고, 이는 그동안 불문율처럼 여겨지던 자유무역의 흐름을 제한하거나 역행하는 변수로 작용할 가능성이 커지고 있다. 이로 인해 무역분쟁은 더욱 격화될 것이고 아세안도 지역의 이익 또는 국가의 이익을 위해 고민이 많아질 수밖에 없을 것이다. 우리나라는 동병상련의 심정으로 아세안과 통상 분야 협력을 한층 더 적극적으로 강화해가야 하며 WTO 무역분쟁과 관련해서도 상호 간 소통과 협력, 지원을 통해 이 어려운 시기를 극복할 수 있는 지혜가 필요한 때다.

이러한 측면에서 이 책은 그동안 공백으로 남아 있던 아세안의 WTO 무역분쟁에 대한 구체적이고 포괄적인 연구와 이해에 도움을 주고자 한다. 이를 위해 WTO에서 제공한 자료를 바탕으로 아세안의 통상정책을 포함한 아세안의 WTO 무역분쟁에 대한 다양한 측면을 기술하고자 했다.

이 책은 모두 7개 장으로 구성되어 있다. 1장 서론에서는 이 책의 연구 필요성, 목적, 내용 및 의의를 기술한다. 2장에서는 아세안의 WTO 무역분쟁의 거시적 차원(세계, 동아시아와의 비교)과 미시적 차원(상품 및 협정별 제소, 피소 분석)을 논의한다. 3장에서는 아세안의 통상정책의 하나인 관세조치에 대해 양허관세율, 실행관세율, 상품군별, 주요국 간 비교를 중심으로 논의를 진행한다. 4장에서는 통상정책의 또 하나의 중요한 축인 비관세조치에 대해 알아보고, 특히 아세안의 특정무역현안(Specific Trade Concern)에 대해 살펴보고자 한다. 이를 통해 좀 더 구체적이고 현실적인 비관세조치의 현황과 그 특성을 분석한다. 5장에서는 아세안의 WTO 무역분쟁 사례를 국가별, 제소 및 피소별로 나누어 분석하고 구체적인 무역분쟁의 내용을 살펴본다. 6장에서는 WTO 무역분쟁해결절차 외에 아세안 역내의 무역분쟁해결 메커니즘을 알아보고 그 활용과 개선 방안을 논의한다. 7장 결론에서는 앞의 내용을 요약하고 이 논의로부터 도출될 수 있는 시사점, 기대효과 및 향후 연구주제를 제시한다.

이 책은 아세안에 대해 공부하고 있거나 무역, 통상을 공부하면서 아세안과의 연계를 고려하고 있는 학부 또는 대학원생, 또 아세안을 전공하고 연구하는 연구원, 학자들에게도 도움이 될 수 있을 것이다. 더 나아가 우리나라와 아세안 간의 통상협력 및 정책개발 분야에서 근무하는 공무원들에게도 일조할 수 있을 것으로 기대한다.

마지막으로 이 책을 집필, 출판될 수 있도록 지원해주신 서울대학교 아시아연구소와 오명석 동남아시아연구센터장님께도 심심한 감사의 마음을 전한다. 저자가 전공학문인 무역과 통상을 활용하여 아세안에 대한 이해의 지평을 넓혀보려는 노력과 마음을 흔쾌히 받아주셨기에 본서의 출판이 가능했다. 서울대학교출판문화원 관계자 분들께도 감사의 마음을 전한다.

아무쪼록 이 책이 아세안 연구의 발전을 위한 작은 밑거름이 되길 기대한다. 내용 중 오류나 부족한 부분이 있다면 그것은 전적으로 저자의 부족함이자 책임이다. 이러한 부분은 앞으로 지속적으로 수정 보완해 가고자 한다.

2020년 6월
부경대 대연캠퍼스에서
나희량 배상

차례

제4장 아세안의 통상정책: 비관세조치

제5장 아세안의 WTO 분쟁 사례 분석

표 차례

그림 차례

제1장

서론

1. 연구의 필요성

동북아시아 한중일 3개국과 아세안(ASEAN)으로 통칭되는 동남아시아 10개국을 포함하는 동아시아는 그 비중과 역할 면에서 이미 세계경제의 중심 역할을 담당하고 있다. 동아시아 경제가 세계에서 차지하는 비중 또한 빠르게 확대되고 있다. 예를 들어 동아시아의 GDP 비중은 10여 년 전인 2005년 18.8%에서 2016년 26.2%로 확대되었고, 교역 비중 또한 2005년 22.3%에서 2016년 27.3%로 증가했다(World Bank Data Base; WTO, 2017a). 또한 선진국 반열에 오른 일본과 중진국 내에서도 선두주자인 한국에 이어 중국은 BRICS 등 신흥국 진영의 대표주자로 자리매김하고 있다. 아세안은 젊은 노동력, 저렴한 인건비, 풍부한 천연자원 등 성장잠재력에서 새롭게 주목받고 있는 신흥시장으로 빠르게 부상하고 있다. 아세안이 세계 GDP에서 차지하는 비중은 2000년 1.9%에서 2016년 3.4%로 확대되었고, 교역비중 또한 2000년 2.4%에서 2016년 7.1%로 증가했다(World Bank Data Base; WTO, 2017a). 특히 아세안의 해외직접투자 유입액은 2016년 1,254억 달러로 중국의 1,239억 달러를 웃돌 정도로 급증하고 있다(UNCTAD, 2017).

이러한 세계경제의 구조적 변화 속에서 미국, EU, 일본, 캐나다 등 주요 선진국이 주도해오던 국제통상질서도 체제전환국들을 비롯한 다수 개도국의 참여와 역할 확대로 그 내연과 외연이 다층화·다변화하고 있다(안덕근, 2014; Ahn, 2005). 특히 동아시아 국가들은 WTO를 중심으로 하는 다자간 자유무역질서로의 적극적 참여, 동시다발적 자유무역협정(Free Trade Agreement, 이하 FTA) 체결을 비롯한 지역 간, 양자 간 자유무역지대의 확대를 통해 국제통상체제에서 그 입지와 역할을 확대, 강화하고 있다.

예를 들어 2001년 중국의 WTO 가입은 중국의 세계경제로의 급속한 편입과 이에 따른 동아시아 역내 분업화와 가치사슬 형성을 가속화하는 역할을 했고, 나아가 동아시아가 통합된 경제공동체로서 명실상부하게 세계경제의 중심으로 발돋움하게 되는 중요한 전환점이 되었다(WTO, 2015). 아세안 또한 캄보디아(2003), 베트남(2006), 라오스(2013) 등 후발 체제전환국들이 차례로 WTO에 가입하고 경제개혁, 시장개방을 가속화하는 동시에 인도네시아 등 기존 선발국들의 경제적 위상이 높아짐에 따라 국제통상질서의 중요한 축으로 부상하고 있다. 이와 함께 아세안은 기존 양자 간 FTA 방식을 넘어 역내포괄적경제동반자협정(Regional Comprehensive Economic Partnership, RCEP), 환태평양경제동반자협정(Trans-Pacific Strategic Economic Partnership, TPP), 아시아태평양자유무역지대(Free Trade Area of the Asia-Pacific, FTAAP) 등 광역(메가) FTA에 주도적으로 참여함으로써 그 외연을 확장하고 있다.

최근 WTO 다자간 협상을 통한 자유무역을 근간으로 하는 현재의 세계경제 및 통상질서는 2008~2009년 글로벌 금융위기와 2011년 EU의 재정위기 이후 각 국가들의 보호무역 조치와 정책의 강화로 인해 중대한 변화를 맞고 있다. 우선 미국의 경우 2016년 11월 대선에서 민주당의 힐러리 클린턴(Hillary Clinton)이 유리하다는 예상과 달리 극단적인 보호무역주의자로 알려진 공화당의 도널드 트럼프(Donald

Trump)가 당선되었다. 트럼프는 2017년 1월 취임 후 예고한 대로 환태평양경제동반자협정 협상에서 탈퇴하고 북미자유무역협정(NAFTA), 한-미 FTA 등 기존 FTA도 재협상하는 등 새로운 모습의 보호무역주의 색채를 강하게 나타내고 있다. 또한 중국산 상품에 고율의 관세 부과, 미국의 국익이 침해될 경우 다자간 자유무역협정인 WTO도 탈퇴할 수 있다는 발언 등 다자적 무역질서를 뒤흔드는 언사도 마다하지 않고 있다.

영국도 보호무역주의의 또 다른 형태인 고립주의가 현실화되었다. 영국에서는 지난 2016년 6월 세계 최대의 경제통합체인 EU로부터의 탈퇴(Brexit) 여부에 대한 국민투표를 했고 52%의 찬성률로 EU 탈퇴가 결정되었다. 영국은 2017년 3월부터 시작된 EU와의 협상을 이어왔지만 EU 단일시장 및 관세동맹으로부터의 이탈과 인력의 자유로운 국경 간 이동을 제한하는 소위 하드 브렉시트(Hard Brexit)와 관세동맹은 유지하되 노동력의 이동을 제한하는 소프트 브렉시트(Soft Brexit)를 사이에 두고 협상에 난항을 겪고 있다. 이러한 브렉시트로 인한 혼란은 그 협상 결과와는 상관없이 상품, 자본, 노동의 자유로운 이동을 전제로 진행되고 있는 유럽의 경제통합에 더욱 제약을 가할 것으로 보인다. 영국의 EU 탈퇴는 그 형태가 무엇이든 자유무역을 통한 경제적 통합의 대세에 적지 않은 타격을 줄 것으로 예상된다.

이처럼 최근 세계경제는 보호무역주의, 고립주의가 득세하고 이는 그동안 불문율처럼 여겨온 자유무역의 흐름을 제한하거나 역행하는 변수로 작용하고 있다. 이러한 급격한 국제통상질서의 변화와 역학구도의 전환 속에 각국 간 국내 산업의 보호를 위한 경쟁이 격화되고, 이로 인한 WTO 무역분쟁도 증가하는 추세다(나수엽, 2010; 신원규, 2014; 이효영, 2014). 이는 글로벌 경제위기의 지속과 침체가 지속되면서 국내 산업을 보호하고 무역의 이익을 담보하기 위한 각국의 보호무역정책의 시행 등에 주로 기인한다고 할 수 있다(문돈, 2015; 전정기, 2011).

실제로 보호무역주의의 대두는 2000년대 중반 이후 감소 추세이던 WTO 무역분쟁이 2012년 이후 다시 증가하는 것과 무관하지 않아 보인다. 2011년까지 한 자릿수(8건)까지 감소세를 보이던 WTO 분쟁건수는 2012년 27건으로 급증했고, 2013년 20건을 기록했다. 2014년 14건, 2015년 13건으로 다시 감소하고 있지만 2016년 16건, 2017년 15건 등으로 다시 반등하는 조짐을 보이고 있다. 특히 2018년 이후 중국에 대한 시장경제지위(Market Economy Status) 부여 문제, 미국의 한국 및 중국산 철강제품, 반도체 등 주요 대미 수출상품에 대한 고율의 반덤핑관세 부과와 이로 인한 갈등 격화 등 WTO 무역분쟁은 다시 급증할 수 있는 가능성이 상존하는 상황이다.

WTO 무역분쟁은 각국이 국익과 자존심을 놓고 대결하는 총성 없는 전쟁터다. 동시에 WTO 분쟁해결절차에 따른 판정결과의 이행에 강제성이 부여됨으로써 국제무역에 미치는 영향이 크다는 점에서 중요한 이슈가 되고 있다. 이는 최근 대외개방 및 무역 확대를 통해 경제성장을 추구하고 있는 아세안에도 예외는 아니다. 아세안의 경우에도 대외개방과 무역을 통한 경제성장을 위해 갈수록 격화되고 있는 무역분쟁에서 성공적으로 자국의 이익을 담보해야 할 필요성이 커지고 있다.

아세안은 다자적 무역질서의 강화를 위한 개도국들의 참여를 중심으로 한 국제통상 분야의 외연적·내연적 다층화 및 상대국과의 무역분쟁 증가에 따라 이에 대한 정책적 판단과 적용을 바꾸어가고 있는 추세다. 예를 들어 최근 인도네시아, 베트남 등은 WTO 분쟁해결제도를 적극적이고 공세적으로 활용하고 있다. 이전 WTO 분쟁제소에 대해 소극적이고 분쟁해결절차에 들어가더라도 상대국과 합의를 통해 해결하고자 했던 것과는 달라진 모습이다.

최근 들어서는 합의뿐만 아니라 패널 설치 등을 통한 WTO 분쟁해결제도를 활용하는 사례가 늘고 있다. 이처럼 아세안이 WTO 분쟁해결제도를 이전과 달리 전향적으로 고려, 활용하게 된 데는 WTO 분쟁해결 절차 및 과정에서 실질적으로 힘의 지배(rule of power)가 아닌 법의 지배(rule of law)가 강화되어온 것과 무관치 않아 보인다. 이와 함께 위에서 언급했듯이 아세안이 세계경제에서 차지하는 입지와 비중의 증가와 함께 WTO 분쟁 사례의 학습효과에 따라 제소 시 승소에 대한 자신감과 확신을 갖게 된 것도 그 원인으로 해석해볼 수 있다(문돈, 2015; 안덕근, 2014; 유예리, 2008; 허정·정지은, 2014; KIEP북경사무소, 2012).

아세안의 WTO 분쟁해결제도에 대한 정책적 변화는 단순히 개별국가의 차원에서 논의하는 것 이상의 의미를 갖는다. 왜냐하면 아세안은 일본, 한국, 중국, 아세안이라는 순차적 경제발전단계 과정에 있는 국가들로 이루어져 있어 수직적·수평적 가치사슬의 형성이 지역 및 국가 간에 이미 고도화되어 있기 때문이다(나희량, 2015). 또한 아세안은 2015년 12월 아세안경제공동체(ASEAN Economic Community, AEC) 출범 이후 실제로 다양한 부문에서 역내 경제통합을 위해 노력하고 있고 동일 또는 유사한 산업군에서 보완적·경쟁적 관계를 형성하고 있는 경우가 많기 때문이다.

이렇듯 지역 내 밀접한 경제적 이해관계에 있는 아세안의 경우 개별국가의 무역분쟁은 단순히 그 국가의 사례로 한정되는 것이 아니라 역내 다른 국가들의 산업 및 경제의 이해관계에도 적지 않은 영향을 줄 수 있다. 따라서 아세안의 WTO 무역분쟁에 대한 연구에 있어 개별 사례의 분석만으로는 아세안 역내 국가들의 경제적 상호 연관성, 지역이 공유하고 있는 이해관계를 충분히 해석하는 데 한계가 있을 수밖에 없다. 따라서 아세안의 WTO 무역분쟁의 흐름과 변화를 이해하기 위해서는 아세안 개별국가들의 WTO 분쟁 사례를 분석하고, 이를 토대로 종합적인 분석과 비교연구를 통한 관찰이 필요할 것이다. 이러한 작업을 통해 한중일 자유무역협정, 역내포괄적경제동반자협정, 환태평양경제동반자협정, 아시아태평양자유무역지대 등을 중심으로 향후 가속될 것으로 예상되는 아세안을 포괄하는 동아시아 경제의 통합과 역외 국가들과의 무역분쟁 증가에 대응할 수 있는 정책적 시사점과 방안을 제공할 수 있을 것이다.

개별국들의 사례 분석만으로는 아세안 역내 차원의 종합적이고 포괄적인 분석이 어렵다. 따라서 개별국가들의 사례를 토대로 아세안 역내 전체 차원의 WTO 분쟁 사례를 시기별, 분야별 등으로 범주화하는 작업이 필요하다. 또한 아세안 개별국가들이 WTO 분쟁 사례에서 보여주고 있는 특성을 도출하고 이를 토대로 국가 간 비교분석을 통해 WTO 분쟁 사례에 대한 입체적이고 통합적인 연구가 필요한 시점이다.

2. 연구의 목적

이러한 연구의 배경 및 필요성에서 이 책은 아세안의 WTO 무역분쟁을 포함한 전반적인 무역분쟁에 대한 조감도를 제시하고자 한다. 이를 위해 우선 아세안의 관세 및 비관세 조치를 살펴보고 이를 바탕으로 아세안 통상정책을 비교분석해 아세안 통상정책의 방향성과 WTO 무역분쟁에 대한 정책적 시사점을 모색하고자 한다. 또한 아세안이 단일한 경제공동체로 발전해가는 과정에서 역내 차원의 이익을 공유하고 담보하기 위해 어떠한 방향성을 갖고 WTO 무역분쟁에 대응하고 WTO 및 역내 차원의 분쟁해결제도를 활용해야 할지에 대해서도 살펴보고자 한다. 지금까지는 아세안 개별국가 차원의 무역분쟁의 성격이 강했지만 아세안경제공동체의 출범을 비롯한 역내 경제통합이 가속화되면 WTO 무역분쟁 관련 이슈도 개별국가 차원에서 머무르지 않고 역내의 공통된 관심사항 내지는 이해관계로 부각될 것이다. 이로 인해 WTO 무역분쟁에 대응하는 역내 차원의 노력이 필요할 것으로 보인다. 이를 토대로 역내 국가 간 밀접한 경제적 이해관계를 갖고 있는 아세안이 WTO 분쟁해결제도를 활용한 좀 더 효과적이고 선제적인 대응을 통해 무역 이익을 최대한 담보할 수 있는 방안을 찾는 데 주안점을 두고자 한다.

위에서 언급한 목적을 이루기 위한 세부 추진 사항은 다음과 같다. 첫째, 아세안이 무역분쟁에 대응하는 방식과 그 특성을 분석해 역내 통합적 분석을 위한 기초 작업을 수행한다. 특히 아세안이 교역상대국의 수입규제조치에 대해 WTO 분쟁해결제도를 활용한 대응이 증가하고 있다는 점을 감안해 아세안의 시대별 무역분쟁에 대한 정책 변화를 살펴보고 향후의 전개 방향을 예측해보고자 한다. 예를 들어 태국은 WTO에 총 13건을 제소한 반면 3건만 피소했는데, 2005년 이전의 제소는 5건인 데 비해 2005년 이후에는 8건이다. 또한 베트남은 2006년 WTO 가입 이후 공식적인 무역분쟁을 회피하는 개도국들의 일반적인 성향과는 달리 적극적으로 상대국을 제소하고 있다(Sally, 2004; Vo & Nguyen, 2009).

이러한 무역분쟁 증가는 아세안의 대외무역이 증대함에 따른 자연적인 현상도 일부 포함되겠지만 WTO 무역분쟁에 소극적이던 아세안이 적극적인 입장으로 전환되었음을 반영한다. 이러한 변화는 중국을 비롯한 여러 개도국에서도 나타나고 있다는 점에서 개도국 차원의 일반적 성향과 비교해 아세안의 공통점과 차이점의 비교분석도 필요하다고 할 수 있다(문돈, 2014; 신원규, 2014; 이효영, 2014).

둘째, 본 연구는 위에서 언급했듯이 아세안의 WTO 분쟁 사건을 제소 및 피소 사건으로 나누어 분석하고 협정별로 쟁점 부분이 무엇인지 논의하고자 한다. 이 중에서도 아세안이 WTO에 제소한 사건들을 중심으로 분석하고자 한다. 왜냐하면 아세안이 이전의 소극적 모습에서 벗어나 적극적으로 WTO에 분쟁을 제기한 사건들을 분석함으로써 아세안의 관심 분야가 어떻게 변화되었는지를 알 수 있고, 경제적·법리적 쟁점들을 비교분석함으로써 향후 발생할 수 있는 다양한 무역분쟁에 대비할 수 있기 때문이다.

셋째, 본 연구는 아세안의 WTO 분쟁과 더불어서 공식적 분쟁 단계는 아니지만 분쟁의 가능성을 내포하고 있는 비관세조치 및 특정 무역현안을 분석함으로써 구체적인 국가 간 무역갈등 내용, 사안의 다양성 및 그 특성 등을 살펴보고자 한다. 이러한 논의를 통해 아세안의 WTO 분쟁이 물밑에서 진행되고 있는 특정무역현안 등의 비관세조치 등과 밀접하게 연결되어 있음을 알 수 있을 것으로 예상한다.

넷째, 본 연구는 주로 역외 국가들과의 WTO 분쟁에 관한 논의에 이어 아세안 역내 국가들 간의 무역분쟁과 관련해 역내 차원의 분쟁해결제도를 알아보고 그 개선 및 활용 방안을 논의하고자 한다. 아세안의 입장에서는 WTO 분쟁을 통한 분쟁해결은 적지 않은 시간과 비용이 들기 때문에 무역 관련 현안이 신속하게 처리되어야 할 필요가 있다. 따라서 아세안이 역내국들 간에 분쟁이 발생했을 경우 WTO 분쟁해결절차 대신 분쟁해결제도를 활용한다면 더 효율적으로 분쟁을 해결할 수 있다는 점에서 그 의의가 있다고 할 수 있다.

3. 연구의 내용

본 연구의 내용을 살펴보면 2장에서는 아세안의 WTO 무역분쟁의 추이와 현황을 전반적으로 분석하고 아세안이 WTO 무역분쟁에 대응하는 방식 및 그 특성을 논의하기 위한 기초 작업을 수행한다. 특히 아세안이 교역상대국의 수입규제조치에 대해 WTO 분쟁해결제도를 활용해 대응하는 사례가 증가하는 점을 감안해 아세안의 무역분쟁에 대한 정책 변화를 시대별로 살펴보고 향후의 전개 방향을 예상해보고자 한다.

3장에서는 통상정책을 분석하는 데 가장 기초적이면서도 핵심적인 내용 중 하나인 관세율을 분석한다. 아세안의 양허관세율 및 실행관세율 등을 분석해 아세안의 관세정책 추이, 현황 및 특성을 분석하고 아세안 관세정책에 대한 시사점을 도출하고자 한다. 세계적으로 이미 평균관세율이 대폭 낮아졌고 아세안도 이러한 세계적인 추세와 조응해 관세율이 지속적으로 인하되어왔다. 관세율 그 자체로는 더는 유효한 통상정책 수단으로 활용되기 어려운 측면이 있다. 하지만 관세율 변화 및 인하 추이와 개별 품목의 관세율 변화의 편차가 크다는 점에서 관세조치에 대한 논의는 여전히 유효하고 비관세조치를 논의하기 이전에 아세안의 통상정책을 전반적으로 이해하기 위해 우선적으로 논의되어야 할 분야라고 할 수 있다.

4장에서는 3장의 관세율에 대한 분석을 토대로 통상정책의 또 하나의 축이라고 할 수 있는 비관세조치를 분석한다. 비관세조치는 관세조치 이외의 모든 무역제한소치를 통칭하는 것으로, 실제로 WTO 무역분쟁으로 비화될 소지가 있다는 점에서 이에 대한 분석이 필요하다. 이를 위해 아세안의 비관세조치 추이, 현황 및 특성을 살펴보고, 그 의미와 시사점도 논의하고자 한다. 또한 비관세조치 중 실제로 상대국의 이의제기 등에 따른 특정무역현안에 대한 논의를 중점적으로 다루고자 한다. 실제로 WTO 무역분쟁도 비관세조치 중 특정무역현안과 관련되어 제기, 진행되는 경우를 배제할 수 없기 때문에 이에 대한 이해가 필요하다.

5장에서는 아세안의 WTO 무역분쟁의 제소건과 피소건을 좀 더 구체적으로 분석해 2장에서 수행한 통계적 분석 외에 무역분쟁의 본질적인 내용, 핵심쟁점 및 당사국의 주장과 패널 판정의 내용 등을 면밀하게 분석하고자 한다. 특히 아세안이 WTO 분쟁해결기구(DSB)에 적극적으로 제소하고 현재까지 분쟁이 종결된 16건의 분쟁 사건을 패널 및 상소보고서를 중심으로 분석하고 그 쟁점사항을 도출한 후 시기별, 분야별, 국가별로 비교하고자 한다. 이를 통해 아세안의 WTO 무역분쟁에 대한 정책 변화의 방향을 예측할 수 있을 것으로 기대한다. 또한 현재 진행 중인 분쟁 사건에 대해서는 WTO에서 제공한 자료를 활용해 최대한 그 쟁점과 의미를 도출하고자 한다.

6장에서는 아세안 무역분쟁해결을 위한 역내 분쟁해결제도를 살펴보고자 한다. 최근 WTO 분쟁해결제도의 문제점이 부각되고 있지만 분쟁 해결에 장시간이 소요되는 경우가 많아지면서 역내 차원의 분쟁해결시스템에 대한 논의와 필요성이 제기되고 있다. 특히 아세안 역내 중재기구 설치에 대한 논의가 진행되고 있는데 그 내용을 살펴보고 의미와 시사점을 살펴보고자 한다.

7장 결론에서는 위의 내용을 요약 정리하고 본 연구의 의미와 향후 연구과제를 제시하고자 한다.

4. 연구의 의의

본 연구의 의의를 간단히 살펴보면 다음과 같다. 우선 무역분쟁으로 인한 경제사회적 비용이 증가할 경우 자유무역의 긍정적 효과는 감소될 수밖에 없다. 따라서 WTO 또는 역내의 분쟁해결절차를 통한 신속하고 효율적인 분쟁 해결은 무역의 이익을 극대화하기 위한 필수불가결한 조건이 된다. 이를 위해서는 먼저 아세안의 분쟁 관련 논의들이 어떻게 진행되어왔고 또 현재 어디에 위치해 있고 앞으로 어떤 방향으로 가야 하는지 객관적이고 전체적인 차원의 논의가 필요하다. 따라서 아세안의 WTO 무역분쟁에 대한 분석, 관세조치 및 비관세조치, 그리고 역내 무역분쟁 해결을 위한 대안으로 활용될 수 있는 무역분쟁해결제도 등에 대한 분석은 이를 위한 유의미한 자료로 활용될 수 있다.

둘째, 이러한 측면에서 본 연구는 아세안이 개별국가 차원뿐만 아니라 하나의 단일시장으로서 발전해가는 데 불가피하게 발생할 수밖에 없는 무역분쟁에 효과적으로 대응함으로써 자유무역의 긍정적 효과를 최대한 확보하는 데 일조할 수 있는 자료로 활용될 수 있을 것이다. 지금까지는 미국, EU 등 주요 서방 선진국과 중국, 일본 등 동북아시아에 치중되어 있는 무역분쟁에 대한 연구를 넘어 상대적으로 그 연구가 뒤처진 아세안의 통상정책 및 무역분쟁 사례에 대한 연구 활성화에 기여할 수 있을 것이다. 이를 통해 아세안의 대외통상정책의 흐름 및 그 변화 양상과 방향성을 제시하고 이를 토대로 아세안이 갖고 있는 보편성과 특수성을 살펴볼 수 있을 것으로 기대한다.

셋째, 본 연구는 아세안 WTO 무역분쟁 사례의 쟁점 및 비교분석을 통해 세계경제 및 국제통상 분야에서 그 비중과 입지가 점차 증대하고 있는 아세안 통상정책에 대한 학문적·정책적 차원의 요구에 선제적으로 대응하는 연구로서 활용될 수 있다. 기존에 많이 사용되어온 통계 또는 계량분석방법론 차원에서 벗어나 WTO의 1차 자료를 수집 분석해 좀 더 직접적이고 실질적인 정보와 시사점을 제시하는 연구로 활용될 것으로 기대한다. 또한 일반인의 아세안 관련 무역분쟁에 대한 이해의 중요성과 활용 가능성에 대한 인식을 제고하는 데도 일조할 것으로 기대한다.

넷째, 본 연구는 우리나라의 WTO를 중심으로 한 다자간 자유무역질서에 대응하는 통상정책 수립에 도움이 되는 중요한 연구로서 활용될 수 있을 것이다. 우리나라는 향후 10년 내에 무역규모 2조 달러 달성, 교역규모 세계 6위, 교역 비중 3%를 목표로 하고 있다. 이를 위해 FTA, WTO를 활용한 자유무역의 확산을 통한 무역의 외연적 확장뿐만 아니라 질적인 면에서도 높은 수준의 통상 강국으로 도약하기 위해 노력하고 있다. 최근 빈발하고 있는 무역분쟁에 대한 효과적인 대응과 함께 자유무역 확대를 위한 정책적 시사점의 도출 및 활용이라는 측면에서 아세안의 분쟁 사례 분석 및 비교연구는 시의적이고 선도적인 연구가 될 것으로 기대한다.

마지막으로 아세안은 우리나라 경제에 있어 무역규모 2위, 해외직접투자 2위라는 전략적 파트너로 아세안의 무역분쟁에 대한 이해는 신남방정책 등과 같은 우리나라의 대(對)아세안 통상전략 수립 및 시행에 중요한 역할을 할 수 있을 것이다. 또한 아세안의 역내 무역이 증대됨에 따라 경제적 상호밀접도 및 상관성이 높아지고 있다. 이에 따라 무역분쟁이 발생할 경우 개별국가의 분쟁 사례에 대한 이해는 해당국가 차원에서 그치는 것이 아니라 수직적·수평적 가치사슬로 묶여 있는 우리나라를 포함한 동아시아 역내 경제주체들에도 유용할 것이다. 더 나아가 개별국가들이 처할 수 있는 유사한 무역분쟁 상황에서 적합한 통상정책을 수립하는 데 도움을 줄 것이다.

제2장

아세안의 WTO 분쟁 분석

이 장은 「아세안의 WTO 무역분쟁 연구: 글로벌 통상환경의 변화에 따른 특성 및 과제를 중심으로」(『동남아시아연구』 26권 4호)를 수정 보완한 것이다.

1. 개요

WTO 분쟁[1]과 관련된 기존 문헌은 사례연구가 대부분이다. 통상법이나 국제경제법에 근거한 법리적 해석과 판례에 대한 분석 등이 그것이다. 이 장에서는 연구주제와 직접적으로 관련이 크지 않은 법리적 연구를 중심으로 한 사례연구에 대한 논의는 제외한다. 그 대신 WTO 분쟁의 추세 및 변화, 아세안을 포함한 동아시아 지역의 WTO 분쟁에 대한 연구를 중심으로 논의를 진행한다.

우선 자유무역을 근간으로 하는 현재의 세계경제 및 무역질서는 2001년부터 진행되어온 WTO 다자간무역협상 DDA(도하개발 어젠다)의 더딘 진전과 2008년 시작된 글로벌 금융위기 이후 미국을 비롯한 주요국의 보호무역정책의 강화로 인해 중대한 변화의 기로에 서 있다. 예를 들어 각국 간 국내 산업의 보호를 위한 무역갈등과 이로 인한 WTO 차원의 분쟁건수는 2008년 이후 이전의 감소세에서 다시 증가하는 추세다. 이는 앞에서 언급한 바와 같이 중국 등 신흥국들의 발로

1 이 장부터는 'WTO 무역분쟁'을 'WTO 분쟁'으로 축약 사용한다.

와 함께 세계경제의 위기 및 침체가 지속되면서 선진국을 중심으로 자국 산업을 보호하기 위한 보호무역조치 시행 등에 주로 기인한다.

개도국들의 참여를 통한 글로벌 가치사슬의 외연적·내연적 다층화가 급속히 진행되는 것과 동시에 교역상대국 간 이해관계의 충돌이 격화되면서 무역분쟁도 증가하고 있는 것으로 보인다. 무역분쟁에 있어 아세안은 보다 적극적이고 주도적으로 WTO 분쟁해결제도를 활용하는 등 그 정책적 판단과 적용을 바꾸어가고 있다(Ahn, 2005). 예를 들어 최근 인도네시아, 베트남 등은 WTO 분쟁해결제도를 적극적으로 활용하고 있다. 이전에는 분쟁을 회피하거나 WTO의 공식적인 분쟁해결제도를 활용하기보다는 상대국과 사전 협상 및 협의(consultation)를 통해 분쟁을 해결하고자 했으나 최근에는 협의를 통한 분쟁해결에 만족하지 않을 경우 패널 설치 등을 통해 WTO 분쟁해결제도를 활용하는 사례가 증가하고 있다(안덕근, 2014).

아세안이 WTO 분쟁해결제도를 적극적으로 활용하게 된 데는 판정문인 패널보고서(panel report) 채택 방식에 있어 역(逆)총의(reverse consensus) 방식의 도입 등과 같은 WTO 분쟁해결절차의 개선에서 기인한 바가 크다.[2] 또한 위에서 언급했듯이 아세안의 무역규모의 확대

2 '만장일치'가 '모든 구성원이 찬성하는' 적극적 차원의 동의라면, '총의'는 그 의제를 결정하는 데 있어 '어떤 구성원도 반대하지 않는' 소극적 차원의 동의라고 할 수 있다. 따라서 역총의는 총의와는 반대로 모든 회원국이 패널보고서 채택에 반대하지 않으면 패널보고서는 자동적으로 채택되도록 하는 것이다. 역총의 방식을 따르게 되면 일부 회원국(들)이 무역분쟁과 관련된 패널보고서에 대해서 반대를 하더라도 모든 회원국이 반대하지 않는 한 패널보고서는 자동적으로 채택되고 법적 효력을 갖게 된다. 이러한 역총의 방식으로 인해 WTO는 무역분쟁해결을 위한 실제적이고 효과적인 방안을 확보하게 되었다. 예상대로 역총의 방식에 따른 분쟁해결절차의 도입에 따라 WTO 규정 위반 여부에 대한 판단 및 분쟁해결을 위한 패널 결정(패널보고

와 함께 WTO 분쟁 사례의 증가 및 축적에 따른 학습효과, 즉 WTO 제소 시 발생할 이익과 비용에 대한 사전적 예측이 가능해지고 예상결과에 대한 신뢰성 향상이 그 원인으로 해석할 수 있다(문돈, 2015; 안덕근, 2014; 유예리, 2008; 허정·정지은, 2014; KIEP북경사무소, 2012).

이 장에서는 주로 WTO 분쟁 관련 통계, 자료, 패널 및 상소기구 보고서 등 WTO가 생산한 무역분쟁 관련 1차 자료 및 문서를 활용한 연구를 수행한다. 특히 본 장이 포함하고 있는 WTO의 분쟁 관련 1차 자료 조사 및 분석은 분쟁 사례 연구를 위해 중요한 방법론 중 하나임에도 그동안 간과되어온 것이 사실이다. 무역분쟁 연구의 경우 수량화된 자료를 통계학적으로 분석한 계량경제학적 방법론만으로는 그 사건의 실체와 내용을 분석하는 데 한계가 있다. 그러므로 WTO에서 제공하는 통계자료와 관련 문서에 대한 분석과 이를 토대로 한 비교연구를 주된 연구방법론으로 사용하고자 한다.

2. 세계의 WTO 분쟁

이 절에서는 아세안의 WTO 분쟁에 대한 논의에 앞서 상대적 비교분석을 위해 WTO가 출범한 1995년 이후 WTO 분쟁해결절차에 제소 또는 피소된 전체 분쟁건수를 분석한다.[3] WTO에 제소 및 피소

서)이 실세적으로 구속력을 갖게 되었다. 또한 패널의 결정을 이행하지 않는 상대국에 대해 당사국은 피해에 상응하는 무역제재조치를 할 수 있는 권한을 부여받음으로써 WTO의 무역분쟁해결제도는 GATT(General Agreement on Tariffs and Trade, 관세 및 무역에 관한 일반협정) 체제와는 달리 강력한 분쟁해결절차로 인정받게 되었다.

3 GATT 체제(1947~1994)하에서도 무역분쟁이 일어났지만 WTO의 출범 이

된 분쟁건수의 연도별, 시기별 추이를 살펴보면 〈표 2-1〉과 같다. 1995~2017년까지 23년 동안 WTO에 제소된 분쟁건수는 총 534건으로 연평균 24.3건을 기록했다.[4] 시기별로 나누어보면 2000년대 초반까지는 평균보다 많은 분쟁건수를 기록했고, 2000년대 후반까지는 감소 추세를, 2010년대 이후에는 다시 증가와 감소를 반복하고 있다. 전기와 후기로 나누어보면 1995~2005년까지 분쟁건수는 335건으로 연평균 30.5건이었던 데 비해 2006~2017년까지는 199건으로 연평균 16.6건으로 전기에 비해 절반 수준으로 감소했다.

5년 단위로 살펴보면 1995년부터 2000년까지 분쟁건수는 219건으로 연평균 36.5건으로 전체 평균인 23.1건에 비해 월등히 높은 수준을 보이고 있다. 2001년부터 2005년까지 분쟁건수는 116건으로 연평균 23.2건으로 전체 평균과 비슷한 수준을 보였다. 2006년부터 2011년까지 분쟁건수는 92건으로 연평균 15.3건으로 평균보다 낮은 수준을 기록했다. EU의 재정위기 이후인 2012년부터 2017년까지의 분쟁건수는 105건으로 연평균 17.5건으로 다시 증가 추세를 나타냈다.

이렇듯 지난 20여 년 동안 전체적으로 보면 WTO 분쟁건수는 점차 감소하는 추세다. 하지만 2004년 이후 평균에 미치지 못하던 분쟁

후 분쟁절차 및 판정에 있어 실제적인 강제성이 부여되었다는 점에서 WTO 출범연도인 1995년 이후의 사건으로 분석대상을 한정한다.

4 GATT 체제 47년 동안 분쟁해결절차에 회부된 사례가 총 300여 건으로 연평균 약 6건이었던 것에 비해 확연하게 증가한 것을 알 수 있다. 이는 WTO가 GATT 체제에서 좀 더 광범위한 분야의 다자간협정을 규범함과 동시에 세계무역의 자유화가 가속화됨으로써 무역분쟁 또한 자연스럽게 증가했음을 나타내는 것이다. 이와 더불어 WTO는 분쟁 관련 규칙을 기반으로 구속력이 강력한 일원화된 분쟁해결절차를 확립함으로써 회원국들에게 공정성과 효율성에 대한 신뢰를 제고해 분쟁해결기구(DSB)의 활용이 증가한 것으로 볼 수 있다.

〈표 2-1〉 WTO 분쟁건수의 연도별, 시기별 추이

연도	분쟁건수	연평균건수	연도	분쟁건수	연평균건수
1995	25		2007	13	
1996	39		2008	19	
1997	50		2009	14	
1998	41		2010	17	
1999	30		2011	8	
2000	34		2012	27	
2001	23		2013	20	
2002	37		2014	14	
2003	26		2015	13	
2004	19		2016	16	
2005	11		2017	15	
2006	21				
			1995~2017	534	24.3
1995~2005	335	30.5	2006~2017	199	16.6
1995~2000	219	36.5	2006~2011	92	15.3
2001~2005	116	23.2	2012~2017	105	17.5

자료: https://www.wto.org/english/tratop_e/dispu_e/dispu_status_e.htm, 저자 정리.

건수가 2012년 27건, 2013년 20건 등으로 평균을 웃돌거나 회복하는 모습을 보였다. 이는 2010년 유럽 재정위기 이후 세계경제 침체와 무역 감소가 가시화되면서 국가 간 무역갈등이 증가한 때문으로 보인다. 2014년 14건, 2015년 13건으로 감소했지만 2016년 16건, 2017년 15건으로 증가했는데 이는 글로벌 경제위기 이후 주요국의 보호무역정책의 강화로 인한 무역갈등의 심화에서 비롯된 것으로 보인다. 또한 이러한 추세는 2017년 1월 출범한 미국 트럼프 정부의 자국우선주의와 보호무역조치의 시행으로 향후 더욱 강화될 가능성을 내포하고 있다.

다음으로 WTO 분쟁에서 제기된 세부협정별 위반 현황을 연도별로 나타내면 〈표 2-2〉와 같다. 이는 총 534건의 WTO 분쟁에서 제기되고 있는 위반사항을 21개 세부협정별로 나누어서 연도별, 협정별로 집계한 것이다. 세부협정별로 살펴보면 총 1,214개의 협정 위반이 제기되었다. 이 중 GATT(상품협정) 1994와 관련된 위반이 35.9%인 436건으로 가장 많았고, 반덤핑, 보조금 및 상계관세 협정이 각각 9.9%, 9.6%인 120건, 117건으로 그다음을 차지했다. 농업협정에 대한 위반이 6.6%인 80건이었고, 그다음으로 WTO 설립을 위한 마라케쉬 협정(61건), 무역기술장벽(54건), 세이프가드(47건), 수입 허가(47건), 위생 및 검역조치(47건), 투자(42건) 등의 순이었다.

결국 GATT 1994, 반덤핑협정, 보조금 및 상계관세협정, 농업협정 관련 위반 비중이 62.0%(753건)로 제기된 총 협정 위반의 2/3에 이름을 알 수 있다. GATT 1994의 경우는 최혜국대우, 내국민대우, 수량제한금지 등 WTO의 기본원칙에 대한 내용을 기술하고 있고, 이에 대한 위반 제기가 기본적으로 이루어진다는 점에서 그 건수가 많은 것은 자연스러운 일이다. 또한 반덤핑, 보조금 및 상계관세 협정의 경우 협정의 기본 목적이 불공정무역행위의 방지에 있다는 점에서 국가 간 분쟁의 소지가 크다. GATT 1994, 반덤핑, 보조금 및 상계관세 협정에 대한 위반 제기는 매년 지속되고 있다.

협정위반건수의 연도별 추이를 살펴보면 위에서 살펴본 WTO 분쟁건수의 추이와 대동소이한 것을 알 수 있다. 연평균 협정위반건수는 52.8건으로 1995년 이후 2000년대 초반까지 평균을 웃돌았고, 2000년대는 2006년을 제외하면 그보다 적은 건수를 기록했다. 하지만 2012년, 2013년 각각 80건, 58건으로 평균건수를 웃돌았다가 다시 줄어드는 추세다. 〈그림 2-1〉은 위에서 설명한 WTO 분쟁건수와 협정위반건수의 추이를 나타낸 것이다. 그림에서 두 항목은 유사한 추이

〈표 2-2〉 WTO 세부협정별 위반건수 연도별 추이

협정명	'95	'96	'97	'98	'99	'00	'01	'02	'03	'04	'05	'06	'07	'08	'09	'10	'11	'12	'13	'14	'15	'16	'17	합계	비중(%)
WTO 설립을 위한 마라케쉬협정				1	2	6	6	6	5	2	1	7		3	2	3		5	4	3	1	3	1	61	5.0
농업	3	5	14	5	6	5	2	7	6	2	2	1	2	2	5			3	4	3		3		80	6.6
반덤핑(AD)	1	3	3	6	8	11	6	7	6	8	4	8	1	5	3	5	5	6	6	5	5	4	4	120	9.9
민간 항공기																								0	0.0
관세평가	3	1		1	1	3	1		1			1	1	2					1	1				17	1.4
분쟁해결양해(DSU)	1	1		1	1	1	1		1	2	1					4		1						15	1.2
GATT 1947									1															1	0.1
GATT 1994	24	28	34	25	17	24	19	34	23	17	11	21	10	14	14	16	8	26	20	12	11	14	14	436	35.9
정부조달			3		1																			4	0.3
수입허가	2	1	13	5	4	1	2	3	1	1	1							4	3	3		2	1	47	3.9
지식재산권		6	5	4	5	3	1		1				1	1		2		3	2				3	37	3.0
선적전 검사																			2	3				5	0.4
원산지규정			2	1				1				1		2										7	0.6
세이프가드			2	2	4	3	7	11	1		2	2				4		5	1		2	1		47	3.9
위생 및 검역조치(SPS)	5	3	3	5		2	1	5	6				1	2	3	1		3		2	1	1	3	47	3.9
서비스협정(GATS)	1	3	2	3	1	3	1		1	1				1	3		1	1		1		1	4	28	2.3
보조금 및 상계관세(CV)		8	10	11	3	7	4	7	6	6	1	10	5	5	1	3	2	7	6	3	4	4	4	117	9.6
무역기술장벽(TBT)	8	5	4	5		2	3	2	4				1	3	3	1		4	4	1	1	1	2	54	4.4
섬유 및 의류	1	6	2	1	1	4			1															16	1.3
무역에 관한 투자(TRIMs)		7	5	3	1	1	1	2			1	3	2			1	1	6	5	1	1	1		42	3.5
가입의향서												3	3	5	6	3		6			1	4	2	33	2.7
합계	49	77	102	79	55	76	55	85	64	39	24	57	27	45	40	43	17	80	58	38	27	39	38	1,214	100.0

자료: https://www.wto.org/english/tratop_e/dispu_e/dispu_by_country_e.htm, 저자 정리.

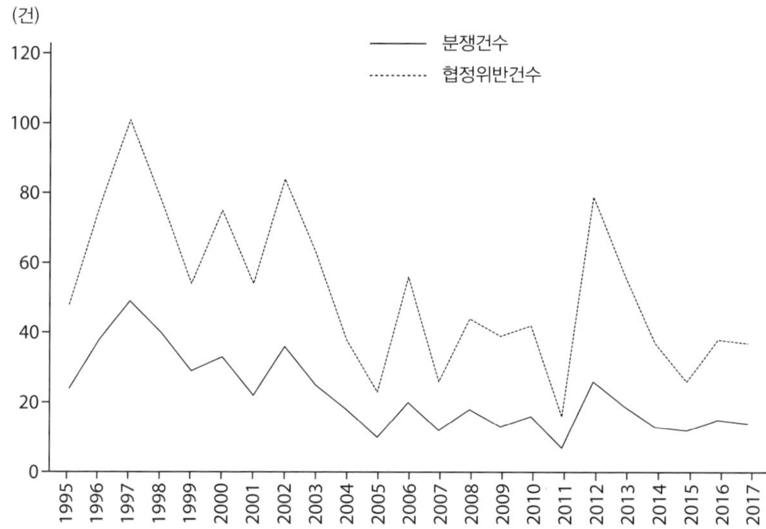

〈그림 2-1〉 WTO 분쟁건수 및 협정위반건수 추이

자료: https://www.wto.org/english/tratop_e/dispu_e/dispu_status_e.htm, 저자 정리.

를 나타내는 것을 알 수 있다. 전체적으로는 1995년 이후 2000년대 초반에는 높다가 2000년대 중반 이후 점차 줄어들고 있다. 물론 2012년, 2013년 반등하긴 하지만 이후 다시 감소하는 추세다. 특히 협정위반건수는 2012년 80건으로 폭증했는데 이는 유럽재정위기 이후 세계경제의 침체가 지속되고 무역규모가 감소하면서 각국의 보호무역조치가 강화됨에 따라 나타난 현상이라고 할 수 있다.

3. 동아시아의 WTO 분쟁

이 절에서는 동아시아에서 아세안의 위치를 알아보기 위해 동아시아 국가들의 WTO 분쟁 현황을 비교분석한다. 먼저 우리나라는 2017년 말 기준 제소 17건, 피소 16건으로 모두 33건의 WTO 분쟁건수를 기록했다. 우리나라와 관련된 WTO 분쟁은 총 분쟁건수 중 6.2%를 차지하고 있다. 2016년 기준 우리나라의 GDP는 1조 4,113억 달러로 세계 GDP의 1.8%, 무역규모는 1조 1,020억 달러로 세계무역규모의 3.4%를 차지했다. 우리나라는 오랫동안 수출주도형 성장전략을 시행해온 대표적인 사례로 경제성장에서 무역의 비중이 높고 무역의존도(GDP/무역규모)도 80% 내외를 기록하는 등 WTO 분쟁이 다수 발생할 조건에 있음을 감안하더라도 우리나라의 경제 및 무역 규모의 비중에 비해 WTO 분쟁이 상대적으로 많이 발생하고 있다.

중국은 제소 15건, 피소 39건으로 모두 54건의 WTO 분쟁건수를 기록해 WTO 분쟁 중 10.1%를 차지했다. 2016년 기준 중국의 GDP는 11조 2,183억 달러로 세계 GDP의 14.4%, 무역규모는 4조 3,420억 달러로 세계무역규모의 13.3%를 차지했다. 중국은 우리나라와는 다르게 WTO 분쟁의 비중이 경제 및 무역 규모의 비중에 비해 오히려 낮은 것으로 나타났다. 하지만 최근 중국과 관련된 WTO 분쟁이 빠르게 증가하고 있어 향후 그 비중은 지속적으로 증가할 것으로 예상된다.

일본은 제소 23건, 피소 15건으로 모두 38건의 WTO 분쟁건수를 기록했다. WTO 분쟁 중 일본과 관련된 분쟁은 7.1%를 차지하고 있다. 2016년 기준 일본의 GDP는 4조 9,386억 달러로 세계 GDP의 6.3%, 무역규모는 1조 6,040억 달러로 세계무역규모의 2.1%를 차지했다. 일본은 중국과 비교했을 때 WTO 분쟁의 비중이 국내 경제 및 무역 규모의 비중에 비해 높지만 우리나라와 비교했을 때는 상대적으로 낮은 수준임을 알 수 있다. 일본경제는 수출도 중요하지만 상대적으로 내수중심형 경제구조이고 무역의존도는 30%에 그친다. 이에 따라 일본은 WTO 분쟁에서도 공세적이기보다는 보수적이고 소극적인 입장이다.

마지막으로 아세안의 경우 WTO 분쟁과 관련해서 제소 34건, 피소 25건으로 모두 59건을 기록했다.[5] 따라서 WTO의 534건의 분쟁 중 아세안과 관련된 WTO 분쟁건수는 11.0%를 차지하고 있다. 2015년 기준 아세안의 GDP는 2조 7,810억 달러로 세계 GDP의 3.5%, 무역규모는 2조 3,340억 달러(상품기준)로 세계무역규모의 7.0%를 차지하고 있다. 아세안은 우리나라와 유사하게 GDP와 무역규모에 비해 WTO 분쟁의 비중이 상당히 크다는 것을 알 수 있다. 이는 아세안의 무역의존도가 100% 이상으로 상당히 높고 태국, 말레이시아, 싱가포르 등 주요 선발국들이 지난 20여 년 이상 수출주도형 성장전략을 시행해오고 있는 것과도 무관하지 않다.

아세안은 캄보디아(2003), 베트남(2006), 라오스(2013) 등 후발 체제전환국들이 차례로 WTO에 가입, 경제 개혁·개방을 가속화하고 태국, 말레이시아, 인도네시아 등 선발국들의 경제적 위상도 높아짐에 따라 국제무역질서의 중요한 축으로 부상하고 있다.[6] 최근 베트남 등 후발국 또는 체제전환국들의 개혁·개방이 본격화되면서 아세안의 세계시장 통합이 가속화되고 세계시장에서의 경쟁이 격화되고 경쟁국

5 아세안이 2017년 말까지 제소한 총 34건의 사건 중 현재까지 종결된 사건은 총 19건이며, 나머지 15건의 분쟁 사건은 2019년 말 기준 WTO 분쟁해결기구에서 보류되거나 진행 중이다. 종결된 19건의 분쟁 사건 중 15건은 패널이나 상소기구의 보고서가 채택된 사건이며, 나머지 4건은 합의단계에서 종료되고 패널이 설치되지 않았다. 또한 2017년 말까지 피소된 총 25건 중 현재까지 종결된 사건은 총 12건이며, 나머지 13건의 분쟁 사건은 현재 WTO 분쟁해결기구에서 보류되거나 진행 중이다. 종결된 12건의 분쟁 사건 중 8건은 패널이나 상소기구의 보고서가 채택된 사건이며, 나머지 4건은 합의단계에서 종료되고 패널이 설치되지 않았다.

6 이 외의 아세안 7개국은 WTO 출범 전 GATT에 가입했고 WTO 출범과 함께 자동으로 회원국으로 전환되었다. 브루나이는 1975년, 인도네시아는 1950년, 미얀마는 1994년, 싱가포르는 1973년, 필리핀은 1979년, 태국은 1982년에 각각 GATT에 가입했다.

들의 견제가 증가하면서 WTO 분쟁해결절차를 활용하기 시작한 것도 중요한 요인이 되고 있다. 이처럼 아세안은 다른 동아시아 국가들과 비교해보면 경제 및 무역 규모에 비해 WTO 분쟁 비중이 상당히 높다. 특히 경제규모에 대비했을 때는 가장 비중이 높다. 따라서 WTO 분쟁이 갖는 의미와 가치는 다른 동아시아 국가들보다도 중요할 수밖에 없다.

이러한 배경하에 최근 아세안이 상대국의 수입규제조치에 대해 WTO 분쟁해결제도를 활용해 대응하는 빈도가 증가하고 있는 것은 주목할 만하다. 예를 들어 인도네시아는 1995년 WTO 출범 이후 총 11건을 제소한 반면 그보다 많은 14건의 피소를 당했다. 이는 인도네시아가 국내 시장과 천연자원의 보호를 위해 보호무역의 색채가 강한 산업정책, 무역정책을 시행해온 데 기인한 바 크다.[7] 특히 인도네시아는 2005년 이전의 제소건수는 3건에 불과했던 반면 2006년 이후에는 두 배가 넘는 8건을 제소했다. 이는 인도네시아가 시간이 지나면서 적극적으로 WTO 분쟁해결절차를 활용하고 있음을 의미한다. 또한 베트남은 2006년 WTO 가입 이후 초기에는 공식적인 분쟁을 회피하는 개도국들의 일반적인 행태를 보였으나 2010년 이후에는 이전의 기조와는 달리 적극적으로 상대국을 제소하는 양상을 보이고 있다(Sally, 2004; Vo & Nguyen, 2009).

7 인도네시아 정부의 무역정책은 기본적으로 수입제한을 통한 국내 생산상품의 소비 촉진과 국내 산업의 육성을 목표로 하고 있다. 이에 따라 다양한 수입제한적인 성격의 정책과 조치들이 시행 중이다.

4. 아세안의 WTO 분쟁

이 절에서는 아세안의 WTO 분쟁의 연도별, 시기별, 협정 분야별 추이를 살펴본다. 〈표 2-3〉에서와 같이 아세안의 WTO 분쟁건수는 총 59건으로 연평균 2.6건이었다. 아세안은 연도별 추이에서 앞에서 살펴본 세계 추이와 대동소이한 모습을 보인다. 시기별로 보면 2000년대 초반까지는 상대적으로 많은 분쟁건수를 기록했고, 2000년대 후반까지는 감소 추세를, 2010년대 이후에는 다시 증가와 감소를 반복하고 있다. 전기와 후기로 나누어보면 1995~2005년까지 WTO 분쟁건수는 30건으로 연평균 2.7건이었지만 2006~2017년까지는 29건으로 연평균 2.4건으로 다소 감소했다.

5년 단위로 살펴보면 1995년 이후 2000년까지 분쟁건수는 23건, 연평균 3.8건으로 전체 평균인 2.6건에 비해 월등히 높은 수준을 보였다. 하지만 2001년부터 2005년까지의 분쟁건수는 단 7건, 연평균 1.4건으로 전체 평균의 절반 수준으로 감소했다. 2006년부터 2011년까지의 분쟁건수는 10건, 연평균 1.7건으로 여전히 평균을 밑돌았다. 2012년부터 2017년 말까지의 분쟁건수는 19건, 연평균 3.2건으로 다시 증가세로 돌아섰고 전체 평균보다 많은 분쟁건수를 기록했다.

아세안의 경우도 전체적으로 보면 WTO 분쟁건수는 WTO 출범 초기 증가하다 2000년대 중반 이후 점차 감소 또는 정체하는 추세다. 하지만 2013년 5건, 2014년 5건, 2015년 4건 등으로 다시 평균을 웃돌았다. 이는 앞에서 언급한 바와 같이 2010년 유럽 재정위기 이후 세계 경기 침체와 무역규모 감소가 가시화되면서 국가 간 무역마찰이 증가한 때문으로 아세안도 예외는 아님을 의미한다. 이후 2016년 2건, 2017년에는 단 1건으로 다시 줄어들고 있지만 앞에서도 언급했듯이 아세안의 경우에도 최근 주요국의 통상마찰 및 보호무역주의의 대두

〈표 2-3〉 아세안의 WTO 분쟁의 연도별, 시기별 추이

연도	분쟁건수	연평균건수	연도	분쟁건수	연평균건수
1995	4		2007	0	
1996	9		2008	3	
1997	2		2009	3	
1998	2		2010	3	
1999	1		2011	0	
2000	5		2012	2	
2001	1		2013	5	
2002	2		2014	5	
2003	2		2015	4	
2004	2		2016	2	
2005	0		2017	1	
2006	1				
			1995~2017	59	2.6
1995~2005	30	2.7	2006~2017	29	2.4
1995~2000	23	3.8	2006~2011	10	1.7
2001~2005	7	1.4	2012~2017	19	3.2

자료: https://www.wto.org/english/tratop_e/dispu_e/dispu_status_e.htm, 저자 정리.

로 인해 WTO 분쟁이 더욱 증가할 가능성은 상존하고 있다고 할 수 있다.

아세안의 WTO 세부협정별 위반사항을 연도별로 나타내면 〈표 2-4〉와 같다. 이는 위에서 살펴본 총 59건의 WTO 분쟁에서 제기하고 있는 위반사항을 WTO의 21개 세부협정으로 나누어서 연도별, 협정별로 집계한 것이다. 먼저 세부협정별로 살펴보면 총 141개의 협정 위반 제기 중 GATT 1994 위반이 37.6%인 53건으로 가장 많았고, 반덤핑협정 및 농업협정 위반이 각각 10.6%, 9.2%인 15건, 13건으로 그

다음으로 비중이 컸다. 그리고 보조금 및 상계관세협정 위반이 8.5%인 12건이었고, 다음으로 수입허가 7건, 위생 및 검역조치 6건, 투자 6건, 선적전 검사 5건, 무역기술장벽 5건, 관세평가 4건, 세이프가드 4건 등의 순이었다.

이러한 세부협정별 위반 현황은 앞에서 살펴본 세계 전체 상황과 유사하지만 농업협정 위반이 두 번째로 많고 다음으로 수입허가, 선적전 검사, 투자, 관세평가 등과 같은 개도국들이 비관세장벽으로 주로 활용하는 무역조치들과 관련된 협정 위반이 다수 제기되고 있다는 점에서 차이가 있다. GATT 1994, 반덤핑협정, 농업협정, 보조금 및 상계관세협정 관련 위반이 66.0%(93건)로 총 위반건수의 2/3를 차지하고 있다. 아세안도 GATT 1994, 반덤핑협정 위반의 경우 거의 매년 지속적으로 제기되고 있고, 특히 2010년대 이후 농업협정과 수입허가 부문의 위반 제기가 증가했다.

연도별 추이를 살펴보면 아세안의 경우에도 위에서 살펴본 세계 WTO 협정위반건수의 추이와 비슷한 것을 알 수 있다. 아세안의 연평균 협정위반건수는 6.1건으로 1995년 이후 2000년대 초반까지 평균을 웃돌았고, 2000년대는 2008년 한 해를 제외하면 그보다 적은 건수를 기록했다. 하지만 2013년 17건, 2014년 17건으로 평균보다 높은 건수를 기록하고 있다. 이후 2015년 8건, 2016년 7건 등으로 다시 낮아지는 추세이고 2017년에는 2건만을 기록했다.

〈그림 2-2〉는 위에서 설명한 WTO 분쟁건수와 협정위반건수의 추이를 나타낸 것이다. 그림에서 분쟁건수와 협정위반건수는 대동소이한 추세를 나타내고 있다. 전체적으로는 1995년 이후 초반에는 높은 수준을 보이다가 2000년대 중반 이후 점차 줄어들고 있다. 물론 2012년, 2013년 다시 반등하다 이후 다시 감소했다. 특히 협정위반건수는 2013년 17건으로 급증하고 있는데 이는 위에서 언급한 유럽재

〈표 2-4〉 아세안의 WTO 세부협정별 위반건수 연도별 추이

협정명	'95	'96	'97	'98	'99	'00	'01	'02	'03	'04	'05	'06	'07	'08	'09	'10	'11	'12	'13	'14	'15	'16	'17	합계	비중(%)
WTO 설립을 위한 마라케쉬협정								2						1				1		1				5	3.5
농업	1	1	2						1										3	3		2		13	9.2
반덤핑(AD)				1		2		1		2		1		2		1		2	1	1	1			15	10.6
민간 항공기																								0	0.0
관세평가	1													3										4	2.8
분쟁해결양해(DSU)																		1						1	0.7
GATT 1947																								0	0.0
GATT 1994	4	8	2	2		5	1	2	2	2		1		4	1	3		2	5	4	3	1	1	53	37.6
정부조달																								0	0.0
수입허가																			3	3		1		7	5.0
지식재산권		1																	1					2	1.4
선적전 검사																			2	3				5	3.5
원산지규정																								0	0.0
세이프가드				1																	3			4	2.8
위생 및 검역조치(SPS)						1		2								1				1		1		6	4.3
서비스협정(GATS)																								0	0.0
보조금 및 상계관세(CV)		4				3			1										1		1	1	1	12	8.5
무역기술장벽(TBT)		1														1			1	1		1		5	3.5
섬유 및 의류		1			1																			2	1.4
무역에 관한 투자(TRIMs)		4	1			1																		6	4.3
가입의향서																1								1	0.7
합계	6	20	5	4	1	12	1	7	4	4	0	2	0	10	1	7	0	6	17	17	8	7	2	141	100.0

자료: https://www.wto.org/english/tratop_e/dispu_e/dispu_by_country_e.htm, 저자 정리.

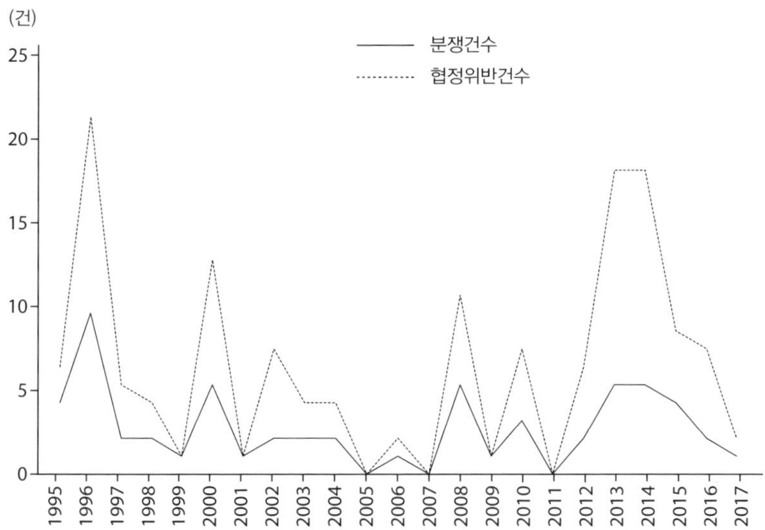

〈그림 2-2〉 아세안의 WTO 분쟁건수와 협정위반건수 추이

자료: https://www.wto.org/english/tratop_e/dispu_e/dispu_status_e.htm, 저자 정리.

정위기 이후 세계경제 침체가 지속되고 무역규모가 감소하고 각국의 보호무역조치가 강화됨에 따라 나타나는 현상으로 볼 수 있다. 최근 2015년 이후에는 다시 감소하는 추세인데 이는 세계경제의 전반적인 회복과 함께 WTO 분쟁이 미국, EU, 중국, 인도, 브라질 등 선진국 또는 개도국 간의 분쟁으로 점차 집중되고 있는 현상과 관련 있는 것으로 보인다.

5. 아세안의 WTO 분쟁 제소 현황

이 절에서는 아세안의 WTO 분쟁 중 제소 현황을 좀 더 상세하게 살펴본다. 〈표 2-5〉는 아세안의 WTO 제소 현황을 국가별, 협정별, 상품별로 분류한 것이다. 우선 WTO 협정의 세부 분야로 나누어보면

GATT 1994에서 규정된 최혜국대우, 내국민대우 등 WTO의 기본적인 원칙과 반덤핑협정 및 보조금 및 상계관세협정 등 불공정무역행위 협정 위반이 대부분임을 알 수 있다. GATT 1994의 위반에 대한 이의 제기는 앞에서 언급했듯이 기본원칙과 관련된 것들로 세부협정 위반에 대한 제소 시 거의 함께 들어간다는 점을 고려하면 아세안의 제소는 주로 선진국을 중심으로 한 반덤핑관세 및 보조금 및 상계관세 부과에 대해 이루어지고 있음을 알 수 있다.

아세안이 농수축산물 또는 천연자원, 그리고 섬유 및 의류제품 등의 수출이 많다는 측면에서 무역기술장벽, 위생 및 검역조치 관련 협정, 농업협정, 섬유·의류 관련 협정에 대한 위반과 관련된 제소가 많음을 알 수 있다.[8] 아세안의 WTO 제소는 주로 아세안의 주력 수출품목인 농수축산품, 천연자원, 섬유, 의류 등의 상품과 관련된 분쟁에 집중되어 있다.

〈표 2-6〉은 아세안 국가의 연도별 제소 현황을 나타낸 것이다. 아세안 10개국 중 1건 이상 제소한 국가는 인도네시아, 말레이시아, 필리핀, 싱가포르, 태국, 베트남 등 6개국으로, 브루나이, 캄보디아, 라오스, 미얀마 4개국은 단 1건도 제소하지 않았다.[9] 말레이시아와 싱가포

8 아세안의 산업별 수출 비중을 보면 식량·식품 6.6%, 펄프·종이·나무 10.7%, 석유·석탄 17.7%, 섬유 5.4% 등으로 1차산품 및 섬유·의류의 비중이 40% 이상이다.

9 그 이유로는 이들 국가의 무역규모가 크지 않다는 점, 캄보디아와 라오스는 WTO에 가입한 지 이제 수년밖에 되지 않았다는 점, 미얀마는 최근에서야 개혁·개방정책을 실시하기 시작했다는 점, 브루나이를 제외한 3국은 모두 체제전환국 내지는 최빈개도국으로 WTO에 제소할 수 있을 정도의 전문 지식을 갖춘 인적 인프라와 제도적 기반이 충분하지 않다는 점, 아직까지는 이들 국가의 무역 이익을 심각하게 훼손하는 분쟁이 부재했다는 점 등을 들 수 있다.

〈표 2-5〉 아세안의 WTO 제소 현황

구분	번호	피소 상대국	연도	협정	관련 상품	상태	결과	진행
인도네시아	DS123	아르헨티나	1998. 4	세이프가드	신발	협의	진행 중	
	DS217	미국	2000. 12	반덤핑, 보조금 및 상계관세	버드수정법	보복권한 부여 및 법안 철회	승소	패널, 상소기구
	DS312	한국	2004. 6	반덤핑	종이류	패널보고서 채택, 종료	패소	패널
	DS374	남아프리카공화국	2008. 5	반덤핑	종이류	상호 합의	합의	
	DS406	미국	2010. 4	위생 및 검역조치, 무역기술장벽	담배	상호 인정한 이행조치 통보	승소	패널, 상소기구
	DS442	EU	2012. 7	반덤핑	주류	패널설치	진행 중	
	DS467	호주	2013. 10	무역기술장벽	담배	패널구성	진행 중	
	DS470	파키스탄	2013. 11	반덤핑, 보조금 및 상계관세	종이류	협의	진행 중	
	DS480	EU	2014. 6	반덤핑	바이오디젤	패널구성	진행 중	
	DS491	미국	2015. 3	반덤핑, 보조금 및 상계관세	종이류	패널보고서 회람	패소	패널
	DS529	호주	2017. 9	반덤핑	A4 용지	협의	진행 중	
말레이시아	DS58	미국	1996. 10	GATT 1994	새우	상소보고서 채택, 종료	승소	패널, 상소기구
필리핀	DS22	브라질	1995. 11	GATT 1994, 농업	건조 코코넛	상소보고서 채택, 종료	패소	패널, 상소기구
	DS61	미국	1996. 10	GATT 1994, 무역기술장벽	새우	협의	진행 중	
	DS270	호주	2002. 10	GATT 1994, 위생 및 검역조치, 수입허가	신선 과일 및 채소	패널설치	진행 중	
	DS271	호주	2002. 10	GATT 1994, 위생 및 검역조치	신선 파인애플	협의	진행 중	
	DS371	태국	2008. 2	GATT 1994, 관세평가	담배	이행조치 통보	승소	패널, 상소기구

자료: https://www.wto.org/english/tratop_e/dispu_e/dispu_by_country_e.htm, 저자 정리.

〈표 2-5〉 아세안의 WTO 분쟁 제소 현황 (계속)

구분	번호	피소 상대국	연도	협정	관련 상품	상태	결과	진행
싱가포르	DS1	말레이시아	1995. 1	GATT 1994, 수입허가	폴리에틸렌	합의	합의	
태국	DS17	EU	1995. 10	GATT 1994, 관세평가	쌀	협의	진행 중	
	DS35	헝가리	1996. 3	농업	농산물	합의	합의	패널
	DS47	터키	1996. 6	GATT 1994, 섬유 및 의류	섬유 및 의류	협의	진행 중	
	DS58	미국	1996. 10	GATT 1994	새우	상소보고서 채택, 종료	승소	패널, 상소기구
	DS181	콜롬비아	1999. 9	섬유 및 의류	폴리에스테르	합의	합의	
	DS205	이집트	2000. 9	GATT 1994, 위생 및 검역조치	참치캔	협의	진행 중	
	DS217	미국	2000. 12	반덤핑, 보조금 및 상계관세	버드수정법	보복권한 부여 및 법안 철회	승소	패널, 상소기구
	DS242	EU	2001. 12	GATT 1994	일반특혜관세	협의	진행 중	
	DS283	EU	2003. 3	GATT 1994, 농업, 보조금 및 상계관세	설탕	이행 권고 상소보고서 채택	승소	패널, 상소기구
	DS286	EU	2003. 3	GATT 1994	냉동 닭	이행조치 통보	승소	패널, 상소기구
	DS324	미국	2004. 12	GATT 1994, 반덤핑	새우	협의	진행 중	
	DS343	미국	2006. 4	GATT 1994, 반덤핑	새우	이행조치 통보	승소	패널, 상소기구
	DS383	미국	2008. 11	GATT 1994, 반덤핑	여행용 가방	이행조치 통보	승소	패널
베트남	DS404	미국	2010. 2	GATT 1994, 반덤핑	새우	이행 권고 상소보고서 채택	승소	패널
	DS429	미국	2012. 2	GATT 1994, 반덤핑, 분쟁해결양해	새우	이행 권고 상소보고서 채택	승소	패널, 상소기구
	DS496	인도네시아	2015. 6	세이프가드	철강제품	상소보고서 채택, 종료	승소	패널

자료: https://www.wto.org/english/tratop_e/dispu_e/dispu_by_country_e.htm, 저자 정리.

〈표 2-6〉 아세안 국가의 연도별 WTO 제소 현황

연도	인도네시아	말레이시아	필리핀	싱가포르	태국	베트남	전체
1995			1	1	1		3
1996		1	1		3		5
1997							
1998	1						1
1999					1		1
2000	1				2		3
2001					1		1
2002			2				2
2003					2		2
2004	1				1		2
2005							
2006					1		1
2007							
2008	1		1		1		3
2009							
2010	1					1	2
2011							
2012	1					1	2
2013	2						2
2014	1						1
2015	1					1	2
2016							
2017	1						1
합계	11	1	5	1	13	3	34
비중(%)	32.4	2.9	14.7	2.9	38.2	8.8	100.0

자료: https://www.wto.org/english/tratop_e/dispu_e/dispu_status_e.htm, 저자 정리.

르는 각각 1996년, 1995년 단 1건만을 제소했다. 싱가포르의 경우 말레이시아에 대한 제소로 실제로는 역내 분쟁으로 간주될 수 있기 때문에 역외국들에 대한 WTO 분쟁해결절차의 활용이라고 하기는 어렵다. 따라서 아세안에서 WTO 분쟁해결절차를 활용하고 있는 나라는 인도네시아, 필리핀, 태국, 베트남 등 4개국에 한정된다.

하지만 이들 4개국 중에서도 2010년 이후 제소한 국가는 인도네시아와 베트남 단 2개국뿐이다. 태국의 경우 WTO 출범 이후 2000년까지 총 7건을 제소하는 등 WTO 분쟁해결절차를 적극적으로 활용했지만 2008년을 마지막으로 단 1건도 제소하지 않았다. 베트남의 경우는 2006년 WTO에 가입했으나 2010년 이후에는 3건을 제소하는 등 상당히 적극적으로 WTO 분쟁해결절차를 활용하고 있다.

연도별로는 1997, 2005, 2009, 2011, 2016년을 제외하면 소수라도 지속적으로 제소가 이루어지고 있다. 국가별 제소 비중을 보면 총 34건 중 태국 13건, 인도네시아 11건, 필리핀 5건 등으로 각각 38.2%, 32.4%, 14.7%를 차지했다. 태국과 인도네시아 두 국가의 비중이 70.6%로 이들 국가에 편중되어 있다. 향후 아세안의 다른 국가들도 WTO 분쟁해결절차에 대한 적극적인 활용을 위해 개별국가의 차원뿐만 아니라 아세안 역내 차원의 활용방안을 모색해야 할 필요가 제기되는 대목이다.

〈표 2-7〉은 아세안 개별국가들의 시기별 제소 현황을 나타낸 것이다. 1995년 이후 현재까지 크게 두 시기로 나누어보면 1995~2005년 20건, 2006~2017년 14건으로 후기에 비해 전기의 제소건수가 많다. 〈표 2-8〉에서 5년 단위로 나누어볼 경우 WTO 출범 직후 시기인 1995~2000년에 총 13건의 제소가 이루어졌는데 이는 이후 나머지 시기의 6~7건에 비해 두 배 정도 많은 건수다. 14건 중 절반인 7건을 태국이 제소했다는 점이 특징적이다. 태국이 WTO 출범 이후 적극적으로 분쟁해결절차를 활용하고 있음을 알 수 있다. 또한 이 시기에는 인도네시아, 말레이시아, 필리핀, 싱가포르, 태국 등 아세안 주요 5개국

〈표 2-7〉 아세안 국가의 시기별(10년 단위) WTO 제소 현황

구분		인도네시아	말레이시아	필리핀	싱가포르	태국	베트남	전체	비중(%)
건수	1995~2005	3	1	4	1	11	0	20	58.8
	2006~2017	8	0	1	0	2	3	14	41.2
비중(%)	1995~2005	15.0	5.0	20.0	5.0	55.0	0.0	100.0	
	2006~2017	57.1	0.0	7.1	0.0	14.3	21.4	100.0	

자료: https://www.wto.org/english/tratop_e/dispu_e/dispu_status_e.htm, 저자 정리.

〈표 2-8〉 아세안 국가의 시기별(5년 단위) WTO 제소 현황

구분	인도네시아	말레이시아	필리핀	싱가포르	태국	베트남	전체
1995~2000	2	1	2	1	7		13
2001~2005	1		2		4		7
2006~2011	2		1		2	1	6
2012~2017	6					2	8

자료: https://www.wto.org/english/tratop_e/dispu_e/dispu_status_e.htm, 저자 정리.

모두 제소에 참여했다. 이는 당시 아세안이 GATT 체제보다 실효성과 강제성이 강화된 WTO 분쟁해결절차를 활용하기 위해 WTO 출범 전까지 제소를 연기하다가 WTO 출범 후 제소를 개시하는 기저효과에 기인한 것으로 보인다.

하지만 2000년대 중반 이후에는 제소건수가 절반으로 감소하는데 인도네시아와 베트남을 제외하면 말레이시아, 필리핀, 싱가포르, 태국 등 주요 국가들에서 2011년 이후 제소건수가 전무했다. 특징적인

〈표 2-9〉 아세안 국가의 WTO 제소 상대국 현황

구분	선진국	선진국 상세	개도국
인도네시아	7	미국(3), EU(2), 호주(2)	4
말레이시아	1	미국(1)	
필리핀	3	미국(2), 호주(1)	2
싱가포르			1
태국	9	미국(5), EU(4)	4
베트남	2	미국(2)	1
전체	22	미국(13), EU(6), 호주(3)	12
비중(%)	64.7		35.3

자료: https://www.wto.org/english/tratop_e/dispu_e/dispu_status_e.htm, 저자 정리.

것은 그 이전에는 두드러지지 않았던 인도네시아와 베트남이 2010년대 이후 WTO 분쟁해결절차를 적극적으로 활용하고 있다는 점이다. 2011년 이후 총 8건의 제소 중 인도네시아는 5건을 제소했다. 이는 인도네시아와 베트남이 최근 적극적으로 수출주도형 경제발전전략을 실시하고 있고 세계시장의 안정적 확보 및 무역의 이익을 담보하기 위해 상대국의 불공정무역행위에 대해 공세적 기조로 선회하고 있음을 반증한다.

〈표 2-9〉는 아세안 국가의 WTO 제소 상대국 현황을 나타낸 것이다. 모든 상대국을 개별적으로 분석하는 것은 한계가 있으므로 이를 선진국과 개도국으로 대별해보면 선진국은 총 34건 중 22건, 개도국은 12건으로 각각 64.7%와 35.3%를 차지했다. 아세안의 주요 수출대상국이 미국, EU 등 선진국이라는 점을 감안한다면 제소 상대국이 선진국이 개도국에 비해 다수인 것은 자연스러운 결과다. 제소 상대 선진국을 구체적으로 보면 미국 13건, EU 6건, 호주 3건으로 미국과 EU가 대부분이다.

〈표 2-10〉 한중일의 WTO 제소 상대국 현황

구분	선진국	선진국 상세	개도국
한국	16	미국(11), EU(3), 일본(2)	1
중국	15	미국(10), EU(5)	
일본	11	미국(8), EU(1), 호주(2)	12
전체	42	미국(29), EU(9), 일본(2), 호주(2)	13
비중(%)	76.4		23.6

자료: https://www.wto.org/english/tratop_e/dispu_e/dispu_status_e.htm, 저자 정리.

한중일 3국과 비교해보면 한중일은 〈표 2-10〉에서 보는 바와 같이 총 55건의 제소 중 선진국은 42건, 개도국은 13건으로 각각 76.4%, 23.6%를 차지하고 있다. 한중일은 아세안에 비해 선진국에 대한 제소가 상대적으로 빈번하다. 특히 일본을 제외하면 한중 2개국의 제소는 1건만을 제외하면 모두 선진국에 대한 제소다. 한중일은 주요 수출품목이 공산품에 치중되어 있고 공산품의 수출 또한 주로 선진국을 향한 것이므로 선진국과의 분쟁이 발생할 가능성이 크다고 할 수 있다. 이에 비해 아세안은 선진국에 대한 공산품의 수출도 중요하지만 농수축산물, 천연자원 등 1차산품의 수출 비중이 크다. 1차산품의 수출에서도 선진국은 물론 개도국의 비중도 적지 않다는 점에서 아세안 1차산품의 수입 상대국들과의 분쟁도 다수 발생했다.

아울러 한중일은 선진국 중에서도 미국이 압도적인 다수를 차지하고 있다. 선진국에 대한 제소건수 42건 중 미국에 대한 제소는 29건으로 69.0%, 다음으로 EU가 9건으로 21.4%, 일본과 호주가 각각 2건으로 각각 4.8%를 차지하고 있다. 아세안은 미국에 대한 비중이 13건으로 대(對)선진국 제소건수인 22건의 59.1%이며, EU에 대한 제소는 6건으로 27.3%를 차지하고 있다. 아세안의 경우는 한중일에 비해 상대적으로 미국에 대한 제소 비중은 낮고 EU에 대한 제소 비중은 높다.

〈표 2-11〉 아세안의 WTO 제소 판정 현황 (2019년 말 기준)

구분	건수	비중(%)		건수	비중(%)
승소	12	35.3	승소+합의	16	84.2
합의	4	11.8			
패소	3	8.8	패소	3	15.8
진행 중	15	44.1			
합계	34	100.0			

자료: https://www.wto.org/english/tratop_e/dispu_e/dispu_status_e.htm, 저자 정리.

이러한 양상은 아세안이 한중일과 비교했을 때 미국과의 무역 비중이 낮은 반면 EU와의 무역 비중은 비슷한 것과 무관하지 않은 것으로 보인다.[10]

〈표 2-11〉은 위에서 살펴본 제소의 판정 현황을 나타낸 것이다. 총 34건의 제소 중 15건은 2019년 말 현재 심리가 진행 중이거나 보류된 사건이다. 이를 제외한 19건에 대한 분쟁 사건의 판정이 이루어졌다. 동 19건의 승소 및 패소 여부를 살펴보면 19건 중 12건은 승소, 4건은 패널심리 이전 또는 심리과정 중 당사국 간 합의, 나머지 3건은 패소로 나타났다. 이 중 '합의'의 경우는 제소 당사국이 적어도 만족할 만한 수준이 되어야 이루어질 가능성이 크다는 것을 고려해보면 공식적인 승소는 아니더라도 '승소'의 효과가 있다는 점에서 승소로 분류할 수 있다. 이렇게 보면 19건의 제소결과 중 승소(합의 포함) 16건(84.2%), 패소 3건(15.8%)으로 대부분 승소했다. 아세안이 미국, EU 등

10 2015년 기준 아세안의 무역 비중을 보면 미국 9.2%, EU 10.0%다. 우리나라의 무역 비중은 미국 11.8%, EU 10.9%이고, 중국은 미국 14.3%, EU 14.1%다. 일본은 미국 15.3%, EU 10.8%다. 아세안과 한중일을 비교해보면 對미국 무역 비중이 對EU 무역 비중에 비해 낮은 것을 알 수 있다.

통상 부문 선진국과의 분쟁에서 대부분 승소했다는 점은 '힘의 지배(rule of power)'보다는 객관적이고 공정한 '법의 지배(rule of law)'를 근간으로 하는 WTO의 다자간 무역질서의 역할이 중요했음을 반영한다고 할 수 있다. 이러한 결과는 아세안이 상대국의 불공정무역조치로 자국의 이익이 침해된다고 판단될 때 좀 더 적극적으로 WTO의 분쟁해결절차를 활용하는 자극제가 될 것이다. 이러한 측면에서 향후 아세안의 WTO 분쟁해결절차에 대한 활용은 더욱 활발해질 것으로 예상한다.

특히 아세안 중 WTO 가입이 늦었던 캄보디아, 라오스, 베트남과 최근 민주화와 함께 개혁·개방을 통한 무역확대와 투자유치를 적극적으로 추진하고 있는 미얀마는 아직까지 단 1건도 제소하지 않았다. 하지만 이들 후발국도 세계경제로의 통합 수준이 높아지고 무역규모가 커질수록 자국의 무역 이익이 침해될 경우 WTO 분쟁해결절차를 활용할 가능성이 높아질 것이다. 또한 아세안경제공동체의 출범과 더불어 역내 경제통합이 심화될수록 WTO 분쟁해결절차 활용은 역내 경제공동체의 차원에서 고려되고 다루어질 필요성이 크다. 협상력에서도 다수의 국가가 같이 참여할 경우 더욱 유리하다는 점에서 향후 WTO 분쟁해결절차의 활용은 아세안경제공동체가 고려해야 할 중요한 의제 중 하나라고 할 수 있다.

6. 아세안의 WTO 분쟁 피소 현황

〈표 2-12〉는 아세안의 WTO 피소 현황을 국가별, 협정별, 상품별로 분류한 것이다. 우선 동 피소 사건들을 WTO 세부협정별로 나누어보면 GATT 1994에서 규정하는 최혜국대우, 내국민대우 등 WTO의 기본적인 원칙, 수입허가, 선적전 검사, 무역과 관련된 투자, 관세평가 등

이 주를 이룬다. 이는 앞에서 살펴본 제소 현황과 상당히 다르다. 제소의 경우 반덤핑, 상계관세 등 불공정무역행위가 주를 이루는 것에 비해 피소의 경우 주로 개도국이 비관세장벽으로 활용하는 수입허가, 선적전 검사, 무역 관련 투자, 관세평가 등이 주를 이룬다. 아세안이 향후 WTO의 피소를 방지하기 위해서는 이러한 비관세장벽에 대한 적절한 개선 및 완화 방안이 필요할 것이다.

〈표 2-13〉은 아세안 국가의 연도별 피소 현황을 나타낸 것이다. 아세안 10개국 중 1건 이상 피소된 국가는 인도네시아, 말레이시아, 필리핀, 태국 등 4개국으로 브루나이, 캄보디아, 라오스, 미얀마, 싱가포르, 베트남 6개국은 단 한 1도 피소되지 않았다. 이 중 브루나이, 싱가포르를 제외한 4개국은 최빈개도국 내지는 비(非)시장경제국 지위에 있는 국가들로 상대국이 WTO 협정을 엄격하게 적용하기보다는 유연하게 대처하는 여지가 있다는 점에서 아직까지는 피소되지 않은 것으로 보인다. 말레이시아는 1995년 단 한 차례만 피소되었다. 하지만 이 경우도 싱가포르에 피소된 것으로 실제적으로 역외 국가에 의한 피소라고 하기는 어렵다.

따라서 아세안 중에서 실제로 피소된 사례가 있는 국가는 인도네시아, 필리핀, 태국 3개국으로 한정된다. 이들 3개국 중에서도 2010년대 이후 피소된 국가는 인도네시아뿐이다. 이 시기의 피소건수도 10건으로 총 피소건수의 대부분을 차지하고 있다. 이는 인도네시아가 글로벌 금융위기 이후 국내 산업과 천연자원을 보호하는 정책을 실시해왔다는 데에서 그 원인을 찾을 수 있다. 인도네시아의 경우 WTO 협정을 위반하거나 배치되는 국내 규범과 제도를 수정 보완함으로써 피소로 인해 발생할 수 있는 불필요한 비용을 줄여나갈 필요가 있다.

연도별로는 앞에서 살펴본 제소와는 다른 양상을 보인다. 주로 피소가 이루어진 시기는 2000년대 이전과 2010년대 이후로 양 극단으로

〈표 2-12〉 아세안의 WTO 분쟁 피소 현황

구분	번호	피소 상대국	연도	협정	관련 상품	상태	결과	진행
인도네시아	DS54	EU	1996. 10	상품협정 1994, 보조금 및 상계관세, 투자	자동차	이행조치 통보	패소	패널, 상소기구
	DS55	일본	1996. 10	상품협정 1994, 보조금 및 상계관세, 투자	자동차	이행조치 통보	패소	패널, 상소기구
	DS59	미국	1996. 10	상품협정 1994, 보조금 및 상계관세, 투자	자동차	이행조치 통보	패소	패널, 상소기구
	DS64	일본	1996. 11	상품협정 1994, 보조금 및 상계관세, 투자	자동차	이행조치 통보	패소	패널, 상소기구
	DS455	미국	2013. 1	수입허가	원예작물, 육류	패널 설치	진행 중	
	DS465	미국	2013. 8	수입허가, 선적전 검사	원예작물, 육류	협의	진행 중	
	DS466	뉴질랜드	2013. 8	수입허가, 선적전 검사	원예작물, 육류	협의	진행 중	
	DS477	뉴질랜드	2014. 5	수입허가	원예작물, 육류	이행조치 통보	패소	패널, 상소기구
	DS478	미국	2014. 5	수입허가	원예작물, 육류	이행조치 통보	패소	패널, 상소기구
	DS481	EU	2014. 6	분쟁해결양해	담배	합의	합의	
	DS484	브라질	2014. 10	무역기술장벽, 위생 및 검역조치	닭고기	패널구성	진행 중	
	DS490	대만	2015. 2	세이프가드	닭고기	패널구성	진행 중	
	DS496	베트남	2015. 6	세이프가드	닭고기	패널구성	진행 중	
	DS506	브라질	2016. 4	무역기술장벽, 위생 및 검역조치	소고기	협의	진행 중	

자료: https://www.wto.org/english/tratop_e/dispu_e/dispu_by_country_e.htm, 저자 정리.

〈표 2-12〉 아세안의 WTO 분쟁 피소 현황 (계속)

구분	번호	피소 상대국	연도	협정	관련 상품	상태	결과	진행
말레이시아	DS1	싱가포르	1995. 1	GATT 1994, 수입허가	폴리에틸렌	합의	합의	
필리핀	DS74	미국	1997. 4	GATT 1994, 농업, 수입허가, 투자	돼지고기, 닭고기	합의	합의	
	DS102	미국	1997. 10	GATT 1994, 농업, 수입허가, 투자	돼지고기, 닭고기	합의	합의	
	DS195	미국	2000. 5	GATT 1994, 보조금 및 상계관세, 투자	운송기구	패널설치	진행 중	
	DS215	한국	2000. 12	GATT 1994, 반덤핑	레진	협의	진행 중	
	DS396	EU	2009. 7	GATT 1994	증류주	이행조치 통보	패소	패널, 상소기구
	DS403	미국	2010. 1	GATT 1994	증류주	이행조치 통보	패소	패널, 상소기구
태국	DS122	폴란드	1998. 4	GATT 1994, 반덤핑	H빔	이행조치 통보	패소	패널, 상소기구
	DS370	EU	2008. 1	GATT 1994, 관세평가	일부 관련 상품	협의	진행 중	
	DS371	필리핀	2008. 2	GATT 1994, 관세평가	담배	이행조치 통보	패소	패널, 상소기구
	DS507	브라질	2016. 4	농업, 보조금 및 상계관세	설탕	협의	진행 중	

자료: https://www.wto.org/english/tratop_e/dispu_e/dispu_by_country_e.htm, 저자 정리.

〈표 2-13〉 아세안 국가의 연도별 WTO 피소 현황

연도	인도네시아	말레이시아	필리핀	태국	전체
1995		1			1
1996	4				4
1997			2		2
1998				1	1
1999					
2000			2		2
2001					
2002					
2003					
2004					
2005					
2006					
2007					
2008				2	2
2009			1		1
2010			1		1
2011					
2012					
2013	3				3
2014	4				4
2015	2				2
2016	1			1	2
2017					
합계	14	1	6	4	25
비중(%)	56.0	4.0	24.0	16.0	100.0

자료: https://www.wto.org/english/tratop_e/dispu_e/dispu_status_e.htm, 저자 정리.

나누어져 있다. 2000년대 이전의 피소는 앞에서 언급했듯이 WTO 출범으로 인한 기저효과가 영향을 미쳤을 것으로 보인다. 하지만 2010년

대 이후 제기된 피소는 대부분 인도네시아에 집중되어 있다는 점에서 향후 보호무역조치를 지양하고 자유무역을 위한 제도 개선과 발전을 위해 노력할 필요가 있을 것이다. 또한 향후 제기될 수 있는 유사한 피소 사건에 대해서도 개별국가의 차원뿐만 아니라 역내 차원에서 선제적으로 대응, 협력해야 할 필요가 있다.

〈표 2-14〉는 아세안 국가의 시기별 WTO 피소 현황을 나타낸 것이다. 1995년 이후 현재까지의 시기를 앞에서와 같이 크게 두 시기로 구분해보면 전기 10건, 후기 15건으로 전기에 비해 후기의 피소건수가 많았다. 특히 〈표 2-15〉에서처럼 5년 단위로 나누어볼 경우 WTO 출범 직후 시기인 1995~2000년에 총 10건을 피소당한 데 비해 이후 2010년까지는 단 4건으로 급감했다. 하지만 2011~2017년 피소건수는 다시 11건으로 급증했다. WTO 출범 이후 5년간 10건의 제소 중 인도네시아 4건, 말레이시아 1건, 필리핀 4건, 태국 1건으로 인도네시아와 필리핀의 비중이 높았다. 동 시기 인도네시아, 말레이시아, 필리핀, 태국 등 주요 4개국 모두 피소했는데 이는 앞에서 논의했듯이 WTO 출범의 기저효과에 기인한다고 볼 수 있다. 하지만 그 이후 2010년까지 4건으로 크게 감소했는데 필리핀과 태국을 제외하면 피소는 전무했다.

2010년 이후에는 피소건수가 다시 증가하기 시작했다. 특히 최근 5년 동안 피소 사건 11건 중 태국 1건을 제외한 10건이 인도네시아와 관련된 것이다. 인도네시아는 앞에서 살펴보았듯이 최근 제소도 증가하지만 피소도 급증하고 있다. 이는 인도네시아가 최근 들어 적극적으로 수출주도형 성장전략을 실시하고 있는 동시에 국내 시장과 천연자원을 보호하는 보호무역정책을 강화하는 데서 나타나는 현상이라고 볼 수 있다.

〈표 2-16〉은 아세안을 피소한 상대국 현황을 나타낸 것이다. 먼저 선진국과 개도국으로 대별해보면 총 25건의 피소 사건 중 선진국

〈표 2-14〉 아세안 국가의 시기별(10년 단위) WTO 피소 현황

구분		인도네시아	말레이시아	필리핀	태국	전체
건수	1995~2005	4	1	4	1	10
	2006~2017	10	0	2	3	15
비중(%)	1995~2005	40.0	10.0	40.0	10.0	100.0
	2006~2017	66.7	0.0	13.3	20.0	100.0

자료: https://www.wto.org/english/tratop_e/dispu_e/dispu_status_e.htm, 저자 정리.

〈표 2-15〉 아세안 국가의 시기별(5년 단위) WTO 피소 현황

구분	인도네시아	말레이시아	필리핀	태국	전체
1995~2000	4	1	4	1	10
2001~2005					0
2006~2010			2	2	4
2011~2017	10			1	11

자료: https://www.wto.org/english/tratop_e/dispu_e/dispu_status_e.htm, 저자 정리.

17건, 개도국 8건으로 각각 68.0%와 32.0%를 차지했다. 아세안의 주요 교역대상국이 미국, EU 등 선진국이라는 점을 감안한다면 피소 상대국이 선진국이 다수인 것은 자연스러운 결과다. 선진국별로 보면 미국 9건, EU 4건, 일본 2건, 뉴질랜드 1건, 싱가포르 1건 등으로 제소와 마찬가지로 미국과 EU의 비중이 크다.

한중일 3국의 경우에는 〈표 2-17〉에서 보는 바와 같이 총 68건의 피소 사건 중 선진국은 60건, 개도국은 8건으로 각각 88.2%, 11.8%를 차지하고 있다. 아세안과 비교해볼 때 선진국에 의한 피소가 상대적으로 빈번함을 알 수 있다. 특히 일본을 제외한 한중 2개국의 피소 사건

〈표 2-16〉 아세안 국가의 WTO 피소 상대국 현황

구분	선진국	선진국 상세	개도국
인도네시아	10	미국(4), EU(2), 뉴질랜드(2), 일본(2)	4
말레이시아	1	싱가포르(1)	
필리핀	5	미국(4), EU(1)	1
태국	1	EU(1)	3
전체	17	미국(8), EU(4), 일본(2), 뉴질랜드(2), 싱가포르(1)	8
비중(%)	68.0		32.0

자료: https://www.wto.org/english/tratop_e/dispu_e/dispu_status_e.htm, 저자 정리.

은 6건을 제외한 47건이 선진국에게 피소된 사건이다. 한중일의 경우 주요 수출품목이 공산품에 치중되어 있고 공산품의 수출이 주로 선진국을 향한다는 점에서 선진국에 의한 피소 가능성이 그만큼 높다. 이에 비해 아세안의 경우 공산품의 대(對)선진국 수출뿐만 아니라 농수축산물, 천연자원 등 1차산품의 수출 비중도 크다. 또한 1차산품의 수출에 있어 선진국은 물론 개도국의 비중도 적지 않다는 점에서 아세안 1차산품의 수입대상 개도국들과의 분쟁도 언제든 가능하다고 할 수 있다.

〈표 2-18〉은 아세안 국가의 피소된 사건의 판정 현황을 나타낸 것이다. 총 25건의 피소 사건 중 11건은 2019년 말 현재 심리가 진행중이거나 보류된 사건이다. 나머지 14건에 대한 분쟁해결절차가 최종적으로 마무리되었다. 동 14건의 승소 및 패소 여부를 살펴보면 14건 중 승소는 전무하고 4건은 패널심리 이전과 심리 과정 중 당사국 간 합의로, 10건은 패소로 나타났다. 이 중 합의는 제소 당사국이 적어도 만족할 만한 수준이 되어야만 이루어질 수 있다는 점을 고려해보면 합의는 피소국의 입장에서는 패소의 성격이 짙다. 따라서 이 경우 '합의'는 '패소'와 같이 분류해볼 수 있다. 따라서 14건의 피소 판정 중 승소

〈표 2-17〉 한중일의 WTO 피소 상대국 현황

구분	선진국	선진국 상세	개도국
한국	15	미국(6), EU(4), 일본(2), 캐나다(2), 호주(1)	1
중국	32	미국(20), EU(7), 일본(2), 캐나다(3)	5
일본	13	미국(6), EU(6), 캐나다(1)	2
전체	60	미국(32), EU(17), 일본(4), 캐나다(6), 호주(1)	8
비중(%)	88.2		11.8

자료: https://www.wto.org/english/tratop_e/dispu_e/dispu_status_e.htm, 저자 정리.

〈표 2-18〉 아세안 국가의 WTO 피소 판정 현황 (2019년 말 기준)

<table>
<tr><th>구분</th><th>건수</th><th>비중(%)</th><th></th><th>건수</th><th>비중(%)</th></tr>
<tr><td>승소</td><td>0</td><td>0.0</td><td>승소</td><td>0</td><td>0.0</td></tr>
<tr><td>합의</td><td>4</td><td>16.0</td><td rowspan="2">패소 + 합의</td><td rowspan="2">14</td><td rowspan="2">100.0</td></tr>
<tr><td>패소</td><td>10</td><td>40.0</td></tr>
<tr><td>진행 중</td><td>11</td><td>44.0</td><td></td><td></td><td></td></tr>
<tr><td>합계</td><td>25</td><td>100.0</td><td></td><td></td><td></td></tr>
</table>

자료: https://www.wto.org/english/tratop_e/dispu_e/dispu_status_e.htm, 저자 정리.

는 전무하고 패소(합의 포함)는 14건으로 아세안은 모든 WTO 분쟁에서 패소했다.

이는 앞에서 살펴본 아세안이 제소 사건에서 대부분 승소했다는 점과 대조되는 모습이다. 피소 사건의 경우 제소와는 달리 아세안이 모든 사건에서 패소했다는 것은 선진국들의 힘의 지배(rule of power)에 의해 판정이 이루어졌다는 추측이 가능한 대목이다. 하지만 앞에서 살펴본 객관적이고 공정한 법의 지배(rule of law)를 주창하는 WTO의 역할을 고려한다면 그렇게만 생각할 수는 없다. 왜냐하면 아세안이 피소 시 모든 사건에서 패소했다는 것은 그만큼 아세안이 WTO 협정을 위반하거나 배치되는 무역정책과 무역조치를 시행해왔음을 의미할 수도 있기 때문이다.

따라서 향후 아세안은 가급적 피소를 당하기 전에 사전에 WTO 협정을 위반하거나 배치되는 국내 산업 및 무역정책을 점검하고 개선할 필요가 있다. 또한 다양한 WTO 분쟁 사례들에 면밀한 검토와 적용을 통해 유사한 WTO 분쟁에 휘말리지 않도록 하는 노력이 필요하다. 그리고 앞에서 언급했듯이 피소 사건에 대해서는 개별국가 차원의 일로 한정하는 것보다는 역내 전체 차원에서 좀 더 종합적인 검토와 대응 방안도 필요할 것이다. 이를 위해서는 유사한 사례로 인한 분쟁의 재발 가능성을 미연에 방지하고 역내 국가 간 정보를 공유해야 할 것이다. 특히 향후 세계경제 침체의 지속과 이에 따른 무역의 정체 및 보호무역주의 조치의 강화 등으로 국가 간 제소 및 피소 가능성이 상당히 높아질 것으로 예상된다. 이에 대한 아세안 개별국가 그리고 역내 차원의 대응방안을 준비해야 할 것으로 보인다.

위의 내용을 종합해볼 때 아세안은 WTO 분쟁해결절차를 통해 자국 및 역내 경제의 이익을 극대화하기 위한 정교하면서도 다층적인 노력이 필요할 것으로 보인다. 우선 WTO 분쟁에 피소되지 않기 위해 WTO 협정을 위반하거나 배치될 가능성이 있는 국내 규범, 제도 및 정책의 검토와 개선이 필요할 것이다. 동시에 적극적이고 공세적으로 WTO 분쟁해결절차를 활용해야 한다. 물론 이를 통한 실질적인 성과를 거두기 위해서는 WTO 협정 및 상대방 국가들의 무역정책 및 조치들에 대한 정확한 정보가 필요하고 이에 대한 효율적이고 적절한 대응을 검토하고 판단할 수 있는 전문 인력과 통상 관련 인프라 마련이 필요하다.

그리고 아세안경제공동체의 출범과 더불어 역내 경제통합이 가속화될 것에 대비해 개별국가 차원을 넘어 역내 경제공동체 차원의 대응도 필요할 것으로 보인다. 마지막으로 후발 주자들인 캄보디아, 라오스, 미얀마, 베트남 등에 대한 선발국들의 지원과 협력, 공조가 필요할 것이다. 이러한 다양한 측면의 노력과 대응을 통해 보호무역 기조가 강화되는 상황 속에서 WTO 분쟁이 발생할 경우 아세안 역내 무역의 이익을 최대한 담보할 수 있는 역량을 기를 수 있을 것이다.

제3장

아세안의 통상정책: 관세조치

1. 개요

일반적으로 무역의 흐름을 왜곡하고 저해하는 무역장벽은 크게 관세장벽과 비관세장벽으로 나뉜다. 이 절에서는 역내 교역활성화에 부정적 영향을 미치는 주요 요인으로 아세안의 역내 관세장벽의 추이와 현황에 대해 살펴보고자 한다. 역내 선발국 그룹인 인도네시아, 말레이시아, 태국, 필리핀, 싱가포르, 브루나이(이하 아세안6)는 1992년부터 아세안자유무역지대(ASEAN Free Trade Area, AFTA)를 형성하기로 합의하고, 이후 공동유효특혜관세(Common Effective Preferential Tariff, CEPT)를 통해 역내 교역에 대한 관세를 단계적으로 인하해왔다.

아세안은 2003년 실질적으로 무관세 자유무역지대인 아세안자유무역지대 실현을 위해 1993년 기본협정인 공동유효특혜관세에 합의했다. 이후 1993년 말부터 공동유효특혜관세에 따라 역내 관세를 매년 점진적으로 인하했으며, 당초 계획대로 2003년까지 분석대상 아세안6의 역내 평균관세율을 0~5%로 인하했다. 공동유효특혜관세 규정에 따르면 관세율 인하 적용품목(Inclusion List)은 공산품과 가공 농산물을 포함한 모든 제조품으로 적용품목 수가 1993년 공동유효특혜관세 발효 당시 41,147개에서 2003년 49,445개로 증가했으며, 잠정예외품목

(Temporary Exclusion List)은 3,321개에서 218개로 대폭 축소되었고, 일반 예외품목(General Exclusion List) 역시 523개에서 301개로 대폭 축소되었다. 2003년 기준으로 적용대상품목 60%의 관세가 완전 철폐되었고 역내 거래되는 품목 대부분의 역내 관세율은 0~5%였으며, 5%를 초과하는 품목은 3%대에 불과하다.

역내 평균관세율 인하 추이를 보면 태국 1998년 10.56%에서 2003년 4.64%로, 인도네시아 7.04%에서 3.71%로, 말레이시아 3.58%에서 2.06%로, 필리핀 7.96%에서 3.75%로 인하했다. 싱가포르는 1998년부터 이미 역내 관세철폐를 실현했다. 1994년 공동유효특혜관세 발효로 각 회원국의 민감, 초민감 품목 등 예외품목을 제외한 모든 역내 상품무역 관세율은 아세안6의 경우 1998년까지 20% 이하, 2003년까지 5% 이하 수준으로 인하했다. 이후 아세안자유무역지대의 심화를 위해 아세안6는 2010년부터 모든 적용품목의 관세를 철폐했다.

이에 비해 아세안 후발 4개국인 캄보디아, 라오스, 미얀마, 베트남(이하 CLMV)의 경우 이행 기간을 좀 더 길게 허용함으로써 베트남은 2006년, 라오스와 미얀마는 2008년, 캄보디아는 2010년까지 관세가 5% 이하 수준으로 인하되도록 했다. 이들 4개국도 2015년부터는 완전한 관세철폐를 시행했다. 실제로 아세안6의 역내 관세율은 1996년 7%대에서 1998년 5%대로 인하되었고, 1999년 5% 이하인 4.77%를 기록했다. 이후 2000년 3.87%, 2001년 3.65%, 2002년 3.25%, 2003년 2.68%로 2000년 이후에도 역내 관세율은 지속적으로 인하되고 있고, 점차 제로 관세율에 근접하고 있음을 확인할 수 있다.

아세안의 역내 관세는 1990년대 중반 이후 지속적으로 인하되었으나 시간이 경과됨에 따라 그 인하속도가 둔화되어 관세율 인하의 추가적인 역내 교역 확대효과는 점차 줄어들고 있는 것으로 판단된다. 이처럼 관세의 경우에는 아세안자유무역지대와 같은 아세안 역내 국가들의 교역 자유화 노력으로 일부 민감, 초민감 품목을 제외한 대부분의 상품교역에서 관세로 인한 무역장벽은 대부분 해소된 것으로 보인다. 실제로 2012년 기준 품목기준 99.65%, 금액기준 87.2%에 달하는 역내 교역에 대한 관세가 철폐되었고, 캄보디아, 라오스, 미얀마, 베트남 등 후발가입국들의 관세철폐 완료 시점인 2015년 역내 관세는 대부분 철폐되었다.

요약하자면 지난 20여 년 동안 아세안은 역내 관세율 인하 및 철폐 등을 통해 대부분의 품목에서 제로관세율 또는 그에 근접한 수준까지 관세율을 인하하는 등 역내 교역활성화를 위해 노력해왔다. 하지만 이는 다시 말하면 관세율 인하 또는 철폐만으로는 그 효과가 한계에 이르렀다는 점을 의미하며 향후 한 단계 높은 역내 교역활성화를 위해서는 관세율 인하 외의 비관세조치 등을 고려할 필요가 있음을 알 수 있다. 이를 위해서는 아세안의 관세조치에 대한 전반적인 이해를 위한 논의가 필수적이다.

2. 아세안의 양허관세율 및 실행관세율 추이

아세안의 무역분쟁은 통상정책의 시행 및 변화와 밀접하게 관련되어 있다. 왜냐하면 무역분쟁의 발생은 통상정책의 이행과정에서 나타나는 제반 현상 중 하나이기 때문이다. 따라서 무역분쟁에 대한 전반적인 이해와 고찰을 위해 아세안의 통상정책을 이해하고 그 특성 및 변화를 살펴볼 필요가 있다.

일반적으로 한 국가의 통상정책은 궁극적으로 '경제발전(economic development)'을 목표로 한다. '경제발전'은 협의의 의미로서의 '경제성장(economic growth)'과 동의어로 쓰이는 경우도 있지만 일반적으로는 국가경제의 규모 또는 일인당 소득의 양적 증대뿐만 아니라 삶의 수준 향상 등과 같은 질적 변화까지 포함한다. 소득의 증가를 의미하는 경제성장은 경제발전을 위한 필요조건은 아니더라도 충분조건은 될 수 있다. 또한 무역이 경제성장에 중요한 역할을 한다면 그 나라의 경제발전에도 긍정적 영향을 주게 될 것이다. 따라서 국가의 통상정책은 무역과 경제성장이라는 경로를 통해 국민의 총체적 삶의 수준이 향상되는 것을 목표로 한다는 데에 그 의미가 있다.

무역이 경제성장에 긍정적 영향을 준다 하더라도 실제로 정부의 통상정책은 완전한 자유무역에 초점을 맞춘 것과는 거리가 먼 경우가 많다. 현실에서는 정부가 자유무역을 저해하는 다양한 보호무역조치들을 빈번하게 시행하는 것을 볼 수 있다. 그 예로 관세부과, 수량할당, 수출보조금, 이 외에도 비효율적이고 투명하지 못한 통관절차와 관련 규정 등과 같은 행정상의 애로점 등 다양한 비관세장벽을 들 수 있다. 다양한 보호무역조치들이 실시되는 가장 중요한 이유는 시장개방으로 인해 국내 산업이 경쟁력을 잃고 사양화될 수 있다는 우려에 있다. 특히 비교열위 산업이나 수입 부문에 종사하는 기업들은 무역으로 인해 수입상품과의 경쟁이 심화되고 손해를 입을 가능성이 커진다.

이러한 보호무역조치들 중 가장 일반적이고 전형적인 방법이 관세부과다. 관세는 국내 산업을 보호하기 위해 용이하면서도 보편적으로 활용되는 보호무역조치다. 관세는 관세선을 통과한 수입상품에 일종의 세금을 부과하는 것으로 즉각적인 수입상품의 가격 인상을 가져오는 효과가 있다. 또한 부가가치세 등의 내국세는 관세부과 후에 책정된 상품가격을 기준으로 부과되므로 수입상품의 가격 인상이 더욱 증폭되는 효과가 있다. 그러므로 관세는 수입품의 가격 인상을 통해 국내 산업을 보호하는 효과가 있다. 또한 정부는 관세수입으로 세수를 확보할 수 있다. 특히 세수가 부족한 개도국의 경우 관세수입은 중요한 정부수입원이 된다. 관세를 통해 경쟁력이 상이한 산업들에 대한 탄력적이고 효과적인 보호조치도 가능하다. 산업별로 경쟁력이 높은 상품에는 저율의 관세율을, 경쟁력이 낮은 상품에는 고율의 관세를 부과할 수 있기 때문이다.

따라서 아세안의 통상정책을 분석하기 위해서는 기본적으로 관세율의 변화를 살펴볼 필요가 있다. 아세안 개별국가 차원과 아세안 전체 차원에서 관세율의 추이를 분석해보고 이를 통해 아세안의 통상정책의 기본 특성과 변화를 추론해볼 수 있기 때문이다.

관세율은 다양한 종류가 있는데 한 국가의 관세정책을 판단해볼 수 있는 관세율로 활용되는 것은 WTO 양허관세율, 최혜국대우 실행관세율, FTA 양허관세율, FTA 특혜관세율 등이다. 이 장에서 다루는 내용은 WTO의 다자적 차원과 관련된 통상정책 및 무역분쟁에 대한 것이므로 WTO 양허관세율과 최혜국대우 실행관세율 및 이 두 관세율의 차이를 분석함으로써 아세안의 관세율을 비교분석하고자 한다. 〈표 3-1〉은 아세안의 양허관세율, 2016년 기준 실행관세율, 그리고 두 관세율의 차이를 나타낸 것이다.

아세안의 양허관세율을 살펴보면 기본적으로 상당히 높은 관세율을 설정하고 있음을 알 수 있다. 양허관세율(binding tariff)은 개별국가가 WTO에 스스로 관세를 일정 수준 이상은 올리지 않겠다고 약속한 관세율로 현실적으로 수입상품에 부과할 수 있는 관세율의 최고치를 의미한다. 양허관세율은 WTO가 출범한 1995년 또는 이후 WTO 가입 시에 책정되었다. WTO 출범 이전에 GATT 회원국이었던 브루나이(1975), 말레이시아(1957), 미얀마(1994), 싱가포르(1973), 인도네시아(1950), 필리핀(1979), 태국(1982)은 1995년 WTO 출범과 동시에 양허관세율을 책정했다. 이외 WTO 출범 이후 가입한 캄보디아(2003), 라오스(2013), 베트남(2006)은 가입연도를 기준으로 양허관세율을 책정했다.

〈표 3-1〉 아세안 국가의 평균관세율 추이

구분	양허관세율(A), %	실행관세율(B), %	차이(A–B), %p	양허관세율 기준연도, ( ) 안은 GATT 가입연도
브루나이	23.4	1.6	21.8	1995(1975)
캄보디아	23.5	11.8	11.7	2003
인도네시아	39.5	8.4	31.1	1995(1950)
라오스	23.0	10.3	12.7	2013
말레이시아	14.5	6.9	7.6	1995(1957)
미얀마	46.2	5.5	40.7	1995(1994)
필리핀	28.9	6.4	22.5	1995(1979)
싱가포르	7.5	0	7.5	1995(1973)
태국	29.1	11.3	17.8	1995(1982)
베트남	12.8	10.1	2.7	2006
아세안6	23.8	5.8	18.0	
CLMV	26.4	9.4	17.0	
아세안	24.9	7.2	17.7	

자료: WTO I-TIP Goods data base, https://i-tip.wto.org/goods/default.aspx?language=en, 저자 정리.

아세안의 평균 양허관세율을 살펴보면 브루나이 23.4%, 캄보디아 23.5%, 인도네시아 39.5%, 라오스 23.0%, 말레이시아 14.5%, 미얀마 46.2%, 필리핀 28.9%, 싱가포르 7.5%, 태국 29.1%, 베트남 12.8% 등으로 전체적으로 보면 상당히 높은 수준임을 알 수 있다. 양허관세율로만 보면 미얀마와 인도네시아가 40% 전후대로 가장 높고 다음으로 태국, 필리핀, 캄보디아, 브루나이, 라오스 등이 20%대로 중간 그룹을 형성하고 있다. 말레이시아, 베트남이 10%대, 싱가포르가 7%대로 가장 낮다. 여기서 주목할 만한 것은 아세안 선발국 중에서도 인도네시아, 태국, 필리핀 등은 오히려 양허관세율이 높은 반면 후발국인 CLMV의 경우 미얀마를 제외하면 오히려 양허관세율이 낮다는 것이다.

인도네시아, 태국, 필리핀의 경우 농업 등을 비롯한 국내 산업을 보호하기 위한 차원에서 WTO 출범을 위한 다자간 협상인 우루과이 라운드에서 높은 양허관세율을 관철시킨 것으로 평가된다. 캄보디아, 라오스, 베트남 3개국의 경우는 WTO 출범 이후 WTO에 가입한 사례로 추세적으로 보았을 때 관세율 자체가 1995년 이전에 비해 상당폭 하락한 상황에서 양허관세율을 책정했다. 이들 국가는 1995년 시점에서 양허관세율을 책정한 다른 국가들의 상황과 다르다고 할 수 있다. 특히 베트남은 양허관세율 자체가 상당히 낮은 수준이다. 이는 무역확대와 시장개방을 위한 베트남 정부의 정책적 판단이 작용한 것으로 평가할 수 있다. 아세안6의 평균 양허관세율은 23.8%로 상당히 높은 수준이고 CLMV의 경우 26.4%로 아세안6보다 높다. 하지만 WTO 출범 이후 가입한 캄보디아, 라오스, 베트남 3개국의 평균 양허관세율은 19.8%로 아세안6보다 낮다.

위에서 보았듯이 양허관세율은 WTO 다자간 협상에서 개별국가들의 국내 산업 보호를 위한 정책적 의지가 반영된 결과다. 인도네시아와 미얀마가 가장 높은 수준의 양허관세율을 책정하고 있고 태국, 필리핀 등도 상당히 높은 양허관세율을 책정했다는 것은 WTO 출범 초기 이들 국가의 국내 산업 보호 내지는 시장개방에 대한 상당히 보수적인 성향을 나타낸 것이라고 할 수 있다. 물론 양허관세율은 적용 가능한 최대치일 뿐이고 실제 적용되는 실행관세율은 이보다 낮은 것이 일반적이다. 실행관세율(applied tariff rates)은 통관당국이 실제로 국경에서 부과하는 관세율로 무역협상 결과에 의한 국가별 양허표(tariff schedules)상의 관세인 양허관세보다는 낮은 것이 일반적이다. 특히 개도국의 경우는 국내 시장을 보호할 유인이 크기 때문에 일단 보수적으로 양허관세율을 가능한 높게 책정한다고 할 수 있다. 따라서 양허관세율과 실행관세율의 차이가 큰 경우가 많다. 반면에 선진국의 경우 양허관세율이 낮고 양허관세율과 실행관세율의 차이도 그렇게 크지 않다.

아세안의 2016년 기준 평균 실행관세율을 살펴보면 브루나이 1.6%, 캄보디아 11.8%, 인도네시아 8.4%, 라오스 10.3%, 말레이시아 6.9%, 미얀마 5.5%, 필리핀 6.4%, 싱가포르 0%, 태국 11.3%, 베트남 10.1%다. 단순히 평균관세율만을 비교하면 아세안의 관세율 수준은 경제적 특성, 시장개방 수준, 경제발전 정도 등 각국의 경제적 상황에 따라 상당히 큰 차이를 보이고 있다. 또한 시장개방 수준과 경제발전 정도가 높을수록 관세율이 낮아지는 추세를 보이는데 아세안의 경우도 이러한 일반적 예상과 크게 다르지 않은 모습을 보이고 있다.

소규모 개방경제체제로 오래전부터 자유무역을 추진해온 싱가포르와 브루나이는 평균 실행관세율이 각각 0%(모든 품목의 관세철폐를 의미), 1.6%로 가장 낮은 수준을 보이고 있다. 다음으로 미얀마, 필리핀, 말레이시아가 5~6% 수준으로 중간그룹을 형성하고 있고, 인도네시아 8%대, 베트남, 라오스, 태국 등이 가장 높은 수준인 10~11%를 기록하고 있다. 아세안6의 경우 태국을 제외하면 한 자릿수로 대체로 낮은 수준을 기록하고 있는 반면 CLMV는 미얀마를 제외하면 모두 10% 이상이다.

아세안6 중 태국이 예외적으로 높은 실행관세율을 나타내고 있는 것은 태국이 농업 등 1차산업 분야를 보호하기 위해 동 분야에 높은 수입관세율을 부과하고 있기 때문인 것으로 보인다. 미얀마는 오랫동안 폐쇄적인 경제체제를 운영해왔음에도 불구하고 비교적 낮은 실행관세율을 부과하고 있는 것은 자유무역을 오랫동안 시행해왔던 영연방의 한 일원으로서 영국을 비롯한 연방 내 국가들과 교역을 해온 역사적인 경험과 관련이 있는 것으로 보인다.

아세안 10개국의 평균 실행관세율은 7.2%로 세계 평균 수준인

3%보다 두 배 이상 높다. 이는 아세안이 국내 산업을 보호하기 위한 보호무역적 관세조치를 상당히 강하게 유지하고 있음을 의미한다. 또한 아세안6의 평균관세율은 5.8%, CLMV는 9.4%로 예상대로 선발국들인 아세안6의 관세율이 후발국들에 비해 상대적으로 낮은 것을 알 수 있다.

다음으로 양허관세율에서 2016년 기준 실행관세율을 뺀 두 관세율의 차이를 살펴보면 브루나이 21.8%p, 캄보디아 11.7%p, 인도네시아 31.1%p, 라오스 12.7%p, 말레이시아 7.6%p, 미얀마 40.7%p, 필리핀 22.5%p, 싱가포르 7.5%p, 태국 17.8%p, 베트남 2.7%p 등이다. 두 관세율의 차이가 클수록 부과 가능 최고치인 양허관세율보다 실제적으로는 더 낮은 실행관세율을 부과하고 있다는 것을 의미한다. 이는 다시 말하면 WTO와 협상 시 고려되었던 국내 산업에 대한 보호 수준에 비해 자유무역이 진전되었음을 반영한다고도 할 수 있다. 미얀마와 인도네시아가 30%p 이상으로 가장 차이가 크고 그다음으로는 필리핀, 브루나이, 태국 등이 20%p 내외, 라오스, 캄보디아가 10%p 초반, 싱가포르와 베트남이 한 자릿수로 가장 낮은 차이를 나타내고 있다. 싱가포르와 베트남은 양허관세율 자체가 낮은 수준으로 실행관세율과의 차이도 크지 않다. 미얀마와 인도네시아는 양허관세율에 비해 실행관세율이 크게 하락한 것으로 보이는데 이는 WTO 출범 시기에 비해 관세율에서는 상당 수준 시장개방이 진행된 것으로 평가받을 수 있다.

〈표 3-2〉는 세계 주요국의 양허관세율, 2016년 기준 실행관세율, 그리고 두 관세율의 차이를 나타낸 것이다. 〈표 3-3〉은 아세안과 세계 주요국의 양허관세율, 2016년 기준 실행관세율, 그리고 두 관세율의 차이를 비교한 것이다. 우선 〈표 3-2〉에서 미국, EU, 일본, 캐나다, 호주 등 주요 선진국의 경우 양허관세율 자체가 낮고 실행관세율과의 차이도 크지 않은 것을 알 수 있다. 또한 양허관세율과 실행관세율의

〈표 3-2〉 세계 주요국의 평균관세율 추이

구분	양허관세율(A), %	실행관세율(B), %	차이(A–B), %p	양허관세율 기준연도
미국	3.3	4.1	–0.8	1996
EU	3.7	4.7	–1.0	1996
일본	3.5	4.4	–0.9	1996
캐나다	4.5	2.5	2.0	1996
호주	7.9	2.6	5.3	1996
한국	14.8	11.5	3.3	1996
중국	11.0	9.8	1.2	1996
인도	58.0	12.9	45.1	1996
브라질	32.7	12.1	20.6	1996

자료: WTO I-TIP Goods data base, https://i-tip.wto.org/goods/default.aspx?language=en, 저자 정리.

차이는 이론적으로는 양수(+)여야 하지만 오히려 미국, EU, 일본 등은 양허관세율을 너무 낮게 책정함으로써 그 차이가 음수(–)로 나타나는 것을 볼 수 있다.

이와는 반대로 중국, 인도, 브라질 등 개도국의 경우 양허관세율이 높게 책정되어 있고, 특히 인도와 브라질의 경우 양허관세율과 실행관세율의 차이도 큰 것을 볼 수 있다. 중국은 2001년 WTO에 가입하면서 양허관세율을 책정했기 때문에 상대적으로 그 이전에 WTO에 가입했던 다른 개도국들에 비해서는 양허관세율 자체가 낮게 책정되었다고 할 수 있다. 우리나라는 평균 양허관세율이 14.8%로 선진국에 비해 높은 편이고 인도나 브라질에 비해서는 낮다. 양허관세율과 실행관세율의 차이도 3.3%로 선진국과 개도국의 중간에 있는 것으로 볼 수 있다.

〈표 3-3〉은 아세안과 세계 주요국의 평균관세율 추이를 비교한 것이다. 표에서 보듯이 아세안의 평균 양허관세율은 24.9%로 선진

〈표 3-3〉 아세안과 세계 주요국의 평균관세율 추이 비교

구분	양허관세율(A), %	실행관세율(B), %	차이(A–B), %p	양허관세율 기준연도
선진 5개국	4.6	3.7	0.9	1996
신흥 3개국	33.9	11.6	22.3	1996
한국	14.8	11.5	3.3	1996
한중일	9.8	8.6	1.2	1996
아세안	24.9	7.2	17.7	1996
아세안6	23.8	5.8	18.0	1996
CLMV	26.4	9.4	17.0	1996

자료: WTO I-TIP Goods data base, https://i-tip.wto.org/goods/default.aspx?language=en, 저자 정리.

5개국의 양허관세율인 4.6%에 비해서는 현저히 높지만 신흥 3개국의 33.9%에 비해서는 낮은 수준이다. 또한 한국의 14.8% 및 한중일 평균인 9.8%에 비해서는 높다. 하지만 실행관세율에서는 다른 모습을 보이는데 아세안의 평균 실행관세율은 7.2%로 선진 5개국의 3.7%에 비해서는 높지만 신흥 3개국의 11.6%, 한국 11.5% 및 한중일 평균 8.6%에 비해서도 낮은 수준이다. CLMV의 평균 실행관세율은 9.4%로 한중일 평균에 비해서는 높지만 이 경우에도 한국과 신흥 3개국에 비해 낮다.

이렇게 아세안의 실행관세율이 한국 및 한중일 평균보다 낮은 것은 그만큼 아세안이 관세인하를 위해 노력해왔다는 것을 의미하고 아세안의 통상정책에 있어 관세조치를 통한 국내 산업 보호의 효과는 그만큼 크지 않다는 것을 의미한다고 할 수 있다.

다음으로 아세안의 WTO 출범 또는 가입 이후 관세율의 추세적 변화를 살펴보고 이를 통해 개별국가 및 아세안 전체 측면에서 관세정책의 흐름을 좀 더 구체적으로 추론해볼 수 있을 것이다. 〈표 3-4〉는 아세안 국가의 평균 실행관세율의 추이를 연도별로 나타낸 것이다. 아

세안 개별국가들의 경우 WTO 출범 초기 실행관세율의 국가별 차이가 상당히 큼을 알 수 있다. 예를 들어 1996년 태국의 평균 실행관세율은 39.5%, 인도네시아는 24.9%로 브루나이 2.8%, 미얀마 5.6%, 싱가포르 0% 등과 큰 차이를 보이고 있다. 태국, 인도네시아 등은 WTO 출범 초기 국내 산업 보호를 위해 상당히 높은 관세율을 부과하고 있음을 알 수 있다. 이는 이들 국가가 보호무역적인 색채가 강한 관세정책을 시행하고 있었음을 의미한다고 할 수 있다.

이에 반해 관세를 아예 철폐한 싱가포르를 비롯한 말레이시아, 미얀마, 필리핀 등은 낮은 실행관세율을 보이고 있다. 이들 국가는 WTO 출범 시기 이미 무역확대와 시장개방을 중시하는 관세정책을 시행하고 있었다고 평가할 수 있다. 〈그림 3-1〉은 아세안6, CLMV, 그리고 아세안 전체 차원의 평균 실행관세율 추이를 나타낸 것이다. 아세안 전체 차원에서는 1996년 13.9%였던 평균 실행관세율이 2016년 7.2%로 절반 가까이 하락했는데 이는 지난 20여 년 동안 국내 산업을 위한 보호무역조치로서의 관세부과의 의미가 퇴색하고 있음을 의미한다고 할 수 있다.

아세안6의 경우는 1996년 15.2%였던 평균 실행관세율이 2016년 5.8%로 역시 큰 폭 하락했다. CLMV의 경우 통계가 가능하기 시작한 2002년 12.8%에서 2016년 9.4%로 1/3 이상 하락한 것을 알 수 있다. 예상 가능한 대로 선발국인 아세안6의 실행관세율은 CLMV보다 약 40% 낮은 수준이다. CLMV는 개도국의 특성상 아세안6에 비해 국내 산업 보호를 위한 관세부과에 좀 더 비중을 두고 있음을 의미한다.

실행관세율의 추이를 통해 한 가지 주목할 수 있는 것은 아세안 전체에서 보았을 때 관세율의 하락이 1998~2000년에 두드러졌다는 점이다. 예를 들어 인도네시아는 실행관세율이 1996년 24.9%에서 1998년 9.3%로 대폭 하락했고, 필리핀은 14.3%에서 1998년 10.4%로,

〈표 3-4〉 아세안 국가의 평균 실행관세율 추이 (단위, %)

구분	1996	1997	1998	1999	2000	2001	2002	2003	2004	2005	2006	2007	2008	2009	2010	2011	2012	2013	2014	2015	2016
브루나이	2.8	2.8	2.8	2.7	2.7	2.7	2.7	2.7	4.3	4.3	4.3	4.3	3.5	3.3	3.3	3.4	1.6	1.6	1.6	1.6	1.6
캄보디아	-	-	-	-	-	-	17.0	17.0	17.0	14.8	14.8	14.7	14.7	14.7	12.6	11.6	11.6	11.6	11.9	11.9	11.8
인도네시아	24.9	24.9	9.3	8.8	7.2	7.2	7.2	7.2	8.3	8.3	8.1	7.3	7.3	7.2	7.1	6.8	6.8	6.9	6.9	8.4	8.4
라오스	-	-	-	-	-	-	-	-	-	-	-	-	10.2	10.2	10.2	10.2	10.2	10.2	10.3	10.3	10.3
말레이시아	9.9	12.3	9.9	10.5	10.3	9.8	10.3	10.2	9.8	9.6	9.5	9.5	8.9	8.9	7.7	7.7	7.7	6.9	6.9	6.9	6.9
미얀마	5.6	5.6	5.6	5.6	5.6	5.6	5.7	5.6	5.6	5.5	5.3	5.5	5.5	5.5	5.5	5.5	5.5	5.5	5.5	5.5	5.5
필리핀	14.3	13.2	10.4	9.8	7.7	7.4	5.9	4.9	6.7	6.6	6.6	6.8	6.3	6.4	6.4	6.2	6.2	6.4	6.4	6.4	6.4
싱가포르	0.0	0.0	0.0	0.0	0.0	0.0	0.0	0.0	0.0	0.0	0.0	0.0	0.0	0.0	0.0	0.0	0.0	0.0	0.0	0.0	0.0
태국	39.5	39.5	39.5	39.5	16.5	13.6	13	10.7	10.4	9.7	9.1	10.3	10.3	10.2	10.3	10.3	12.0	12.0	12.0	11.3	11.3
베트남	-	-	-	-	-	-	15.6	17.4	17.4	17.4	17.4	17.4	11.3	11.0	10.3	10.3	10.1	10.0	10.1	10.1	10.1
아세안6	15.2	15.5	12.0	11.9	7.4	6.8	6.5	6.0	6.6	6.4	6.3	6.4	6.1	6.0	5.8	5.7	5.7	5.6	5.6	5.8	5.8
CLMV	-	-	-	-	-	-	12.8	13.3	13.3	12.6	12.5	12.5	10.4	10.4	9.7	9.4	9.4	9.3	9.5	9.5	9.4
아세안	13.9	14.0	11.1	11.0	7.1	6.6	8.6	8.4	8.8	8.5	8.3	8.4	7.8	7.7	7.3	7.2	7.2	7.1	7.2	7.2	7.2

자료: WTO I-TIP Goods data base, https://i-tip.wto.org/goods/default.aspx?language=en, 저자 정리.

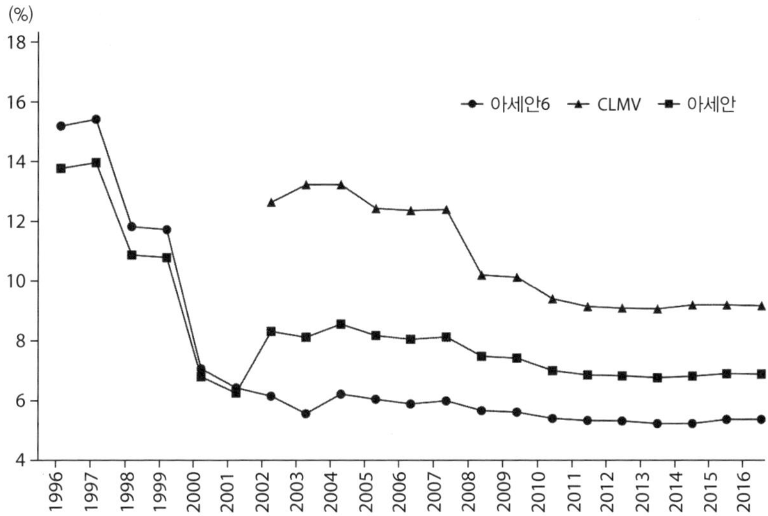

〈그림 3-1〉 아세안의 평균 실행관세율 추이

자료: WTO I-TIP Goods data base, https://i-tip.wto.org/goods/default.aspx?language=en, 저자 정리.

태국은 39.5%에서 2000년 16.5%로 큰 폭으로 하락했다. 이러한 1990년대 후반 실행관세율의 대폭적인 하락은 1997~1998년의 동아시아 외환위기로 인한 급격한 경제정책의 변화와 맞물려 있는 것으로 보인다.

당시 인도네시아, 태국, 필리핀 등은 외화유동성의 급격한 고갈로 인해 IMF 구제금융을 받는 조건으로 시장개방 및 경제구조조정 등의 요구를 수용할 수밖에 없었다. 이러한 대외적 충격으로 인해 아세안 주요 국가의 통상정책에도 변화가 불가피할 수밖에 없었던 것으로 보이며 시장개방을 위한 큰 폭의 관세율 인하를 시행한 것으로 보인다.

1990년대 큰 폭 하락한 실행관세율은 2000년대 중반까지 8.5%대 내외에서 유지되다가 2000년대 후반 이후 7%대로 하락하는 것을 볼 수 있다. 향후 대외개방이 가속화되면 6%대 이하로 떨어질 것으로 예상해볼 수 있다. 실행관세율이 2000년대 후반과 1990년대 후반처럼 큰 폭 하락한 것은 아니지만 다시 유의미하게 하락세로 돌아선 것은

2008년 시작된 글로벌 금융위기로 인한 세계적인 경기침체와 불황에 따른 무역의 감소를 극복하고자 하는 정책적 노력에서 기인한 것으로 볼 수 있다.

이러한 예는 특히 수출 비중이 높은 국가들에서 나타나는데 2008년을 전후로 말레이시아의 평균 실행관세율을 9%대에서 7%대로, 베트남은 17%대에서 10%대로 하락한 것을 볼 수 있다. 또한 이러한 양상은 아세안6에 비해 CLMV에서 더 현저히 나타나는데 2008년 이전 12%대이던 실행관세율이 2010년 이후 9%대로 하락한 것을 볼 수 있다. 이는 CLMV도 무역확대와 시장개방을 위한 관세율 인하에 더 적극적이었음을 의미한다고 할 수 있다.

관세율의 변화 양상을 보면 2013년 이후부터는 아세안 대부분의 국가에서 거의 변화가 없는 것을 알 수 있다. 이는 WTO 차원의 최혜국대우 관세율의 변화를 통한 통상정책의 효과 및 의미가 많이 축소된 것이 반영된 것으로 볼 수 있다. WTO의 다자간 무역협상인 DDA(도하개발 어젠다)가 뚜렷한 성과 없이 장기간 공전하면서 WTO를 통한 자유무역확대에 의존하기보다는 양자간, 복수국 간의 FTA 체결 등 지역 차원의 경제통합, 무역협정 등이 활발해졌고, 이로 인해 WTO보다는 FTA와 관련된 관세율 등이 실제로는 더욱 중요한 통상정책의 관심사항이 되었다고 할 수 있다. 따라서 최근의 실행관세율이 거의 변동 없이 유지되는 상황은 WTO에서 진행 중인 새로운 다자간 무역협정이 체결되기까지는 지속될 것으로 보인다.

3. 아세안의 상품군별 양허관세율

위에서는 아세안의 평균 양허관세율과 실행관세율의 추이와 현황 등을 살펴보았다. 이 절에서는 이를 상품군별로 나누어 좀 더 상세하게 살펴보고자 한다. 이를 통해 관세를 활용한 아세안의 상품군별 보호조치의 경중을 파악할 수 있을 것으로 기대한다. 〈표 3-5〉는 아세안의 양허관세율을 HS코드를 활용한 21개(부) 상품군별로 나누어 정리한 것이다. 우선 아세안 전체에서 보면 상대적으로 농산품 등 1차산업 관련 상품과 2차산업 관련 상품 중에서도 노동집약적 특성이 강한 신발, 모자 등과 같은 상품군에서 가장 높은 양허관세율을 보이고 있다.

예를 들어 HS04 '조제 식품류, 음료·주류·식초, 담배·제조한 담배 대용물'의 경우 평균 양허관세율이 42.7%로 가장 높다. 또한 HS01 '살아 있는 동물과 동물성 생산품', HS02 '식물성 생산품', HS03 '동물성·식물성 지방과 기름 및 이들의 분해생산물, 조제한 식용 지방과 동물성·식물성 납' 등 1차산업 상품군에 대한 양허관세율이 각각 31.2%, 32.2%, 26.9% 등으로 상당히 높은 수준을 나타내고 있다. 기계류, 전자제품, 차량 등 대표적인 2차산업 상품군에 대한 양허관세율은 10~20%대로 이보다는 낮은 것으로 나타나고 있다. 이는 전반적인 차원에서 아세안이 WTO 출범 초기 국내 수요를 충족하기 위해 수입이 불가피했던 주요 2차산업 상품에 대해서는 수입을 허용하는 대신 주요 산업인 1차산업 부문과 노동집약적 특성이 강한 2차산업 일부 부문에 대해서는 정책적으로 보호하는 성향을 반영한다고 할 수 있다.

이러한 모습은 아세안6와 CLMV에서 상대적인 차이가 있을 뿐 공통적으로 나타난다. 우선 아세안6의 경우 상품군 간의 양허관세율의 편차가 그렇게 크지는 않지만 1차산업 상품군인 HS01 '살아 있는 동물과 동물성 생산품', HS02 '식물성 생산품', HS03 '동물성·식물성 지방과 기름 및 이들의 분해생산물, 조제한 식용 지방과 동물성·식물성 납' 등의 양허관세율이 각각 25.1%, 27.6%, 30.2% 등으로 비교적 높게 나타난다. 또한 식품류인 HS04 '조제 식품류, 음료·주류·식초,

〈표 3-5〉 아세안의 상품군별 양허관세율 (단위: %)

HS	상품 분류	브루나이	캄보디아	인도네시아	라오스	말레이시아	미얀마	필리핀	싱가포르	태국	베트남	아세안6	CLMV	아세안
01	살아 있는 동물과 동물성 생산품	23.2	27.2	45.0	22.0	19.9	97.7	33.3	9.3	20.0	14.4	25.1	40.3	31.2
02	식물성 생산품	25.7	25.4	45.1	22.8	7.3	92.5	35.9	9.8	41.6	16.0	27.6	39.2	32.2
03	동물성 · 식물성 지방과 기름 및 이들의 분해생산물, 조제한 식용 지방과 동물성 · 식물성 납(蠟)	20.0	23.2	40.3	22.7	5.8	27.8	38.3	10.0	66.9	14.2	30.2	22.0	26.9
04	조제 식품류, 음료 · 주류 · 식초, 담배 · 제조한 담배 대용물	20.7	33.3	52.9	16.8	13.6	177.4	39.1	9.7	31.3	32.2	27.9	64.9	42.7
05	광물성 생산품	20.0	17.9	39.9	15.9	10.2	21.2	14.8	10.0	26.7	6.2	20.3	15.3	18.3
06	화학공업이나 연관공업의 생산품	20.9	10.5	37.8	19.7	8.1	30.6	19.2	5.0	29.4	5.7	20.1	16.6	18.7
07	플라스틱과 고무 제품류	21.5	15.5	39.7	19.7	26.4		25.4	7.2	30.0	10.2	25.0	11.4	21.7
08	원피 · 가죽 · 모피와 이들의 제품, 마구, 여행용구	21.2	32.3	39.5	34.8	14.2	55.0	33.4	10.0	27.5	10.4	24.3	33.1	27.8
09	목재와 그 제품, 목탄, 코르크와 그 제품, 짚 · 에스파르토(esparto)나 그밖의 조물 재료의 제품, 바구니 세공물(basketware)과 지조세공물(枝條細工物)	31.9	31.2	40.0	35.0	19.9		23.5	9.6	16.4	8.4	23.6	18.7	24.0
10	목재나 그밖의 섬유질 셀룰로오스 재료의 펄프, 회수한 종이 · 판지〈웨이스트(waste)와 스크랩(scrap)〉, 종이 · 판지와 이들의 제품	20.0	20.2	39.0	25.9	17.8		24.1	0.0	27.5	12.4	21.4	14.6	20.8
11	방직용 섬유와 방직용 섬유의 제품	27.0	11.6	29.0	18.0	18.7	19.6	27.2	10.0	27.9	12.7	23.3	15.5	20.2

〈표 3-5〉 아세안의 상품군별 양허관세율 (단위: %) (계속)

HS	상품 분류	브루나이	캄보디아	인도네시아	라오스	말레이시아	미얀마	필리핀	싱가포르	태국	베트남	아세안6	CLMV	아세안
12	신발류 · 모자류 · 산류(傘類) · 지팡이 · 시트스틱(seat-stick) · 채찍 · 승마용 채찍과 이들의 부분품, 조제 깃털과 그 제품, 조화, 사람 머리카락으로 된 제품	27.2	31.2	39.1	26.1	28.6		43.3	10.0	30.0	25.9	29.7	20.8	29.0
13	돌 · 플라스터(plaster) · 시멘트 · 석면 · 운모나 이와 유사한 재료의 제품, 도자제품, 유리와 유리제품	20.2	22.7	39.1	18.8	20.2	50.0	22.0	9.2	29.8	20.0	23.4	27.9	25.2
14	천연진주 · 양식진주 · 귀석 · 반귀석 · 귀금속 · 귀금속을 입힌 금속과 이들의 제품, 모조 신변장식용품, 주화	24.5	31.5	40.0	21.9	10.0	32.1	41.5	10.0	7.0	9.8	22.2	23.8	22.8
15	비금속(卑金屬)과 그 제품	20.0	20.1	38.3	14.2	19.8	22.0	25.8	5.6	22.7	10.9	22.0	16.8	19.9
16	기계 · 전기기기류와 이들의 부분품, 녹음기 · 음성재생기 · 텔레비전의 영상과 음향의 기록기 · 재생기와 이들의 부분품 · 부속품	31.8	19.3	33.1	13.2	10.5	8.5	19.3	6.0	19.8	7.1	20.1	12.0	16.9
17	차량 · 항공기 · 선박과 수송기기 관련품	24.1	24.2	38.9	20.1	14.2	0.0	19.8	6.3	47.2	20.2	25.1	16.1	21.5
18	광학기기 · 사진용 기기 · 영화용 기기 · 측정기기 · 검사기기 · 정밀기기 · 의료용 기기, 시계, 악기, 이들의 부분품과 부속품	23.5	24.3	34.6	18.1	5.8	30.0	21.5	1.6	21.7	6.2	18.1	19.7	18.7
19	무기 · 총포탄과 이들의 부분품과 부속품		30.4		40.0	11.4				30.0	4.5	6.9	18.7	23.3
20	잡품	25.1	25.5	39.5	26.6	17.5	28.0	42.5	4.0	28.4	18.1	26.2	24.6	25.5
21	예술품 · 수집품 · 골동품	20.0	15.0		30.0	5.0				30.0	4.3	9.2	12.3	17.4

자료: WTO I-TIP Goods data base, https://i-tip.wto.org/goods/default.aspx?language=en, 저자 정리.

담배·제조한 담배 대용물'의 경우는 평균 양허관세율이 27.9%로 역시 높은 수준을 보이고 있다. 이에 반해 기계 등 2차산업 관련 상품군의 경우 양허관세율이 20%대 내외 수준으로 상대적으로 낮은 것을 알 수 있다.

이러한 특징은 특히 저개발국인 CLMV에서 두드러지게 나타나는데 농산품 등 1차산업 관련 상품군의 양허관세율은 아세안 평균에 비해 높은 수준인 반면 2차산업 관련 상품군에 대한 양허관세율은 아세안 평균에 비해 낮은 수준이다. 예를 들어 HS04 '조제 식품류, 음료·주류·식초, 담배·제조한 담배 대용물'의 경우 CLMV의 평균 양허관세율이 64.9%로 가장 높은데, 특히 미얀마는 177.4%로 동 상품군에 대한 보호수준이 매우 높음을 알 수 있다. 또한 HS01 '살아 있는 동물과 동물성 생산품', HS02 '식물성 생산품', HS03 '동물성·식물성 지방과 기름 및 이들의 분해생산물, 조제한 식용 지방과 동물성·식물성 납' 등 1차산업 상품군에 대한 양허관세율이 각각 40.3%, 39.2%, 22.0% 등으로 비교적 높다. 이에 반해 기계류, 전자제품, 차량 등 대표적인 2차산업 상품군에 대한 양허관세율은 10%대로 아세안 평균보다 낮게 나타나고 있다.

아세안 개별국가별로 특성을 살펴보면 대체로 위에서 살펴본 특성에서 크게 벗어나지는 않지만 개별국가 차원의 편차가 존재한다. 브루나이의 경우 상품군별로 양허관세율의 편차가 크지 않은데 이는 브루나이가 특별한 국내 산업의 토대 없이 원유수출을 통한 재원으로 국내 수요에 필요한 대부분의 상품을 수입하는 경제구조의 특성이 반영된 것이라고 할 수 있다.

캄보디아는 위에서 살펴본 아세안의 전체적 특성을 잘 반영하고 있다고 할 수 있다. 예를 들어 HS04 '조제 식품류, 음료·주류·식초, 담배·제조한 담배 대용물'의 양허관세율이 33.3%로 상품군 중 가장 높다. 이어 HS08 가죽류, HS14 귀금속류, HS12 신발류, HS09 목재류 등에 대한 양허관세율이 각각 32.3%, 31.5%, 31.2%, 31.2% 등으로 높은 수준이다. 수입에 의존해야만 하는 화학제품, 기계류, 차량 등의 2차산업 상품의 경우는 20% 수준으로 상대적으로 낮게 나타난다.

인도네시아는 전반적으로 모든 상품군의 양허관세율이 40% 내외로 높은 수준이며 그 편차도 크지 않다. 하지만 이 경우에도 1차산업 상품군에 대한 양허관세율은 상대적으로 높은 반면 방직용 섬유, 기계류, 광학기기 등 2차산업 상품군에 대한 양허관세율은 낮다. 방직용 섬유에 대한 양허관세율이 낮은 것은 의류생산을 위해 방직용 섬유 관련 원재료의 수입이 필요하기 때문인 것으로 보인다.

라오스는 HS08 가죽류, HS09 목재류에 대한 양허관세율이 34.8%, 35.0%로 가장 높고, 그다음으로 HS01, HS02, HS03의 1차산업 상품군에 대한 양허관세율이 각각 22.0%, 22.8%, 22.7% 수준이다. 2차산업 관련 상품군에 대한 양허관세율은 HS15 비금속류 14.2%, HS16 기계류 13.2% 등 대부분 10%대로 1차산업 상품군에 비해 낮은 수준이다.

말레이시아는 상품군별로 양허관세율의 편차가 크게 나타나는 것으로 보인다. HS12 신발류 및 HS07 플라스틱류의 양허관세율은 각각 28.6%, 26.4%인 반면 HS03 동물성·식물성 지방과 기름 등, HS06 화학공업 생산품, HS18 광학기기 등 정밀기기류 등의 경우 각각 5.8%, 8.1%, 5.8%로 상당히 낮은 수준이다. 이는 말레이시아의 경우 이미 개방경제 성격이 강하고 비교 우위 및 열위에 기반한 산업정책이 시행되고 있었던 데 기인한 것으로 보인다. 따라서 일부 보호가 필요한 산업부문에 대해서는 높은 양허관세율을 책정하는 대신 그렇지 않은 부문에서는 전체적으로 낮은 양허관세율을 책정했던 것으로 평가된다.

다음으로 미얀마는 앞에서 살펴보았듯이 실행관세율은 상당히 낮은 편이지만, 저개발국의 특성상 1차산업 관련 상품군에 대해서는 매우 높은 양허관세율을 책정하고 있다. 예를 들어 HS01, HS02의 1차산업 상품군에 대한 양허관세율이 각각 97.7%, 92.5%로 아세안 중에서도 가장 높은 수준으로, 특히 HS04 조제 식품류의 경우 177.4%로 최고 수준을 나타내고 있고, HS08 가죽류 55.0%, HS13 돌·유리제품 등도 50.0%로 높은 수준이다. 미얀마의 경우 양허관세율이 높은 반면 실행관세율이 낮은 것은 국내외적으로 필요가 있을 경우 관세를 활용한 보호조치를 시행할 수 있는 정책적 자율권을 담보하기 위한 조치인 것으로 보인다.

필리핀은 아세안의 일반적 성향과 비슷한 모습을 보이는데 1차산업 상품군인 HS01~HS03류와 HS04 식료품까지 양허관세율은 각각 33.3%, 35.9%, 38.3%, 39.1%로 상당히 높은 수준이고, H12 신발류, H14 귀금속류도 각각 43.3%, 41.5%로 가장 높은 양허관세율을 보이고 있다.

싱가포르는 소규모 개방경제의 특성상 모든 부문의 양허관세율이 10% 이하로 낮은 수준이다. 특히 HS10 목재류의 경우 양허관세율 자체가 0%인 것은 이례적인 것으로 소도시 국가인 싱가포르의 경우 목재류의 공급을 전적으로 수입에 의존하고 있기 때문인 것으로 보인다.

태국은 말레이시아와 같이 상품군별 양허관세율의 편차가 크고 말레이시아에 비해 비교적 높은 양허관세율을 책정하고 있다. 예를 들어 HS03의 경우 66.9%로 매우 높고 그 외 다른 상품군은 대부분 20~30%대를 나타내고 있다. 태국의 경우에도 자국 산업을 보호하기 위한 정책적 차원에서 대체로 높은 양허관세율을 책정하고 있는 것으로 보이며, 상품군별로 편차가 큰 것은 말레이시아의 사례와 같이 비교 우위 및 열위에 기초한 선별적 산업정책이 시행되고 있었던 데 기인한 것으로 보인다. 따라서 일부 보호가 필요한 산업 부문에는 높은 양허관세율을 책정하는 대신 그렇지 않은 부문에는 비교적 낮은 양허관세율을 책정하고 있다.

마지막으로 베트남은 10~20% 수준의 비교적 낮은 양허관세율을 책정하고 있다. 베트남은 2006년에서야 WTO에 가입했고 또한 적극적인 무역확대 및 시장개방을 통한 경제성장전략을 시행하고 있다는 차원에서 양허관세율 자체도 낮게 책정한 것으로 평가된다. 하지만 베트남도 아세안 전체 차원의 경향과 같이 HS04 조제 식품류에 대한 양허관세율은 32.2%, HS12 신발류 등에 대해서는 25.9%의 비교적 높은 양허관세율을 책정하고 있는 반면, 2차산업 상품군의 양허관세율은 10%대에서 유지하고 있는 등 자국의 주요 산업에 대한 보호조치를 시행하고 있는 것으로 보인다.

위에서 아세안의 상품군별 양허관세율의 현황과 비교를 통해 아세안의 주요 산업 및 경제구조와 관련된 관세정책의 방향성과 특성에 대해 살펴보았다. 개별국가 차원에서는 상이한 경우도 있지만 대체로 아세안은 1차산업 관련 상품군 및 노동집약적 성격이 강한 2차산업 일부 상품군에 대해서는 비교적 높은 양허관세율을 책정하고, 그렇지 않은 상품군에는 낮은 양허관세율을 책정하고 있다. 이러한 특징은 선발국인 아세안6보다 저개발국인 CLMV에서 더 두드러지게 나타나는데 양허관세율을 활용한 국내 산업의 보호를 위한 정책적 요구는 개도국일수록 더욱 강하기 때문인 것으로 보인다. 아세안6 중 말레이시아, 태국은 상품군별 양허관세율의 편차가 크게 나타나는데 이는 주요 산업 부문과 그렇지 않은 산업 부문에 대한 관세정책의 차이가 좀 더 뚜렷하게 나타난 결과로 볼 수 있다. 이처럼 아세안의 상품군별 양허관세율을 통해 아세안국가들이 관세정책의 주안점을 어디에 두는지 추론할 수 있다.

4. 아세안의 상품군별 실행관세율 추이

이 절에서는 위에서 살펴본 아세안의 상품군별 실행관세율의 분석을 토대로 주요 상품군을 중심으로 아세안의 실행관세율이 어떻게 변화되어왔는지 시계열 분석을 하고자 한다. 이를 통해 아세안의 실행관세율 추이를 살펴보고 관세정책의 변화 및 특성을 추론해보고자 한다.

21개 상품군 중 양허관세율이 높게 책정된 1차산업 관련 상품군인 HS01 살아 있는 동물과 동물성 생산품류, HS02 식물성 생산품 및 2차산업 분야 중 노동집약적 특성이 강한 HS08 가죽류, HS12 신발류, 그리고 대표적인 2차산업 상품군인 HS16 기계류, HS17 차량류 등 6개 상품군에 대한 분석을 중심으로 그 추이와 의미를 살펴보고자 한다.

〈그림 3-2〉와 〈표 3-6〉은 아세안의 HS01 살아 있는 동물과 동물성 생산품의 평균 실행관세율의 추이를 정리한 것이다. 아세안 전체에서 보면 HS01 상품군에 대한 실행관세율은 1996년 14.7%에서 2016년 8.8%로 하락했고, 아세안6의 경우 15.8%에서 5.2%로, CLMV는 17.5%(2002년 기준)에서 14.1%로 역시 하락했다. 하지만 하락폭을 보면 아세안6가 2/3 가까이 하락한 반면, CLMV는 1/4 정도만 하락한 것을 알 수 있다. 이는 후발국인 CLMV가 관세를 통한 HS01 상품군에 대한 보호조치를 선발국인 아세안6보다 더 강하게 시행하고 있음을 알 수 있다.

개별국가 차원에서 보면 우선 아세안6 중 브루나이와 싱가포르는 소규모 개방경제 특성상 실행관세율을 WTO 출범과 동시에 철폐했고, 말레이시아는 2% 이하의 낮은 실행관세율을 부과해왔다. 인도네시아, 필리핀, 태국은 초기에는 높은 실행관세율을 부과했지만 인도네시아는 1997년부터, 필리핀과 태국은 2000년대 초반부터는 실행관세율을 대폭 낮추어 부과했다. 이러한 아세안6의 HS01 실행관세율 추이

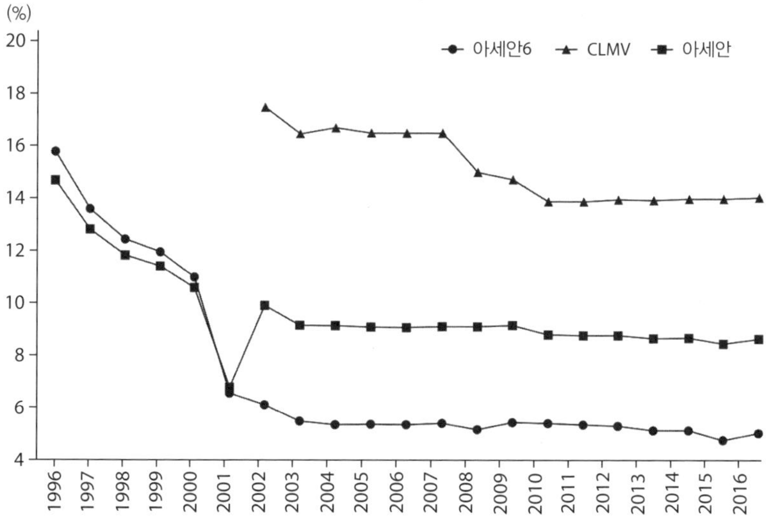

〈그림 3-2〉 HS01 상품군의 아세안 평균 실행관세율 추이

자료: WTO I-TIP Goods data base, https://i-tip.wto.org/goods/default.aspx?language=en, 저자 정리.

는 이들 국가의 1차산업 상품군에 대한 유의미한 보호조치가 점차 약화되고 있음을 반영한다고 할 수 있다. 이에 반해 CLMV 중 캄보디아, 라오스, 미얀마는 각각 WTO 가입 초기 부과했던 실행관세율인 20%대 초반, 14%대 내외, 8%대 내외를 유지하고 있다. 이는 HS01 상품군에 대한 관세를 통한 보호조치가 지속되고 있음을 의미한다. 베트남은 2002년 21.4%에서 2010년 이후 12%대로 거의 절반 가까이 하락했는데 이는 베트남의 급속한 개방과 경제개발 과정에서 HS01 상품군에 대한 보호조치가 약화되었음을 의미한다.

위에서 본 바와 같이 1차산업 상품군 중 HS01에 대한 실행관세율은 아세안 전체에서는 상대적으로 크게 하락하지는 않았지만 개별 국가 차원에서는 선발국과 후발국 간의 차이 그리고 선발국 내에서도, 후발국 내에서도 개방과 경제개발 속도에 따라 다르게 나타남을 알 수 있다.

〈표 3-6〉 HS01 상품군의 아세안 실행관세율 추이 (단위: %)

구분	1996	1997	1998	1999	2000	2001	2002	2003	2004	2005	2006	2007	2008	2009	2010	2011	2012	2013	2014	2015	2016
브루나이	0.0	0.0	0.0	0.0	0.0	0.0	0.0	0.0	0.0	0.0	0.0	0.0	0.0	0.0	0.0	0.0	0.0	0.0	0.0	0.0	0.0
캄보디아	-	-	-	-	-	-	22.8	21.2	21.2	21.2	21.2	21.2	21.2	21.2	21.0	21.0	21.0	21.0	22.0	22.0	22.0
인도네시아	23.9	23.9	4.7	4.7	4.7	4.7	4.5	4.5	4.5	4.6	4.5	5.0	5.0	5.0	5.0	5.0	5.0	5.6	5.6	5.6	5.6
라오스	-	-	-	-	-	-	-	-	-	-	-	-	14.2	14.2	14.2	14.2	14.2	14.2	13.3	13.3	13.3
말레이시아	2.9	2.9	2.9	2.9	1.7	1.2	1.1	1.1	1.1	1.1	1.1	1.1	0.5	2.2	2.1	2.1	2.1	0.4	0.4	0.4	2.1
미얀마	8.3	8.3	8.3	8.3	8.3	8.3	8.3	7.7	8.4	7.8	7.8	7.8	7.8	7.8	7.9	7.9	8.2	8.2	8.2	8.2	8.2
필리핀	19.8	26.1	19.3	16.4	14.5	14.4	14.0	11.6	10.8	10.8	10.8	10.8	10.0	10.0	10.0	9.9	10.0	10.1	10.1	10.1	10.0
싱가포르	0.0	0.0	0.0	0.0	0.0	0.0	0.0	0.0	0.0	0.0	0.0	0.0	0.0	0.0	0.0	0.0	0.0	0.0	0.0	0.0	0.0
태국	48.3	48.3	48.3	48.3	45.7	20.1	18.2	16.9	16.9	16.9	16.9	16.7	16.7	16.6	16.5	16.3	15.9	15.9	15.9	13.7	13.7
베트남	-	-	-	-	-	-	21.4	20.6	20.6	20.6	20.6	20.6	17.0	15.9	12.7	12.7	12.7	12.6	12.7	12.7	12.9
아세안6	15.8	13.7	12.5	12.1	11.1	6.7	6.3	5.7	5.6	5.6	5.6	5.6	5.4	5.6	5.6	5.6	5.5	5.3	5.3	5.0	5.2
CLMV	-	-	-	-	-	-	17.5	16.5	16.7	16.5	16.5	16.5	15.1	14.8	14.0	14.0	14.0	14.0	14.1	14.1	14.1
아세안	14.7	12.9	11.9	11.5	10.7	7.0	10.0	9.3	9.3	9.2	9.2	9.2	9.2	9.3	8.9	8.9	8.9	8.8	8.8	8.6	8.8

자료: WTO I-TIP Goods data base, https://i-tip.wto.org/goods/default.aspx?language=en, 저자 정리.

〈그림 3-3〉과 〈표 3-7〉은 아세안의 HS02 식물성 생산품 상품군에 대한 실행관세율의 추이를 정리한 것이다. 전반적으로 보면 HS02 상품군의 경우 HS01에 비해 실행관세율이 아세안 전체와 개별국가 차원에서 모두 하락폭이 작은 것으로 보인다. 예를 들어 아세안 전체의 HS02 상품군에 대한 실행관세율은 1996년 13.3%에서 2016년 10.4%로 하락했으나 그 감소폭은 HS01에 비해 크지 않다. 아세안6의 경우 14.2%에서 8.1%로 1/3 정도 소폭 하락했고, CLMV는 14.0%(2002년 기준)에서 13.9%로 거의 같은 수준을 유지했다. HS01과는 달리 아세안6와 CLMV 모두 HS02 상품군에 대해 관세를 통한 보호조치를 유지하고 있는 것으로 볼 수 있다.

개별국가 차원에서 살펴보면 우선 HS01의 경우와 같이 아세안6 중 브루나이와 싱가포르는 소규모 개방경제 특성상 HS02에 대한 실행관세율을 WTO 출범과 동시에 철폐했고, 말레이시아는 1%대의 낮은 관세율을 부과해왔다. 인도네시아, 필리핀, 태국은 초기에는 높은 양허관세율을 부과했지만 인도네시아는 1997년, 필리핀은 1998년, 태국은 2000년대 초반부터 실행관세율을 대폭 낮추어 부과해왔다. 하지만 이 경우에도 더 이상의 관세율 인하는 허용하지 않고 일정 수준을 유지하거나 오히려 태국처럼 2013년 이후 인상하고 있다. 이러한 아세안6의 HS02 양허관세율 추이는 HS01에 비해 상당히 유의미한 보호조치를 취하고 있음을 반영한다고 할 수 있다.

CLMV의 경우 캄보디아와 베트남은 최초 실행관세율인 13.6%, 20.7%에서 2016년 8.9%, 15.0%로 소폭 하락했으나 HS01에 비해서는 그 하락폭이 작은 것을 알 수 있다. 라오스, 미얀마는 각각 WTO 가입 초기 부과했던 양허관세율인 20%대 초반, 8%대 내외를 유지하고 있다. 이는 HS02 상품군에 대한 관세를 통한 보호조치가 CLMV에도 지속되고 있음을 의미한다.

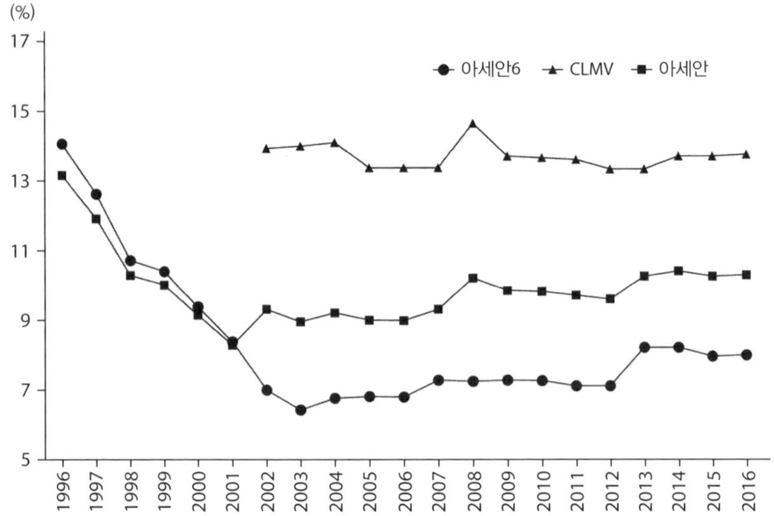

〈그림 3-3〉 HS02 상품군의 아세안 평균 실행관세율 추이

자료: WTO I-TIP Goods data base, https://i-tip.wto.org/goods/default.aspx?language=en, 저자 정리.

위에서 본 바와 같이 1차산업 상품군 중 HS02에 대한 양허관세율은 아세안 전체에서는 상대적으로 크게 하락하지 않은 것을 알 수 있다. 개별국가 차원에서는 선발국과 후발국 간의 차이 그리고 선발국 내에서도, 후발국 내에서도 그 양상은 크게 다르지 않다. 이러한 HS02 상품군에 대한 실행관세율의 하락폭이 작고 또는 비슷한 수준에서 유지되는 것은 아마도 쌀과 같은 주요 농산물에 대한 정책적 보호의 필요성에서 비롯된 것으로 볼 수 있다.

〈그림 3-4〉와 〈표 3-8〉은 아세안의 HS04 조제 식품류 등의 상품군에 대한 실행관세율의 추이를 정리한 것이다. HS04의 경우 아세안의 평균 양허관세율이 가장 높은 상품군으로 실행관세율의 변화를 통해 아세안의 동 상품군에 대한 관세를 통한 보호정책의 흐름을 파악할 수 있다. 전반적으로 보면 HS04 상품군의 경우에도 HS02와 같이 실행관세율이 아세안 전체나 개별국가 차원에서 모두 같은 수준에서 유

〈표 3-7〉 HS02 상품군의 아세안 실행관세율 추이 (단위: %)

구분	1996	1997	1998	1999	2000	2001	2002	2003	2004	2005	2006	2007	2008	2009	2010	2011	2012	2013	2014	2015	2016
브루나이	0.0	0.0	0.0	0.0	0.0	0.0	0.0	0.0	0.0	0.0	0.0	0.0	0.0	0.0	0.0	0.0	0.0	0.0	0.0	0.0	0.0
캄보디아	-	-	-	-	-	-	13.6	13.6	13.6	11.8	11.8	11.8	11.8	9.3	9.3	9.1	9.1	9.1	8.9	8.9	8.9
인도네시아	18.2	18.2	4.9	4.9	4.9	5.0	4.9	4.9	5.0	5.3	5.2	5.5	5.4	5.5	5.4	5.1	5.1	5.1	5.1	5.2	5.3
라오스	-	-	-	-	-	-	-	-	-	-	-	-	22.1	22.1	22.1	22.1	22.1	22.1	23.7	23.7	23.7
말레이시아	1.7	5.1	1.7	1.7	2.0	1.3	1.3	1.9	1.9	1.9	1.9	1.9	1.7	1.8	1.8	1.8	1.8	1.6	1.6	1.6	1.7
미얀마	7.8	7.8	7.8	7.8	7.8	7.8	7.8	7.3	7.6	7.2	7.2	7.2	7.2	7.2	8.0	8.0	7.8	7.8	7.8	7.8	7.8
필리핀	19.9	21.1	13.1	11.2	9.3	9.1	7.9	7.2	9.4	9.4	9.4	9.4	9.5	9.5	9.5	9.4	9.4	9.0	9.0	9.0	9.0
싱가포르	0.0	0.0	0.0	0.0	0.0	0.0	0.0	0.0	0.0	0.0	0.0	0.0	0.0	0.0	0.0	0.0	0.0	0.0	0.0	0.0	0.0
태국	45.2	45.2	45.2	45.2	40.7	35.5	28.5	25.2	24.9	24.9	24.9	27.5	27.5	27.5	27.5	27.0	27.0	34.2	34.2	32.6	32.6
베트남	-	-	-	-	-	-	20.7	21.4	21.4	21.4	21.4	21.4	17.9	16.6	15.6	15.6	14.7	14.7	14.8	14.8	15.0
아세안6	14.2	12.7	10.8	10.5	9.5	8.5	7.1	6.5	6.9	6.9	6.9	7.4	7.4	7.4	7.4	7.2	7.2	8.3	8.3	8.1	8.1
CLMV	-	-	-	-	-	-	14.0	14.1	14.2	13.5	13.5	13.5	14.8	13.8	13.8	13.7	13.4	13.4	13.8	13.8	13.9
아세안	13.3	12.0	10.4	10.1	9.2	8.4	9.4	9.1	9.3	9.1	9.1	9.4	10.3	10.0	9.9	9.8	9.7	10.4	10.5	10.4	10.4

자료: WTO I-TIP Goods data base, https://i-tip.wto.org/goods/default.aspx?language=en, 저자 정리.

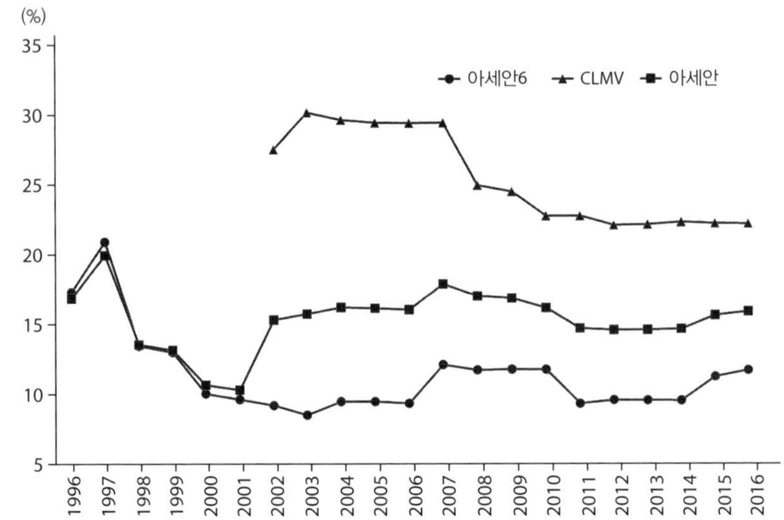

〈그림 3-4〉 HS04 상품군의 아세안 평균 실행관세율 추이

자료: WTO I-TIP Goods data base, https://i-tip.wto.org/goods/default.aspx?language=en, 저자 정리.

지되거나 하락하더라도 그 폭이 작은 것으로 보인다.

예를 들어 아세안 전체의 HS04 상품군에 대한 실행관세율은 1996년 16.5%에서 2000년 전후로 유의미한 하락이 있었던 것을 제외하면 2016년 15.5%로 거의 변동이 없고 그 감소폭도 HS01과 HS02에 비해 현저히 작다. 아세안6의 경우에도 1996년 17.0%에서 2000년대 초반까지 하락세를 유지하다 다시 반등해 2016년 11.3%로 소폭 하락했다. CLMV는 27.3%(2002년 기준)에서 2008년 이후 하락세를 나타내고는 있지만 2016년 21.9%로 그 감소폭은 크지 않다. 이는 HS04의 경우 HS01 및 HS02에 비해서도 아세안6와 CLMV 모두 관세를 통한 보호조치를 강하게 시행하고 있다는 것을 의미한다.

개별국가 차원에서 살펴보면 우선 다른 상품군과 같이 아세안6 중 브루나이와 싱가포르는 소규모 개방경제 특성상 실행관세율을 WTO 출범과 동시에 철폐했고 (브루나이는 0.1%의 실행관세율로 관세철폐와 거의

〈표 3-8〉 HS04 상품군의 아세안 실행관세율 추이 (단위: %)

구분	1996	1997	1998	1999	2000	2001	2002	2003	2004	2005	2006	2007	2008	2009	2010	2011	2012	2013	2014	2015	2016
브루나이	0.1	0.1	0.1	0.1	0.1	0.1	0.1	0.1	0.1	0.1	0.1	0.1	0.1	0.1	0.1	0.1	0.1	0.1	0.1	0.1	0.1
캄보디아	-	-	-	-	-	-	28.1	28.1	28.1	25.9	25.9	25.9	25.9	25.9	21.1	21.1	21.1	21.1	21.5	21.5	21.5
인도네시아	33.3	33.3	16.0	15.7	16.3	16.5	15.6	15.3	20.5	20.5	19.7	20.7	20.7	21.5	20.7	7.0	7.0	7.4	7.4	17.5	20.4
라오스	-	-	-	-	-	-	-	-	-	-	-	-	22.1	22.1	22.1	22.1	22.1	22.1	22.1	22.1	22.1
말레이시아	10.0	49.0	10.0	9.8	5.9	5.6	5.7	5.7	5.7	5.7	5.7	5.7	3.0	3.0	2.9	2.9	2.9	2.7	2.7	2.7	2.7
미얀마	13.7	13.7	13.7	13.7	14.0	14.0	14.0	15.3	13.7	15.3	15.2	15.3	15.3	15.3	15.3	15.3	14.8	14.8	14.8	14.8	14.8
필리핀	25.1	25.2	19.1	16.8	14.0	13.6	11.1	9.1	11.8	11.8	11.8	11.8	12.2	12.2	12.2	12.2	12.2	11.9	11.8	11.9	11.8
싱가포르	0.0	0.0	0.0	0.0	0.0	0.0	0.0	0.0	0.0	0.0	0.0	0.0	0.0	0.0	0.0	0.0	0.0	0.0	0.0	0.0	0.0
태국	33.2	33.2	33.2	33.2	21.4	19.4	20.1	18.3	16.2	16.2	16.2	31.9	31.9	31.4	32.2	31.2	32.7	32.7	32.7	32.8	32.8
베트남	-	-	-	-	-	-	39.7	46.4	46.4	46.4	46.4	46.4	35.3	33.5	31.3	31.3	29.1	29.3	29.6	29.2	29.1
아세안6	17.0	20.6	13.1	12.6	9.6	9.2	8.8	8.1	9.1	9.1	8.9	11.7	11.3	11.4	11.4	8.9	9.2	9.1	9.1	10.8	11.3
CLMV	-	-	-	-	-	-	27.3	29.9	29.4	29.2	29.2	29.2	24.7	24.2	22.5	22.5	21.8	21.8	22.0	21.9	21.9
아세안	16.5	19.6	13.2	12.8	10.2	9.9	14.9	15.4	15.8	15.8	15.7	17.5	16.7	16.5	15.8	14.3	14.2	14.2	14.3	15.3	15.5

자료: WTO I-TIP Goods data base, https://i-tip.wto.org/goods/default.aspx?language=en, 저자 정리.

동일), 말레이시아는 초기 10%대에서 2000년 이후 5%대, 2008년 이후 3%대 이하의 낮은 양허관세율을 부과해왔다. 인도네시아, 필리핀, 태국 3개국은 초기에는 높은 양허관세율을 부과했지만 실행관세율의 추이는 사뭇 다르다. 인도네시아는 2010년까지 15~20% 내외의 관세율을 나타내고 다시 7%대로 급격히 낮아졌지만 2015년, 2016년에는 각각 17.5%, 20.4%로 다시 상승하고 있다. 필리핀은 2000년대 초반부터 유지된 12%대 내외의 관세율이 지속되고 있다. 한편 태국은 2000년대 초반 16%대까지 낮아졌지만 다시 32%대 내외로 상승해 지금까지 유지되고 있다. 이렇게 볼 때 아세안6 중 인도네시아, 필리핀, 태국 3개국은 HS04 상품군에 대해 시기별로 다소 차이는 있지만 HS01, HS02 상품군에 비해 상당히 높은 수준의 보호조치를 취하고 있음을 알 수 있다.

CLMV의 경우 캄보디아와 베트남은 최초 실행관세율인 28.1%, 39.7%에서 2016년 21.5%, 29.1%로 하락했으나 HS01 및 HS02에 비해서는 그 하락폭이 작고 관세율 자체가 여전히 높은 수준을 나타내고 있다. 라오스는 WTO 가입 초기 부과했던 관세율인 22.1%를 그대로 유지하고 있고, 미얀마는 최초 실행관세율이 13.7%였으나 2016년 14.8%로 오히려 소폭 상승했다. 이는 CLMV의 경우에도 HS04 상품군에 대해 관세를 통한 보호조치를 강하게 시행하고 있음을 의미한다.

위에서 본 바와 같이 2차산업 상품군 중 식료품과 관련 있는 HS04에 대한 실행관세율은 아세안 전체 및 개별국가 차원에서도 여전히 높게 부과되고 있다. 이는 동 상품군에 대한 보호조치가 여전히 강하게 유지되고 있음을 의미한다. 식료품 관련 상품군에 대한 아세안의 관점은 쌀을 비롯한 HS02 상품군의 그것과 크게 다르지 않다고 볼 수 있고, 이러한 의미에서 조제 식품류 상품군에 대한 정책적 보호도 동일한 수준에서 시행되는 것이라고 할 수 있다.

〈그림 3-5〉와 〈표 3-9〉는 아세안의 HS11 방직용 섬유와 방직용 섬유의 제품군에 대한 실행관세율의 추이를 정리한 것이다. HS11의 경우 2차산업 상품 중 노동집약적 상품인 동시에 아세안의 비교우위 상품의 대표적인 사례로 동 상품군에 대한 관세율 추이를 통해 아세안의 비교우위산업의 변화와 경제개발정책의 흐름을 파악할 수 있을 것이다. 전반적으로 보면 HS11 상품군의 경우 위에서 살펴본 1차산업 상품군에 비해 상이한 모습을 보이는데 아세안 전체나 개별국가 차원에서 대부분 실행관세율이 절반 이상 하락하는 등 하락폭이 큰 것으로 나타났다.

예를 들어 아세안 전체의 HS11 상품군에 대한 실행관세율은 1996년 24.7%에서 2010년대 9%대 내외로 거의 1/3 수준으로 하락했고, 2015~2016년 10%대 내외로 소폭 상승했다. 이 중 아세안6의 경우 1996년 27.0%에서 2010년대 8%대 내외로 대폭 하락했고, 2016년에만 10.9%로 소폭 상승했다. CLMV는 22.1%(2002년 기준)에서 2008년 이후 12.4%로 대폭 하락했고, 2016년 10.1%로 처음에 비해 절반 이상 하락했다. 이처럼 HS11 상품군의 경우 위에서 본 1차산업 상품군과는 달리 아세안6와 CLMV 모두 관세율이 대폭 하락했다. 이는 HS11 상품군에 대해서는 관세를 통한 보호조치가 완화되고 시장개방을 위해 노력하는 등 아세안이 갖고 있는 비교우위를 활용하기 위한 정책적 고려가 영향을 미쳤음을 알 수 있다.

개별국가 차원에서 살펴보면 우선 다른 상품군의 경우와 같이 아세안6 중 브루나이와 싱가포르는 소규모 개방경제 특성상 실행관세율을 WTO 출범과 동시에 철폐했다(브루나이는 2003년까지 0.5%, 이후 0.7%의 실행관세율로 관세철폐와 거의 동일). 인도네시아, 말레이시아, 필리핀, 태국도 초기에는 높은 양허관세율을 부과했지만 관세율을 지속적으로 인하해온 것을 볼 수 있다. 특히 인도네시아와 태국의 인하폭이 큰데

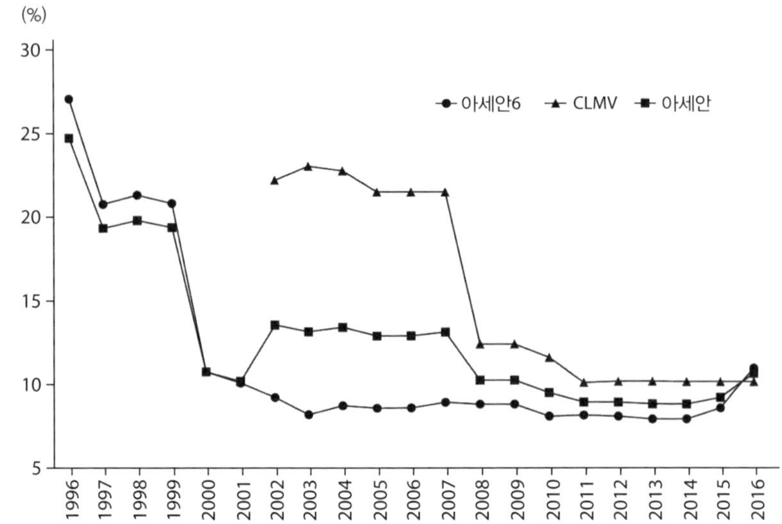

〈그림 3-5〉 HS11 상품군의 아세안 평균 실행관세율 추이

자료: WTO I-TIP Goods data base, https://i-tip.wto.org/goods/default.aspx?language=en, 저자 정리.

인도네시아는 1996년 45.2%였던 실행관세율이 1997년 14.5%로 크게 하락했고 이후 10%대를 유지하다 2015년 이후 14%대로 상승했다.

태국도 최초 67.6%에서 2000년 25.6%로 크게 하락했고 이후 18% 대를 유지하다 2016년에만 32.8%로 상승했다. 말레이시아와 필리핀은 초기 실행관세율이 각각 16.7%, 20.8%로 인도네시아와 태국에 비해서는 높지 않지만 이후 점진적으로 하락해 2016년 각각 6.4%, 10.9%를 기록했다. 이러한 아세안의 HS11 실행관세율 추이는 HS11 상품군의 경우 관세를 통한 보호조치가 완화되어왔음을 의미하고, 이는 노동집약적 산업에 비교우위가 있는 아세안6의 동 분야에 대한 시장개방과 무역확대를 위한 정책적 노력이 반영되었다고 할 수 있다.

CLMV의 경우 캄보디아와 베트남은 최초 실행관세율인 20.9%, 34.9%에서 2016년 7.8%, 12.4%로 거의 1/3 수준으로 대폭 하락했다. 이는 캄보디아와 베트남의 노동집약적 산업에 대한 정책적 배려에서

〈표 3-9〉 HS11 상품군의 아세안 실행관세율 추이 (단위: %)

구분	1996	1997	1998	1999	2000	2001	2002	2003	2004	2005	2006	2007	2008	2009	2010	2011	2012	2013	2014	2015	2016
브루나이	0.5	0.5	0.5	0.5	0.5	0.5	0.5	0.5	0.7	0.7	0.7	0.7	0.7	0.7	0.7	0.7	0.7	0.7	0.7	0.7	0.7
캄보디아	-	-	-	-	-	-	20.9	20.9	20.9	16.3	16.3	16.3	16.3	16.3	13.8	7.8	7.8	7.8	7.8	7.8	7.8
인도네시아	45.2	14.5	14.1	10.6	10.6	10.6	10.6	10.6	10.8	10.8	10.9	10.8	10.8	10.8	10.8	10.8	10.8	10.9	10.9	14.8	14.7
라오스	-	-	-	-	-	-	-	-	-	-	-	-	9.3	9.3	9.3	9.3	9.3	9.3	9.2	9.2	9.2
말레이시아	16.7	17.1	17.1	16.3	14.7	13.8	12.7	12.6	12.0	12.0	12.0	12.0	11.8	11.8	7.5	7.5	7.5	6.4	6.4	6.4	6.4
미얀마	10.7	10.7	10.7	10.7	10.7	10.7	10.6	11.5	10.7	11.5	11.5	11.5	11.5	11.5	10.8	10.8	11.0	11.0	11.0	11.0	11.0
필리핀	20.8	13.3	17.0	18.3	12.8	12.4	9.4	6.8	11.2	11.2	11.2	11.3	10.8	10.8	10.8	10.9	10.9	10.9	10.9	10.9	10.9
싱가포르	0.0	0.0	0.0	0.0	0.0	0.0	0.0	0.0	0.0	0.0	0.0	0.0	0.0	0.0	0.0	0.0	0.0	0.0	0.0	0.0	0.0
태국	67.6	67.6	67.6	67.6	25.6	22.9	21.8	18.4	17.4	16.5	16.5	18.5	18.5	18.5	18.5	18.8	18.4	18.4	18.4	18.4	32.8
베트남	-	-	-	-	-	-	34.9	36.5	36.5	36.5	36.5	36.5	12.3	12.3	12.3	12.3	12.4	12.4	12.4	12.4	12.4
아세안6	27.0	20.7	21.3	20.8	10.7	10.0	9.2	8.2	8.7	8.5	8.6	8.9	8.8	8.8	8.1	8.1	8.1	7.9	7.9	8.5	10.9
CLMV	-	-	-	-	-	-	22.1	23.0	22.7	21.4	21.4	21.4	12.4	12.4	11.6	10.1	10.1	10.1	10.1	10.1	10.1
아세안	24.7	19.3	19.7	19.3	10.7	10.1	13.5	13.1	13.4	12.8	12.8	13.1	10.2	10.2	9.5	8.9	8.9	8.8	8.8	9.2	10.6

자료: WTO I-TIP Goods data base, https://i-tip.wto.org/goods/default.aspx?language=en, 저자 정리.

비롯된 것으로 보인다. 하지만 라오스, 미얀마는 각각 WTO 가입 초기 부과했던 양허관세율인 9%대, 11%대 내외를 유지하고 있다. 이는 HS11 상품군에 대한 관세를 통한 보호조치를 거의 같은 수준에서 유지하고 있음을 의미하는데 이는 라오스와 미얀마가 캄보디아와 베트남에 비해서는 동 상품군에 대한 비교우위를 확보하지 못한 데서 기인한 것으로 보인다.

위에서 본 바와 같이 2차산업 상품군 중 노동집약적 상품의 대표적인 사례인 HS11에 대한 실행관세율은 아세안 전체와 개별국가 차원에서 크게 하락했음을 알 수 있다. 개별국가 차원에서는 선발국과 후발국 간의 차이 그리고 선발국 내에서도, 후발국 내에서도 그 양상은 크게 다르지 않다. 이렇게 HS11 상품군에 대해 실행관세율의 하락폭이 큰 것은 노동집약적 산업 분야에서 비교우위를 확보한 아세안이 시장개방과 무역확대를 위해 관세를 인하하고 보호조치를 완화한 데서 기인한 것으로 보인다.

〈그림 3-6〉과 〈표 3-10〉은 아세안의 HS12 신발류 등의 상품군에 대한 실행관세율의 추이를 정리한 것이다. HS12의 경우도 HS11과 같이 2차산업 상품 중 노동집약적 상품인 동시에 아세안의 비교우위 상품의 대표적인 사례로 동 상품군에 대한 관세율 추이를 통해 아세안의 비교우위산업의 변화와 관련된 관세정책의 흐름을 파악할 수 있다. 전반적으로 보면 HS12 상품군의 경우 위에서 살펴본 HS11 상품군과 비슷한 양상을 보인다. 아세안 전체 차원이나 개별국가 차원에서 대부분 절반 이상 하락하는 등 하락폭이 큰 것으로 나타났다.

예를 들어 아세안 전체의 HS12 상품군에 대한 실행관세율은 1996년 27.2%에서 점차 하락해 2016년 12.6%로 최초 실행관세율에 비해 1/3 수준으로 하락했다. 이 중 아세안6의 경우 1996년 30.5%에서 2000년대 12%대 내외로 절반 이상 하락했고, 2016년 10.7%를 기

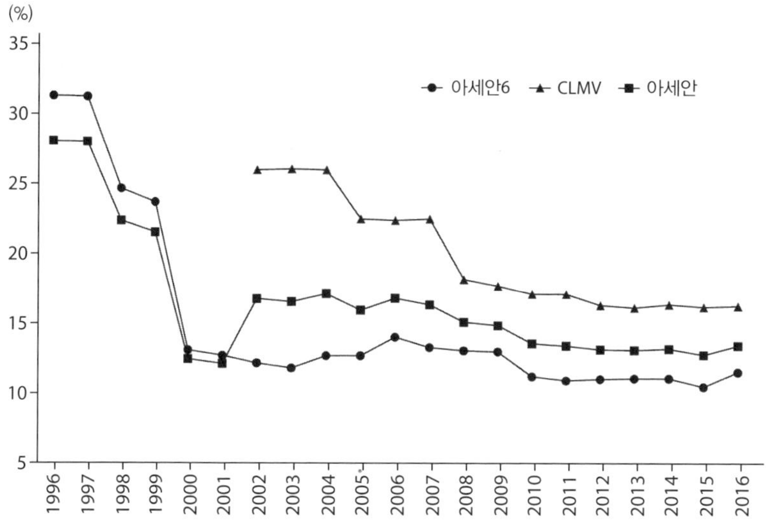

〈그림 3-6〉 HS12 상품군의 아세안 평균 실행관세율 추이

자료: WTO I-TIP Goods data base, https://i-tip.wto.org/goods/default.aspx?language=en, 저자 정리.

록하는 등 2010년 이후에는 10%대 내외를 유지하고 있다. CLMV는 25.2%(2002년 기준)에서 2008년 이후 17%대 내외로 하락했고, 2016년 15.5%로 처음에 비해 절반 가까이 하락했다. 이처럼 HS12 상품군의 경우 위에서 본 HS11 상품군과 같이 아세안6와 CLMV 모두 관세율이 대폭 하락했다. 이는 노동집약적 상품인 HS12 상품군에 대해서도 HS11과 같이 관세를 통한 보호조치가 완화되고 시장개방을 위해 노력하는 등 아세안이 갖고 있는 비교우위를 활용하기 위한 정책적 고려가 영향을 미치고 있다고 할 수 있다.

개별국가 차원에서 살펴보면 우선 다른 상품군의 경우와 같이 아세안6 중 싱가포르는 소규모 개방경제 특성상 실행관세율을 WTO 출범과 동시에 철폐했다. 브루나이는 5.5% 내외의 낮은 실행관세율을 유지하고 있다. 인도네시아, 말레이시아, 필리핀, 태국도 초기에는 높은 양허관세율을 부과했지만 지속적으로 인하해온 것을 볼 수 있다. 특히

〈표 3-10〉 HS12 상품군의 아세안 실행관세율 추이 (단위: %)

구분	1996	1997	1998	1999	2000	2001	2002	2003	2004	2005	2006	2007	2008	2009	2010	2011	2012	2013	2014	2015	2016
브루나이	5.5	5.5	5.5	5.5	5.5	5.5	5.5	5.5	5.8	5.8	5.8	5.8	5.8	5.6	5.6	5.6	5.5	5.5	5.5	5.5	5.5
캄보디아	-	-	-	-	-	-	26.9	26.9	26.9	16.3	16.3	16.3	16.3	16.3	15.7	15.7	15.7	15.7	16.1	16.1	16.1
인도네시아	49.1	49.1	16.8	16.8	12.2	12.2	12.2	12.2	12.3	12.3	20.3	16.9	16.9	16.8	16.8	15.0	14.9	15.5	15.5	11.9	18.2
라오스	-	-	-	-	-	-	-	-	-	-	-	-	12.9	12.9	12.9	12.9	12.9	12.9	12.7	12.7	12.7
말레이시아	22.8	23.1	22.8	20.6	17.0	16.7	16.8	16.8	16.7	16.7	16.7	16.7	15.4	15.4	4.8	4.8	4.8	4.4	4.4	4.4	4.4
미얀마	7.8	7.8	7.8	7.8	7.8	7.8	7.8	7.9	7.7	7.8	7.5	7.8	7.8	7.8	7.9	7.9	7.8	7.8	7.8	7.8	7.8
필리핀	26.7	26.0	19.1	15.5	11.5	11.3	7.9	5.9	10.9	10.9	10.9	10.9	11.0	11.0	11.0	11.0	11.0	11.1	11.1	11.1	11.1
싱가포르	0.0	0.0	0.0	0.0	0.0	0.0	0.0	0.0	0.0	0.0	0.0	0.0	0.0	0.0	0.0	0.0	0.0	0.0	0.0	0.0	0.0
태국	78.8	78.8	78.8	78.8	27.5	25.7	25.7	25.6	25.6	25.6	25.6	24.5	24.4	24.2	24.2	24.3	25.1	25.1	25.1	25.1	25.1
베트남	-	-	-	-	-	-	40.8	40.9	40.9	40.9	40.9	40.9	32.4	30.5	28.7	28.7	25.6	24.9	25.6	24.9	25.2
아세안6	30.5	30.4	23.8	22.9	12.3	11.9	11.4	11.0	11.9	11.9	13.2	12.5	12.3	12.2	10.4	10.1	10.2	10.3	10.3	9.7	10.7
CLMV	-	-	-	-	-	-	25.2	25.2	25.2	21.7	21.6	21.7	17.4	16.9	16.3	16.3	15.5	15.3	15.6	15.4	15.5
아세안	27.2	27.2	21.5	20.7	11.6	11.3	16.0	15.7	16.3	15.1	16.0	15.5	14.3	14.1	12.8	12.6	12.3	12.3	12.4	12.0	12.6

자료: WTO I-TIP Goods data base, https://i-tip.wto.org/goods/default.aspx?language=en, 저자 정리.

인도네시아와 태국의 인하폭이 큰데 인도네시아는 1996년 49.1%였던 실행관세율이 1998년 16.8%로 크게 하락했고 이후 15%대에서 등락하다 2016년 18.2%로 반등했다.

태국도 최초 78.8%에서 2000년 27.5%로 크게 하락했고 2016년 25.1%를 기록하는 등 이후 25%대 내외를 유지하고 있다. 말레이시아와 필리핀은 초기 실행관세율이 각각 22.8%, 26.7%로 인도네시아와 태국에 비해서는 높지 않지만 이후 점진적으로 하락해 2016년 각각 4.4%, 11.1%를 기록했다. 이러한 아세안의 HS12 양허관세율 추이는 HS12 상품군의 경우 HS11과 같이 관세를 통한 보호조치가 완화되어왔음을 의미하고, 이는 노동집약적 산업에 비교우위가 있는 아세안 6의 동 부문에 대한 시장개방과 무역확대를 위한 노력이 반영되었다고 할 수 있다.

CLMV의 경우 캄보디아와 베트남은 최초 실행관세율인 26.9%, 40.8%에서 2016년 16.1%, 25.2%로 절반 가까이 하락했다. 실행관세율은 여전히 높은 수준이지만 캄보디아와 베트남도 노동집약적 산업의 비교우위를 확보하게 되면서 시장개방과 무역확대를 위한 관세인하조치를 일정부분 시행한 것으로 보인다. 하지만 라오스, 미얀마도 각각 WTO 가입 초기 부과했던 관세율인 12.9%, 7.8% 수준을 유지하고 있다. 이는 HS12 상품군에 대한 관세를 통한 보호조치를 거의 같은 수준에서 유지하고 있음을 의미하는데 이는 라오스와 미얀마가 캄보디아와 베트남에 비해서는 동 상품군에 대한 비교우위를 확보하지 못한 데서 기인한 것으로 보인다.

위에서 본 바와 같이 2차산업 상품군 중 노동집약적 상품의 대표적인 사례인 HS11의 경우와 같이 HS12 상품군도 실행관세율 측면에서 아세안 전체와 개별국가 차원에서 상당폭 하락했음을 알 수 있다. 개별국가 차원에서는 선발국과 후발국 간의 차이 그리고 선발국 내에서도, 후발국 내에서도 그 양상은 크게 다르지 않다. 이러한 HS12 상품군에 대한 실행관세율의 하락폭이 큰 것은 HS11과 같이 노동집약적 산업 분야에서 비교우위를 확보한 아세안이 시장개방과 무역확대를 위해 관세를 인하하고 보호조치를 완화한 데서 기인한 것으로 볼 수 있다.

〈그림 3-7〉과 〈표 3-11〉은 아세안의 HS16 기계류·전자기기 등의 상품군에 대한 실행관세율의 추이를 정리한 것이다. HS16의 경우는 2차산업 상품 중 자본집약적 상품으로 아세안이 상대적으로 비교열위에 있는 상품의 사례로 위에서 분석한 것과 마찬가지로 동 상품군에 대한 관세율 추이를 통해 아세안의 비교우위산업의 변화와 관련된 관세정책의 흐름을 파악할 수 있다. 전반적으로 보면 HS16 상품군의 경우 실행관세율이 상당히 낮은 것을 알 수 있다. 모든 기간 아세안 전체뿐만 아니라 개별국가 차원에서도 캄보디아와 2000년 이전 태국의 상황을 제외하면 대부분 한 자릿수의 실행관세율을 기록했다.

아세안 전체 차원에서는 최초 11.0%였던 실행관세율이 2016년 4.9%로 절반 이상 하락했다. 이러한 양상은 실행관세율의 수준에서 차이가 있을 뿐 아세안 전체나 개별국가 차원에서 대부분 절반 이상 하락하는 등 위에서 살펴본 HS11 상품군과 비슷한 양상을 보인다. 아세안6의 경우 1996년 12.4%에서 점진적으로 하락해 2016년 3.3%를 기록했다. 다만 CLMV는 9.5%(2002년 기준)에서 2016년 7.3%로 아세안6에 비해 하락세는 크지 않다. HS16 상품군의 경우 초기 실행관세율이 상대적으로 낮고 또한 아세안6를 중심으로 관세율이 큰 폭으로 하락했다.

이처럼 자본집약적 상품이고 아세안에 비교열위 품목인 HS16 상품군에 대해서 낮은 관세율을 부과하고 또한 하락폭도 큰 것은 HS16 상품군이 소비재보다는 아세안 역내생산을 위한 생산재 또는 자본재

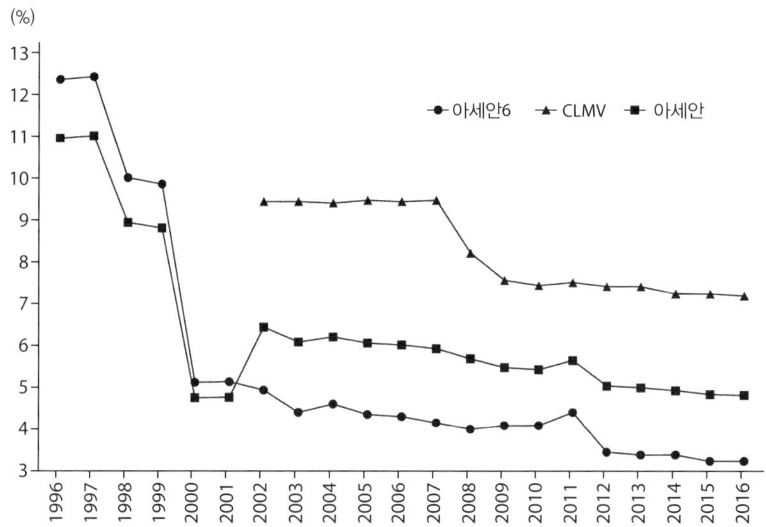

〈그림 3-7〉 HS16 상품군의 아세안 평균 실행관세율 추이

자료: WTO I-TIP Goods data base, https://i-tip.wto.org/goods/default.aspx?language=en, 저자 정리.

의 역할을 하고 있기 때문인 것으로 보인다. 동 상품군이 다국적기업의 역내 생산라인을 활용한 최종재 생산을 위한 부품 및 반제품 형태로 아세안 역내로 수입되는 경우도 많아 이를 고려해 낮은 관세율을 부과하는 정책을 시행하고 있다고 할 수 있다.

개별국가 차원에서 살펴보면 아세안6 중 싱가포르는 소규모 개방경제 특성상 실행관세율을 WTO 출범과 동시에 철폐했다. 브루나이는 8~9% 내외의 실행관세율을 유지하다 2012년부터 3.6%로 인하했다. 인도네시아, 말레이시아, 필리핀, 태국의 경우 태국을 제외하면 초기부터 상대적으로 낮은 실행관세율을 부과했고 관세율도 지속적으로 인하해온 것을 볼 수 있다. 2016년 4개국 모두 5%대 미만의 관세율을 부과하고 있다. 특히 태국의 인하폭이 큰데 1996년 35.6%였던 실행관세율이 2000년 10.0%로 크게 하락했고 이후 계속 감소해 2016년 4.6%로 하락했다. 말레이시아와 필리핀은 초기 실행관세율이 각각 5.0%,

〈표 3-11〉 HS16 상품군의 아세안 실행관세율 추이 (단위: %)

구분	1996	1997	1998	1999	2000	2001	2002	2003	2004	2005	2006	2007	2008	2009	2010	2011	2012	2013	2014	2015	2016
브루나이	8.7	8.7	8.7	8.4	8.4	8.4	8.4	8.4	9.3	9.3	9.3	9.3	9.3	9.7	9.7	9.6	3.6	3.6	3.6	3.6	3.6
캄보디아	-	-	-	-	-	-	17.5	17.5	17.5	17.6	17.6	17.6	17.6	15.2	15.2	15.5	15.5	15.5	14.8	14.8	14.6
인도네시아	16.6	16.6	4.7	4.5	3.7	3.6	3.7	3.7	3.7	3.7	3.6	3.5	3.5	3.5	3.5	5.5	5.5	5.1	5.1	5.2	5.4
라오스	-	-	-	-	-	-	-	-	-	-	-	-	6.7	6.7	6.7	6.7	6.7	6.7	6.7	6.7	6.7
말레이시아	5.0	5.7	5.6	5.4	4.6	4.7	4.7	4.6	4.6	4.5	4.5	4.5	3.6	3.6	3.6	3.6	3.6	3.6	3.6	3.6	3.4
미얀마	2.6	2.6	2.6	2.6	2.6	2.6	2.6	2.7	2.6	2.7	2.6	2.7	2.7	2.7	2.7	2.7	2.8	2.8	2.8	2.8	2.8
필리핀	8.6	8.3	5.8	5.6	4.4	4.2	2.8	2.4	2.8	2.7	2.7	2.8	2.8	2.8	2.8	2.8	2.8	2.8	2.8	2.8	2.8
싱가포르	0.0	0.0	0.0	0.0	0.0	0.0	0.0	0.0	0.0	0.0	0.0	0.0	0.0	0.0	0.0	0.0	0.0	0.0	0.0	0.0	0.0
태국	35.6	35.6	35.6	35.6	10.0	10.3	10.4	7.7	7.6	6.3	6.1	5.2	5.2	5.3	5.3	5.3	5.6	5.6	5.6	4.6	4.6
베트남	-	-	-	-	-	-	8.4	8.3	8.3	8.3	8.3	8.3	6.1	5.9	5.4	5.4	4.9	4.9	4.9	4.9	4.9
아세안6	12.4	12.5	10.1	9.9	5.2	5.2	5.0	4.5	4.7	4.4	4.4	4.2	4.1	4.2	4.2	4.5	3.5	3.5	3.5	3.3	3.3
CLMV	-	-	-	-	-	-	9.5	9.5	9.5	9.5	9.5	9.5	8.3	7.6	7.5	7.6	7.5	7.5	7.3	7.3	7.3
아세안	11.0	11.1	9.0	8.9	4.8	4.8	6.5	6.1	6.3	6.1	6.1	6.0	5.8	5.5	5.5	5.7	5.1	5.1	5.0	4.9	4.9

자료: WTO I-TIP Goods data base, https://i-tip.wto.org/goods/default.aspx?language=en, 저자 정리.

8.6%로 높지 않았고, 이후 점진적으로 하락해 2016년 각각 3.4%, 2.8%를 기록했다. 이러한 아세안의 HS16 실행관세율 추이는 HS16 상품군의 경우 HS11이나 HS12보다는 자본집약적 상품이지만 역내 생산을 위한 부품과 반제품 형태의 생산재 또는 자본재 수입의 성격이 강하다는 차원에서 동 상품군에 대한 관세인하를 시행해온 것으로 볼 수 있다.

CLMV의 경우 캄보디아와 라오스는 최초 실행관세율인 17.5%, 6.7%에서 크게 변하지 않았거나 동일한 수준을 유지하고 있다. 미얀마도 최초 실행관세율인 2.6% 수준을 유지하고 있다. 베트남만 8.4%였던 초기 실행관세율이 2008년 이후 하락하기 시작해 2016년 4.9%로 하락했다. 이러한 차이점은 베트남이 최근 적극적인 개혁·개방을 통해 해외직접투자가 급증하고 이에 따라 동 상품군의 수입 필요성이 증가함에 따라 관세율을 인하하게 된 것으로 볼 수 있다. 이에 비해 캄보디아, 라오스, 미얀마의 경우 베트남과 같은 기계, 전자기기 등을 아직까지는 본격적으로 생산하지 않고 있다는 점에서 실행관세율이 거의 변화 없이 유지되고 있다.

위에서 본 바와 같이 2차산업 상품군 중 자본집약적 상품의 사례인 HS16의 경우 실행관세율 측면에서 아세안 전체와 개별국가 차원에서 초기부터 낮은 수준이었고 이후에도 상당폭 하락했음을 알 수 있다. 개별국가 차원에서도 초기 관세율을 그대로 유지하고 있는 캄보디아와 라오스를 제외하면 선발국 내에서도, 후발국 내에서도 그 양상은 크게 다르지 않다. 이러한 아세안이 HS16 상품군에 대해 실행관세율을 낮게 부과하고 그 하락폭 또한 큰 것은 비록 비교열위의 자본집약적 상품이라 하더라도 역내 생산을 위한 생산재 또는 자본재로 활용될 경우 전략적으로 저율의 관세를 부과하는 관세조치를 시행하고 있기 때문인 것으로 볼 수 있다.

〈그림 3-8〉과 〈표 3-12〉는 아세안의 HS17 차량·항공기 등의 상

품군에 대한 실행관세율의 추이를 정리한 것이다. HS17의 경우는 2차 산업 상품 중 자본집약적 상품으로 아세안이 상대적으로 비교열위에 있는 상품의 사례로 위에서 분석한 것과 마찬가지로 동 상품군에 대한 관세율 추이를 통해 아세안의 비교우위산업의 변화와 관련된 관세정책의 흐름을 파악할 수 있다. 전반적으로 보면 HS17 상품군의 경우 실행관세율이 상당히 높은 수준에서 유지되거나 하락하더라도 HS16 상품군에 비해 그 폭이 크지 않음을 알 수 있다. 이는 HS17 상품군의 경우 위에서 살펴본 최종재 생산을 위해 필요한 부품이나 반제품 등에 비해 소비재적 성격이 강하다는 측면에서 아세안이 관세율을 인하할 유인이 크지 않다는 점에서 보호적 관세정책을 시행하고 있는 것으로 보인다.

우선 아세안 전체에서는 최초 19.0%였던 실행관세율이 2016년 13.1%로 1/3 정도 하락했다. 아세안6의 경우 1996년 21.5%에서 점진적으로 하락해 2016년 11.8%를 기록했다. CLMV는 14.5%(2002년 기준)에서 2016년 14.9%로 오히려 상승했다. 이처럼 HS17 상품군의 경우 초기 실행관세율에 비해 관세율이 낮아지고는 있지만 HS16보다는 그 하락폭이 작고 특히 CLMV의 경우 오히려 상승했다.

이처럼 HS17의 경우 HS16에 비해 동일한 비교열위 상품군이지만 최종재 형태로 수입되는 소비재 성격이 강하기 때문에 아세안이 이에 대한 관세율을 인하할 뚜렷한 인센티브가 존재하지 않는다고 할 수 있다. 따라서 HS17에 대해서는 보호조치는 아니지만 상대적으로 높은 관세율을 부과하는 정책을 시행하고 있는 것으로 볼 수 있다.

개별국가 차원에서 살펴보면 아세안6 중 싱가포르는 소규모 개방경제 특성상 실행관세율을 WTO 출범과 동시에 철폐했다. 브루나이는 15% 내외의 실행관세율을 유지하다 2008년 5.7%로 하락한 후 2016년 3.5%를 기록했다. 인도네시아와 태국은 초기 35.7%, 44.2%로 상당히

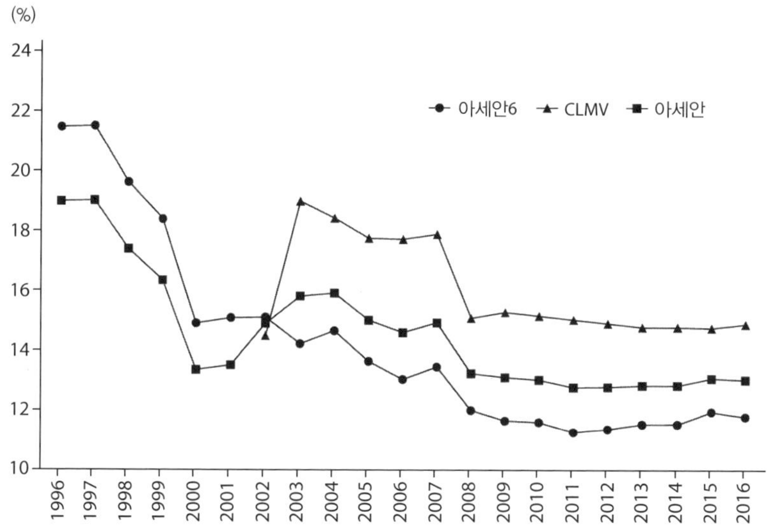

〈그림 3-8〉 HS17 상품군의 아세안 평균 실행관세율 추이

자료: WTO I-TIP Goods data base, https://i-tip.wto.org/goods/default.aspx?language=en, 저자 정리.

높은 관세율을 부과했는데, 인도네시아는 1999년 13.9%로 대폭 하락한 이후 비슷한 수준을 유지하고 있고 2016년 14.9%를 기록했다. 태국은 2000년 25.6%로 대폭 하락한 이후 마찬가지로 비슷한 수준을 유지하고 있고 2016년 27.0%를 기록했다. 인도네시아와 태국은 각각 1990년대 말 2000년대 초 관세율을 대폭 인하했으나 그 이후에는 비슷한 수준에서 유지하고 있다. 말레이시아와 필리핀도 초기 실행관세율이 18.3%, 15.1%로 인도네시아나 태국에 비해서는 낮지만 그 이후 관세율은 큰 폭의 변화 없이 비슷한 수준을 유지하고 있다. 2016년 말레이시아 14.5%, 필리핀 11.1%의 관세율을 기록하고 있다.

CLMV의 경우 모두 실행관세율은 크게 변하지 않았거나 거의 비슷한 수준을 유지하고 있다. 캄보디아는 2002년 최초 관세율이 19.8%였고 2016년 15.7%를 기록했으나 큰 폭의 하락은 나타나지 않고 있

〈표 3-12〉 HS17 상품군의 아세안 실행관세율 추이 (단위: %)

구분	1996	1997	1998	1999	2000	2001	2002	2003	2004	2005	2006	2007	2008	2009	2010	2011	2012	2013	2014	2015	2016
브루나이	15.8	15.8	15.8	15.7	15.7	15.7	15.7	15.7	14.2	14.2	14.2	13.9	5.7	4.9	4.9	5.1	3.5	3.5	3.5	3.5	3.5
캄보디아	-	-	-	-	-	-	19.8	19.8	19.8	16.2	16.2	16.6	16.2	15.5	15.5	15.5	15.5	15.5	15.7	15.7	15.7
인도네시아	35.7	35.7	27.6	13.9	13.8	14.4	14.1	14.1	18.8	18.8	17.1	15.4	15.4	13.9	14.0	12.1	12.1	13.2	13.2	15.9	14.9
라오스	-	-	-	-	-	-	-	-	-	-	-	-	16.2	16.2	16.2	16.2	16.2	16.2	16.4	16.4	16.4
말레이시아	18.3	19.1	18.3	25.1	25.7	24.4	24.6	24.6	21.6	16.7	15.0	14.9	15.2	15.2	14.9	14.9	14.9	14.5	14.5	14.5	14.5
미얀마	4.1	4.1	4.1	4.1	4.1	4.1	4.1	5.7	4.0	5.6	5.5	5.6	5.6	5.6	5.6	5.1	4.7	4.7	4.7	4.7	4.7
필리핀	15.1	14.5	12.1	11.7	8.9	8.2	8.2	8.1	11.3	11.3	11.1	11.9	11.1	11.3	11.3	10.9	10.8	11.1	11.1	11.1	11.1
싱가포르	0.0	0.0	0.0	0.0	0.0	0.0	0.0	0.0	0.0	0.0	0.0	0.0	0.0	0.0	0.0	0.0	0.0	0.0	0.0	0.0	0.0
태국	44.2	44.2	44.2	44.2	25.6	28.1	28.3	23.1	22.3	21.1	21.1	24.9	24.9	24.9	24.8	24.9	27.2	27.2	27.2	27.0	27.0
베트남	-	-	-	-	-	-	19.7	31.6	31.6	31.6	31.6	31.6	22.5	24.0	23.5	23.5	23.4	22.9	22.5	22.4	22.9
아세안6	21.5	21.6	19.7	18.4	15.0	15.1	15.2	14.3	14.7	13.7	13.1	13.5	12.1	11.7	11.7	11.3	11.4	11.6	11.6	12.0	11.8
CLMV	-	-	-	-	-	-	14.5	19.0	18.5	17.8	17.8	17.9	15.1	15.3	15.2	15.1	15.0	14.8	14.8	14.8	14.9
아세안	19.0	19.1	17.4	16.4	13.4	13.6	14.9	15.9	16.0	15.1	14.6	15.0	13.3	13.2	13.1	12.8	12.8	12.9	12.9	13.1	13.1

자료: WTO I-TIP Goods data base, https://i-tip.wto.org/goods/default.aspx?language=en, 저자 정리.

다. 미얀마는 2016년 실행관세율이 4.7%로 최초 실행관세율인 4.1%와 크게 다르지 않다. 라오스는 2008년 최초 실행관세율이 16.2%였는데 2016년 16.4%로 역시 거의 변동이 없다. 베트남도 2002년 19.7%였던 초기 실행관세율이 오히려 30%대까지 인상되었다 2008년 이후 23%대 전후로 하락해 2016년 22.9%를 기록했다. 이처럼 CLMV의 경우 HS17에 대한 관세율이 크게 변하지 않고 오히려 인상되는 시기도 있는 등 HS16과는 다른 양상을 보이고 있다.

위에서 본 바와 같이 2차산업 상품군 중 자본집약적 상품의 사례인 HS17의 경우 HS16과는 다르게 초기 관세율이 유지되거나 하락폭이 작은 것으로 나타났다. 이는 HS17이 아세안의 비교우위 상품으로 인해 관세를 통한 보호조치를 시행하고 있다기보다는 HS17이 최종재 또는 소비재로 수입되는 경우가 많아 이에 대한 관세를 큰 폭으로 인하할 인센티브가 부재하기 때문에 일정한 수준에서 관세를 부과하는 것으로 해석할 수 있다. 같은 자본집약적 상품군이라 하더라도 생산재인지 소비재인지에 따라 관세정책이 다르게 나타나고 있음을 알 수 있다.

5. 주요국의 실행관세율 추이

다음으로 주요국의 실행관세율의 추이를 살펴보고 아세안과의 비교를 통해 좀 더 객관적으로 아세안의 위치를 확인해보고자 한다. 〈표 3-13〉은 주요 9개국의 실행관세율 현황을 나타낸 것이다. 미국, EU, 일본, 캐나다, 호주 등 5개 선진국과 중국, 인도, 브라질의 3개 신흥국 및 우리나라의 1996~2016년까지의 평균 실행관세율을 정리한 것이다. 표에서 보는 바와 같이 5개 선진국의 경우 1996년 5~6%대로 이미 낮은 수준을 보이고 있고 점진적으로 하락해, 2016년 미국, EU, 일본은 4%대로 캐나다, 호주는 2%대로 하락한 것을 볼 수 있다. 이들 선진국은 WTO 출범 시기 이미 자유무역을 위한 시장개방 및 관세인하를 중시하는 통상정책을 시행 중이었고 또한 실행관세율 자체가 낮아 관세부과를 통한 국내 산업의 보호는 실효성이 없다고 할 수 있다.

이에 반해 중국, 인도, 브라질 등 주요 신흥국의 경우 실행관세율이 높은 수준이며, 특히 중국과 인도의 1996년 실행관세율은 23.7%, 38.6%로 매우 높은 수준을 기록했다. 하지만 이들 신흥국들의 경우에도 2000년대 중반 이후 실행관세율이 10% 내외로 하락했고 2016년 중국은 9%대, 인도와 브라질은 12%대를 기록해 전반적으로 큰 폭으로 하락했다. 이러한 신흥국들의 실행관세율 추이는 위에서 살펴본 아세안의 경우와 대동소이한데 WTO 출범 초기 상당히 높았던 실행관세율이 2000년대를 지나면서 대폭 하락하는 이러한 모습은 신흥국들의 시장개방과 무역확대를 통한 경제성장을 본격적으로 추구한 데 그 주요 원인이 있는 것으로 보인다.

또한 〈표 3-14〉와 〈그림 3-9〉는 위에서 살펴본 세계 주요국과 아세안의 비교를 위해 5개 선진국, 3개 신흥국, 한국과 아세안, 아세안6, CLMV의 평균 실행관세율의 추이를 비교해서 나타낸 것이다. 아세안의 실행관세율은 5개 선진국 다음으로 낮은 것을 볼 수 있다. 그다음으로 한중일, 한국, 3개 신흥국 순으로 실행관세율이 높은 수준을 보였다. CLMV의 경우 한중일보다는 높은 수준이지만 3개 신흥국보다는 낮고 특히 2008년 이후에는 한국보다 낮아지는 것을 볼 수 있다.

이렇게 볼 때 아세안 전체 차원에서 실행관세율은 세계 주요국과 비교해서 높지 않고, 특히 CLMV의 실행관세율은 2008년 이후 급감한 것을 알 수 있다. 아세안의 실행관세율 자체는 보호무역적 색채가 강한 인도나 브라질보다 낮고 우리나라보다도 낮다. 이는 아세안이 시

〈표 3-13〉 주요국의 평균 실행관세율 변화 추이(1) (단위: %)

구분	1996	1997	1998	1999	2000	2001	2002	2003	2004	2005	2006	2007	2008	2009	2010	2011	2012	2013	2014	2015	2016
미국	5.9	5.6	5.2	4.8	4.6	4.7	4.5	4.4	4.3	4.1	4.0	4.2	4.2	4.2	4.2	4.1	4.0	4.0	4.0	4.0	4.1
EU	6.0	5.9	5.4	5.5	5.2	4.7	4.6	4.5	4.5	4.5	4.6	4.6	4.6	4.6	4.5	4.6	4.8	4.7	4.7	4.7	4.7
일본	5.6	5.4	5.2	4.9	4.7	4.6	4.6	4.6	4.4	4.5	4.4	4.3	4.3	4.3	4.3	4.3	4.4	4.4	4.4	4.4	4.4
캐나다	6.4	5.9	4.7	4.5	4.1	3.9	3.7	3.7	3.9	3.7	3.7	3.7	3.7	3.6	2.7	2.6	2.7	2.6	2.6	2.5	2.5
호주	5.8	5.5	5.2	5.0	4.3	4.2	4.2	4.2	4.2	3.5	3.5	3.5	3.5	3.5	2.9	2.9	2.8	2.8	2.8	2.6	2.6
한국	12.0	12.0	12.1	11.8	11.6	11.5	11.3	11.1	10.7	10.7	10.6	10.6	10.6	10.5	10.5	10.5	11.1	11.1	11.1	11.6	11.5
중국	23.7	17.6	17.6	17.6	17.6	15.9	12.4	11.3	10.4	10.0	9.9	9.8	9.8	9.8	9.8	9.5	9.8	9.8	9.8	9.8	9.8
인도	38.6	34.9	32.3	33.9	33.5	31.8	29.0	26.9	23.1	18.7	15.0	12.8	12.1	14.2	12.0	12.5	12.9	12.9	12.9	12.8	12.9
브라질	12.5	15.1	15.0	14.7	14.6	13.7	12.7	12.7	11.4	11.3	11.3	11.2	12.1	12.1	12.1	12.2	12.1	12.1	12.1	12.1	12.1

자료: WTO I-TIP Goods data base, https://i-tip.wto.org/goods/default.aspx?language=en, 저자 정리.

〈표 3-14〉 주요국의 평균 실행관세율 변화 추이(2) (단위: %)

구분	1996	1997	1998	1999	2000	2001	2002	2003	2004	2005	2006	2007	2008	2009	2010	2011	2012	2013	2014	2015	2016
5개 선진국	5.9	5.7	5.1	4.9	4.6	4.4	4.3	4.3	4.3	4.1	4.0	4.1	4.1	4.0	3.7	3.7	3.7	3.7	3.7	3.6	3.7
3개 신흥국	24.9	22.5	21.6	22.1	21.9	20.5	18.0	17.0	15.0	13.3	12.1	11.3	11.3	12.0	11.3	11.4	11.6	11.6	11.6	11.6	11.6
한국	12.0	12.0	12.1	11.8	11.6	11.5	11.3	11.1	10.7	10.7	10.6	10.6	10.6	10.5	10.5	10.5	11.1	11.1	11.1	11.6	11.5
한중일	13.8	11.7	11.6	11.4	11.3	10.7	9.4	9.0	8.5	8.4	8.3	8.2	8.2	8.2	8.2	8.1	8.4	8.4	8.4	8.6	8.6
아세안	13.9	14.0	11.1	11.0	7.1	6.6	8.6	8.4	8.8	8.5	8.3	8.4	7.8	7.7	7.3	7.2	7.2	7.1	7.2	7.2	7.2
아세안6	15.2	15.5	12.0	11.9	7.4	6.8	6.5	6.0	6.6	6.4	6.3	6.4	6.1	6.0	5.8	5.7	5.7	5.6	5.6	5.8	5.8
CLMV	-	-	-	-	-	-	12.8	13.3	13.3	12.6	12.5	12.5	10.4	10.4	9.7	9.4	9.4	9.3	9.5	9.5	9.4

자료: WTO I-TIP Goods data base, https://i-tip.wto.org/goods/default.aspx?language=en, 저자 정리.

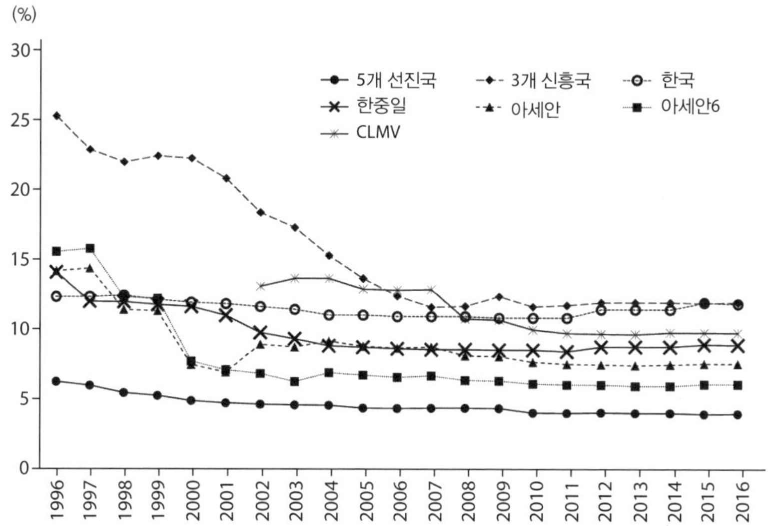

〈그림 3-9〉 주요국의 실행관세율 추이

자료: WTO I-TIP Goods data base, https://i-tip.wto.org/goods/default.aspx?language=en, 저자 정리.

장개방과 무역확대를 위한 관세율 인하를 꾸준히 추진해왔음을 반증하는 것이고, 국내 산업 보호를 위한 수단으로서 관세조치를 활용하는 것은 한계가 있음을 의미한다고 할 수 있다.

실행관세율 추이를 통해 한 가지 주목할 수 있는 것은 아세안 전체 차원에서 보았을 때 관세율의 하락이 1998~2000년 시기에 두드러졌다는 점이다. 예를 들어 인도네시아는 실행관세율이 1996년 24.9%에서 1998년 9.3%로 대폭 하락했고, 필리핀은 14.3%에서 1998년 10.4%로, 태국은 39.5%에서 2000년 16.5%로 큰 폭으로 하락했다. 이러한 1990년대 후반 실행관세율의 대폭적인 하락은 1997~1998년의 동아시아 외환위기로 인해 급격한 경제정책의 변화와 맞물려 있는 것으로 보인다.

당시 인도네시아, 태국, 필리핀 등은 외화유동성의 급격한 고갈로 인해 IMF 등으로부터 구제금융을 받는 조건으로 시장개방 및 경제구조 조정 등의 요구를 수용할 수밖에 없었다. 이러한 경제외적 충격으로 인해 아세안 주요 국가의 통상정책에도 변화가 불가피할 수밖에 없었던 것으로 보이며 시장개방을 위한 큰 폭의 관세율 인하를 시행한 것으로 보인다.

1990년대 큰 폭 하락한 실행관세율은 이후 2000년대 중반까지 8.5%대 내외에서 유지되다 2000년대 후반 이후 7%대로 하락하는 것을 볼 수 있다. 향후 대외개방이 가속화되면 6%대 이하로 떨어질 것으로 예상해볼 수 있다. 실행관세율이 2000년대 후반이나 1990년대 후반처럼 큰 폭 하락한 것은 아니지만 다시 유의미하게 하락세로 돌아선 것은 앞에서 언급한 2008년 글로벌 금융위기 이후의 세계적인 경기침체와 이에 따른 무역의 감소를 극복하고자 하는 정책적 노력에서 기인한 것으로 볼 수 있다.

이러한 예는 특히 수출 비중이 높은 국가들에서 나타나는데 2008년을 전후로 말레이시아는 평균 실행관세율을 9%대에서 7%대로, 베트남은 17%대에서 10%대로 하락한 것을 볼 수 있다. 또한 이러한 양상은 아세안6에 비해 CLMV에서 더 현저히 나타나는데 2008년 이전 12%대이던 실행관세율이 2010년 이후 9%대로 하락했다. 이는 CLMV가 무역확대와 시장개방을 위한 관세율 인하에 더 적극적이었음을 의미한다고 할 수 있다.

이후 관세율의 변화 양상을 보면 2013년 이후부터는 아세안 대부분의 국가에서 거의 변화가 없는 것을 알 수 있다. 이는 WTO 차원의 최혜국대우 관세율의 변화를 통한 통상정책의 효과 및 의미가 많이 축소되었음을 의미한다. WTO의 다자간 무역협상인 DDA(도하개발 어젠다)가 뚜렷한 성과 없이 장기간 공전하면서 WTO를 통한 자유무역확대에 의존하기보다는 양자간, 복수국 간의 FTA 체결 등 지역적 차원의 경제통합, 무역협정 등이 활발해졌고, 이로 인해 WTO보다는 FTA

와 관련된 관세율 등이 실제로는 더욱 중요한 통상정책의 관심사항이 되었다고 할 수 있다. 따라서 최근 실행관세율이 거의 변동 없이 유지되는 상황은 WTO를 중심으로 하는 새로운 다자간 무역협정의 체결이 성사되기까지는 지속될 것으로 보인다.

제4장

아세안의 통상정책: 비관세조치

1. 개요

3장에서는 아세안의 관세조치를 논의하기 위해 주로 아세안의 양허관세율과 실행관세율의 현황과 추이를 살펴보았다. 위에서 살펴본 바와 같이 아세안6는 99% 품목에 관세철폐를 시행하고 있고 CLMV는 98.6% 품목에 0~5%의 관세를 부과하고 있다. 이마저 2015년 이후에는 철폐되었다. 이는 관세를 통한 보호무역 효과는 실질적으로 무의미하며 또한 아세안 역내 교역활성화를 위한 자유무역의 기본적 토대가 구축되었음을 의미한다고 할 수 있다.

하지만 아세안에는 아직까지도 이러한 관세율 인하 및 철폐를 통한 무역 이익의 확보를 어렵게 하고 역내 교역활성화를 저해하는 비관세장벽이 다수 존재하는 것으로 보인다.[1] 예를 들어 말레이시아와 인도네시아는 자동차, 철강, 전자, 금속 등 민감 산업에 대한 보조금 지원

1 비관세장벽(Non Tariff Barriers, NTB)이란 관세가 아닌 형태로 무역에 영향을 미치는 각종 장애요인을 의미하며 거래되는 상품의 가격과 무역량에 간접적으로 영향을 미치는 다양한 무역정책도 포함한다. 또한 수출보조처럼 무역으로 촉진하는 정책도 비관세장벽에 포함되기 때문에 단순히 장애요인이라기보다는 무역을 왜곡하는 다양한 조치라고 할 수 있다.

과 수입제한 등 보호무역정책을 고수하고 있고, 필리핀은 높은 수준의 무역에 관한 기술적 장벽(무역기술장벽)을 시행하고 있다.[2] 또한 라오스, 캄보디아 등은 관세평가, 통관기준 및 절차 등 통관에 필요한 관세 업무 및 행정적 조치들을 자의적이고 불투명하게 시행함으로써 원활한 교역에 장애가 되고 있다고 알려져 있다(김태윤 외, 2010; 외교통상부, 2013).

이러한 비관세장벽에도 불구하고 아세안 간 비관세장벽의 철폐를 위한 실제적이고 본격적인 논의는 진행되지 않고 있는 것으로 보인다. 물론 아세안은 아세안자유무역지대 차원에서 관세 이외에도 역내 교역에 있어서 비관세장벽을 철폐하고자 노력할 것을 공동유효특혜관세 협정문에 명시하고 있으며, 어느 정도 성과도 있는 것으로 보인다. 공동유효특혜관세 제5조에 따르면 공동유효특혜관세 협정의 시행과 병행해 공동유효특혜관세 대상 품목에 대한 모든 쿼터, 수입허가 등 수량제한조치를 완전히 철폐하고, 관세율 인하 종료 후 5년 이내에 점진적으로 여타 비관세장벽도 철폐할 것을 규정하고 있다. 예를 들어 1995년 기준 회원국인 아세안6에는 총 3,865개 품목에 비관세장벽이 존재했는데 이 중 '추가적으로 부과되는 세금과 수수료'가 2,809개, '무역기술장벽'이 981개, '독점적 수입채널'이 75개 등이었다.

하지만 이후 2004년에는 총 비관세장벽 품목이 1,859개로 절반가량 축소된 것으로 조사되었다. '추가적으로 부과되는 세금과 수수료'는 2,809개에서 50개로 대폭 축소되었고, '무역기술장벽'은 981개에서

2 무역에 관한 기술적 장벽(Technical Barriers to Trade, TBT)이란 무역상대국 간에 상이한 표준(standard), 기술규정(technical regulation), 인증절차(certification procedure), 검사제도(inspection system) 등을 채택하거나 적용해 상품 및 서비스의 자유로운 이동을 저해함으로써 무역거래의 장애를 발생시키는 요인을 의미한다.

785개로, '독점적 수입채널'은 75개에서 25개로 축소되었다. 2004년 조사에는 라오스, 베트남 등 후발가입국까지 포함된 점을 고려하면 아세안6의 비관세장벽 수는 더 많이 축소되었을 것으로 보인다(김태윤 외, 2010).

하지만 2008년 글로벌 금융위기와 이에 따른 세계경제 침체로 아세안은 지속적으로 수입제한, 쿼터 등과 관련된 새로운 비관세장벽을 추가해왔고, 최근 들어서는 무역기술장벽 등의 조치를 확대하고 있는 실정이다. 특히 무역기술장벽과 관련된 표준 및 기술규제가 비관세장벽에서 많은 부분을 차지하고 있는 것으로 보인다. 인도네시아의 철강 및 전자제품 등에 대한 국가품질표준 강제 적용, 말레이시아의 철강제품에 대한 품질인증제도 강제 도입, 태국의 전자제품에 대한 강제규격 부여 등을 그 예로 들 수 있다. 이 외에 수입허가 및 수입절차 강화와 같은 통관상의 애로사항과 HS코드의 자의적인 분류와 같은 통관제도상의 허점으로 인해 발생하는 넓은 의미에서의 비관세장벽도 역내 교역활성화를 저해하는 요인으로 들 수 있다(김태윤 외, 2010; 외교통상부, 2013).

비관세장벽의 완화 및 해결을 위해서는 역내 국가들 간 죄수의 딜레마를 피할 수 있는 상호 간 정보 교환 및 협력이 절대적으로 필요하다. 예를 들면 무역기술장벽의 경우 이에 대한 정보가 관련 국가 및 기업들에 빠른 시간 내에 충분히 전달될 수 있는 제도적 장치가 필요하며 국가 간 상호인정협정(Mutual Recognition Arrangement, MRA)이나 국별 인증기관 간 협력 등을 고려할 수 있을 것이다.

통관과 관련된 비관세장벽의 경우 2015년까지 아세안경제공동체(AEC) 형성을 추진하는 과정에서 아세안 단일창구(ASEAN Single Window) 제도를 통해 통관제도의 투명성과 효율성 강화를 시도하고 있다. 아세안은 역내 교역의 자유화와 성장을 위해 비관세장벽의 완화 및 폐지라는 데에는 원칙적으로 동의하고 이를 위해 일정 정도의 성과도 있는 것으로 보인다. 하지만 아직까지도 아세안은 다양하고 새로운 비관세장벽을 도입 시행하고 있으며, 기존에 많이 활용되어온 반덤핑, 세이프가드, 상계조치 등의 전통적 비관세장벽보다는 오히려 무역기술장벽, 통관절차 등을 통한 보호무역조치를 강화하고 있는 것으로 보인다. 이렇게 볼 때 아세안의 경우 비관세장벽 부문에서는 관세에 비해 상대적으로 역내 교역활성화를 위한 제도적 차원의 토대가 아직까지는 미진하다고 할 수 있다.

2. 비관세조치 개관

직접적으로 잘 드러나지 않는 아세안의 통상정책을 가늠해보기 위해서는 관세율을 분석 비교해 간접적으로 확인해볼 수 있다. 관세조치와 더불어 통상정책의 또 다른 축인 비관세조치의 경우에도 직접적으로 드러나지 않는 경우가 대부분이다. 따라서 불가피하게 관련 통계를 활용해 역추적하는 방식으로 비관세조치의 추이를 확인해갈 수밖에 없다.

이 장에서는 3장의 관세조치에 이어 아세안의 비관세조치 현황과 추이를 분석하고 무역분쟁과 관련해서 그 의미를 살펴보고자 한다. 이를 위해 WTO에서 정의하고 있는 비관세조치의 종류를 알아보고, 아세안 개별국가에 대한 분석과 함께 세계와 한중일과의 비교를 통해 비관세조치의 현황과 추이를 살펴보고자 한다. 이러한 분석을 통해 아세안 통상정책의 변화와 흐름을 간접적으로 파악할 수 있을 것이다.

비관세조치는 수입쿼터, 수입허가제, 검역, 무역기술장벽 등 관세 이외에 무역에 영향을 미칠 수 있는 일련의 조치를 통칭한다. 이에 비해 비관세장벽은 이러한 비관세조치 중 동 조치로 인해 직간접적으로 무역에 장애가 발생하는 경우를 의미한다. 예를 들어 표준, 인증, 수출세, 위생검역 등 관세 이외의 요소가 시장접근을 제약하는 경우다. 따라서 비관세장벽은 수입국의 비관세조치 중에서 수출국의 관점에서 볼 때 불합리하거나 과도하게 수출을 제약할 수 있는 조치들을 의미한다고 할 수 있다. 비관세장벽은 비관세조치들의 일부분 또는 부분집합이라고 할 수 있다.

우선 비관세조치의 종류를 살펴보면 ① 위생 및 검역조치, ② 무역기술장벽, ③ 반덤핑관세, ④ 상계관세, ⑤ 특별긴급수입제한조치, ⑥ 긴급수입제한조치, ⑦ 수량제한, ⑧ 관세할당, ⑨ 수출보조금 등 총 9개로 나누어볼 수 있다.

우선 위생 및 검역조치(Sanitary and Phytosanitary Measures, SPS)는 주로 동물검역 및 식품위생을 의미하며 동식물의 해충 또는 질병, 식품·음료·사료의 첨가제, 독소, 질병원인체 등에 시행되는 조치를 의미한다. 위생 및 검역조치는 국민의 생명과 건강의 보호라는 공공정책 목표를 달성하기 위한 것이므로 WTO 체제하에서도 일정한 조건에서 허용되고 있다.

그러나 이러한 조치들이 타당한 기준에 근거하지 않고 임의적으로 제정, 운영될 경우에는 부당하게 무역을 제한하는 보호주의적 수단으로 남용될 소지가 다분하다. 실제로 WTO 협정의 예외조항을 원용해 위생 및 검역조치를 농산물의 수입을 제한하는 수단으로 사용하는 사례가 증가해왔으며, 이를 방지하기 위해 우루과이라운드 협상을 통해 WTO 위생 및 검역조치에 관한 협정(SPS 협정)이 체결되었다.

무역기술장벽(Technical Barriers to Trade, TBT)은 상품의 생산 방식을 포함하는 기술규정, 표준화 규정 및 관련 제도의 차이에 따라 발생할 수 있는 무역의 장애(장벽)를 의미한다. WTO '무역에 관한 기술적 장벽에 관한 협정(Agreement on TBT)' 전문에는 이러한 기술적 장벽을 포장, 표시, 등급표시를 포함한 기술 규정 및 표준 그리고 적합판정절차가 국제무역에 불필요한 장애가 되는 것으로 암묵적으로 정의하고 있다.

반덤핑관세(Anti-Dumping Duty, ADP)는 덤핑이 발생했을 경우 다시 말해 외국 물품이 정상가격(수출국 국내 시장 통상거래가격) 이하로 수입되어 국내 산업이 실질적인 피해를 입거나 입을 우려가 있을 경우 또는 국내 산업의 확립을 지연시킬 때, 정상가격과 덤핑가격의 차액의 범위 내에서 당해 수입품에 관세를 부과해 국내 생산자가 공정한 경쟁을 할 수 있도록 하는 제도 또는 관세를 의미한다. 반덤핑관세는 GATT 제6조 및 WTO 반덤핑협정(GATT 제6조의 이행에 관한 협정)에서 규정하고 있다.

상계관세(Counter-Vailing Duty, CVD)는 수출국이 특정 산업 또는 기업에 보조금을 지급함으로써 수입가격이 정상가격에 비해 하락하는 왜곡이 발생해 수입국 국내 산업에 피해가 발생할 경우 그 차액만큼을 관세로 부과하는 것을 의미한다. 즉 지급한 보조금의 효과를 상쇄하기 위해 수입국이 보조금 지원을 받은 수입품에 대해 부과하는 관세를 의미한다. 상계관세는 GATT 제6조 및 WTO 보조금 및 상계조치에 관한 협정(Agreement on Subsidies and Countervailing Measures)에 의해 인정되고 있다.

특별긴급수입제한조치(Special Safeguards, SSG)는 우루과이라운드 협상에서 농산물에 대한 예외 없는 관세화를 한 후 일정 상황에서 관세를 통한 추가 보호를 인정한 제도를 말한다. 이 조치는 WTO 농업협정 제5조에 의해 인정되고 있는데 미리 정해진 품목에 대해 수입량이 일정 기준을 초과하거나 수입가격이 일정 수준을 미달한 경우, 회원국은 농산물에 대해 추가로 관세를 부과할 수 있다. 일반 세이프가드와는 달리 국내 산업의 심각한 피해가 확인되지 않더라도 수입제한조치를 발동할 수 있다는 것이 특징이다.

긴급수입제한조치(Safeguard Measures, SG)는 일명 세이프가드라고 하는데, 이 제도는 WTO 이념에 부합되는 공정무역관행에 의한 수입일지라도 동 수입 증가로 인해 수입국의 국내 산업이 심각한 피해를 입거나 입을 우려가 있을 경우, 동 수입을 일시적으로 제한해 국내 경쟁산업이 적절한 자구책 또는 구조조정 기회를 갖도록 하는 데 있다. 긴급수입제한조치는 보존조항, 도피조항, 면책조항이라고도 하며 상대국의 공정한 수출임에도 불구하고 수입을 제한하는 것이므로 반덤핑, 상계관세 등 불공정무역규제보다 발동요건이 까다롭고 보상 및 보복 조치가 규정되어 있다.

수량제한(Quantitative Restrictions, QR)이란 수입을 일정량 이하로 제한하는 것으로 일정기간(보통 1년) 동안 특정상품에 정해진 수량(또는 가액)만큼만 수입하는 일종의 행정명령으로서 그 한도를 넘는 수입은 어떠한 가격하에서도 금지한다. 하지만 수량제한의 남용이 무역이 침체되는 원인이 되는 경우가 많아 WTO에서는 국제수지방어 등을 위한 예외사항을 제외하면 수량제한을 원칙적으로 금지하고 있다.

관세할당(Tariff Rate Quotas, TRQ)은 관세조치와 수량제한을 혼합한 것으로 최소시장접근 또는 현행시장접근 기회를 보장하기 위해 일정 수량까지는 저율의 관세율을 부과하고 그 수량을 초과하면 고율의 관세율을 적용하는 제도를 의미한다.

마지막으로 수출보조금(Export Subsidy, XS)은 정부가 상품 수출자의 수출실적이나 수출 조건을 기준으로 수출업자나 생산자에게 직간접으로 재정을 지원해주는 각종 혜택(융자 및 무상지원 등)을 의미한다. 이런 수출보조는 우루과이라운드 협상 결과에 따라 농산물에 적용되는 기준(농업협정)과 공산품 및 수산물에 적용되는 기준(보조금, 상계관세)이 다르게 설정되었다. 농산물의 경우는 수출이행을 조건으로 한 직접보조, 수출유통비용절감 지원, 수출수송비 지원, 수출상품의 원료농산물에 대한 보조 등은 감축대상에 해당되도록 한 반면, 공산품과 수산물의 경우는 수출연계 및 수입대체성이 있는 정부 지원은 원칙적으로 금지하고 있다.

위에서 설명한 9가지의 비관세조치 중 최근 이슈가 되고 있는 것은 무역기술장벽과 일반적으로 무역구제조치라고 불리는 반덤핑, 상계관세, 세이프가드 등을 들 수 있다. 특히 위의 조치들 중 수량할당, 관세할당, 수출보조 등은 WTO에서 원칙적으로 금지하거나 축소하는 조치들로 현실에서 활용되는 빈도가 점차 줄어들고 있다. 이에 비해 무역기술장벽, 반덤핑 등도 비관세조치로 활용되는 사례가 증가하고 있다. 따라서 위의 비관세조치 중 무역기술장벽과 반덤핑, 상계관세, 세이프가드는 따로 구분해 분석하고자 한다.

위에서 설명한 비관세조치는 그 자체로는 무역분쟁으로 이어지지는 않는다. 이러한 비관세조치가 상대국과 합의나 인정이 부재한 상태에서 또는 수출국의 입장에서 비합리적이고 불공정하다고 인식할 때 무역분쟁으로 비화될 수 있다. 이러한 측면에서 아세안의 비관세조치 관련 무역분쟁을 알아보기 위해서는 아세안의 비관세조치의 현황 및 추이를 살펴보고 이를 토대로 이러한 비관세조치 중 상대국가(들)가 이의 또는 반대의사를 제기한 사례를 분류해 그 내용을 살펴볼 필요가 있다.

비관세조치에 대해 상대국이 이의를 제기하는 경우 이를 특정무역현안(Specific Trade Concern, STC)이라고 한다. 앞에서 언급했듯이 특정무역현안은 수입국이 무역기술장벽, 반덤핑, 상계관세, 세이프가드 등의 비관세조치를 시행할 경우 교역상대국이 수출에 부정적인 영향을 미칠 수 있다고 판단해 각 회원국이 WTO 무역기술장벽위원회에 공식적으로 이의 또는 반대의사를 제기하는 안건을 의미한다. 특정무역현안에 대해 수입국은 해당 비관세조치의 필요성 및 제반사항에 대해 회원국에 투명하고 상세히 정보를 제공할 의무가 있다. 또한 수출국과 수입국 간의 관련 내용에 대한 회의와 합의가 필요하다. 이러한 절차를 통해 특정무역현안에 대한 수출국의 이견과 마찰이 적절하거나 만족스러운 해결방안이나 타협점을 찾을 경우에는 통상마찰로 비화되지 않겠지만 그렇지 않고 수출국이 지속적으로 이의를 제기할 경우 수입국과 수출국 간의 심각한 통상마찰 내지는 WTO 분쟁으로 악화될 우려가 있다.

3. 아세안의 비관세조치 현황

위에서 설명한 비관세조치의 의미를 전제로 아세안의 비관세조치의 현황과 추이를 살펴보기 위해 세계 주요국과 비교해 분석하고자 한다. 〈표 4-1〉은 2017년 6월 말 기준 아세안을 포함한 미국, EU, 일본, 한중일 등 세계 주요국의 9가지 비관세조치의 총합을 나타낸 것이다. 이를 활용해 〈표 4-2〉는 주요국의 9가지 비관세조치가 세계에서 차지하는 비중을 산출한 것이고, 〈표 4-3〉은 총 비관세조치에서 주요국의 9가지 비관세조치의 비중을 나타낸 것이다.

〈표 4-1〉에서 아세안은 SPS 889건, TBT 1,352건, ADP 129건, CV 0건, SSG 7건, SG 18건, QR 288건, TRQ 54건, XS 1건 등 총 2,738건의 비관세조치를 발동(initiation) 또는 발효(in force)했다. 여기서 발동은 공식적으로 비관세조치를 시행할 것을 WTO에 공표하는 것이고, 발효는 비관세조치의 발동 후 일정기간 후 실제적으로 시행에 들어간 것을 의미한다. 하지만 비관세조치의 경우 발효가 아닌 발동만으로도 교역에 유의미한 영향을 미칠 수 있다는 점에서 본 연구에서는 발동과 발효를 따로 구분하지 않고 분석한다.

〈표 4-1〉 주요국의 비관세조치 현황

구분	SPS	TBT	ADP	CV	SSG	SG	QR	TRQ	XS	합계
미국	2,913	1,482	324	97	173	2	59	52	13	5,115
EU	598	1,071	132	16	27	0	18	87	20	1,969
일본	498	783	7	0	57	0	85	18	0	1,448
캐나다	1,092	650	72	21	0	0	48	21	11	1,915
호주	413	204	70	15	0	0	122	2	6	832
한국	556	807	31	0	39	0	92	67	0	1,592
중국	1,192	1,187	100	5	0	2	42	10	0	2,538
인도	164	102	328	2	0	3	59	3	0	661
브라질	1,216	824	171	2	0	0	0	1	16	2,230
한중일	2,246	2,777	138	5	96	2	219	95	0	5,578
아세안	889	1,352	129	0	7	18	288	54	1	2,738
세계	15,735	22,281	1,952	169	633	51	1,513	1,274	429	44,037

자료: WTO I-TIP Goods data base, https://i-tip.wto.org/goods/default.aspx?language=en, 저자 정리.

SPS: 위생 및 검역조치, TBT: 무역기술장벽, ADP: 반덤핑관세, CV: 보조금 및 상계관세, SSG: 특별긴급수입제한조치, SG: 긴급수입제한조치, QR: 수량제한, TRQ: 관세할당, XS: 수출보조금

〈표 4-2〉와 〈표 4-3〉은 아세안을 포함한 세계 주요국의 비관세조치의 각 비관세조치 대비 비중 및 비관세조치 총 횟수 대비 비중을 산출한 것이다. 이를 통해 아세안의 비관세조치를 세계 주요국과 비교해 좀 더 입체적으로 분석해볼 수 있다. 우선 아세안의 비관세조치는 세계 대비 6.2%를 차지하고 있다. 이를 다른 주요국과 비교해보면 미국의 11.6%(5,115건)에 이어 두 번째로 많은 비중임을 알 수 있다. 다음으로 중국이 2,538건으로 5.8%, 브라질 2,230건으로 5.1%, EU 1,969건으로 4.5%, 캐나다 1,915건으로 4.3%, 한국 1,592건으로 3.6%, 일본 1,448건으로 3.3%, 호주 832건으로 1.9%, 인도 661건으로 1.5% 등이다. 한중일 3국을 합할 경우는 5,578건으로 아세안의 두 배 정도인

12.7%를 차지하고 있다.

아세안의 비관세조치가 세계에서 차지하는 비중이 미국에 이어 두 번째로 많다는 것은 그 의미하는 바가 크다. 위에서 언급했듯이 비관세조치는 다분히 국내 산업을 보호하기 위한 차원에서 시행되는 경우가 많다는 측면에서 볼 때 아세안의 통상정책에 있어 관세를 활용한 국내 산업 보호뿐만 아니라 비관세조치를 활용한 보호정책도 상당히 많이 활용되고 있음을 의미한다. 물론 비관세조치가 직접적으로 비관세장벽 등의 국내 산업의 보호조치로 연결되지는 않지만 비관세조치가 많다는 것은 그만큼 비관세장벽으로 활용될 가능성 또한 높아진다는 것을 의미한다.

아세안의 9개 비관세조치가 세계 총 건수에서 차지하는 비중을 살펴보면 SPS 5.6%, TBT 6.1%, ADP 6.6%, CV 0%, SSG 1.1%, SG 35.3%, QR 19.0%, TRQ 4.2%, XS 0.2%로 나타났다. 여기서 주목할 만한 것은 SG(긴급수입제한조치)가 세계 총 건수에서 차지하는 비중이 35.3%(18건)로 1위라는 점이다. 아세안 다음으로는 인도 5.9%(3건), 미국과 중국이 3.9%(2건)로 SG에 있어서는 아세안이 다른 주요국에 비해 절대적으로 비중이 크다. SG는 앞에서 설명한 바와 같이 정상적인 무역거래임에도 불구하고 수입의 급증 등으로 인해 국내 산업이 심각한 피해를 입을 가능성이 크거나 피해가 발생했을 경우 발동할 수 있는 비관세조치다. 아세안의 경우 수출주도형 경제개발이 주도하는 가운데 급속한 시장개방과 무역확대가 이루어지는 과정에서 국내 산업을 보호해야 할 필요가 많아졌고 이에 따라 불가피하게 SG를 발동하게 되는 사례가 증가한 것으로 보인다.

주로 농업 분야의 피해가 발생했을 때 시행되는 SSG(특별긴급수입제한조치)의 경우 아세안은 총 7건으로 1.1%밖에는 차지하지 않는다. 이는 아세안이 농업 분야에서는 비교우위에 있고 또한 높은 관세율을

〈표 4-2〉 주요국의 비관세조치 비중(각 비관세조치 대비, %)

구분	SPS	TBT	ADP	CV	SSG	SG	QR	TRQ	XS	합계
미국	18.5	6.7	16.6	57.4	27.3	3.9	3.9	4.1	3.0	11.6
EU	3.8	4.8	6.8	9.5	4.3	0.0	1.2	6.8	4.7	4.5
일본	3.2	3.5	0.4	0.0	9.0	0.0	5.6	1.4	0.0	3.3
캐나다	6.9	2.9	3.7	12.4	0.0	0.0	3.2	1.6	2.6	4.3
호주	2.6	0.9	3.6	8.9	0.0	0.0	8.1	0.2	1.4	1.9
한국	3.5	3.6	1.6	0.0	6.2	0.0	6.1	5.3	0.0	3.6
중국	7.6	5.3	5.1	3.0	0.0	3.9	2.8	0.8	0.0	5.8
인도	1.0	0.5	16.8	1.2	0.0	5.9	3.9	0.2	0.0	1.5
브라질	7.7	3.7	8.8	1.2	0.0	0.0	0.0	0.1	3.7	5.1
한중일	14.3	12.5	7.1	3.0	15.2	3.9	14.5	7.5	0.0	12.7
아세안	5.6	6.1	6.6	0.0	1.1	35.3	19.0	4.2	0.2	6.2
세계	100.0	100.0	100.0	100.0	100.0	100.0	100.0	100.0	100.0	100.0

자료: WTO I-TIP Goods data base, https://i-tip.wto.org/goods/default.aspx?language=en, 저자 정리.

유지하고 있기 때문에 SSG를 시행할 만큼의 큰 피해가 발생하지 않는 데 그 이유가 있는 것으로 보인다. SSG는 오히려 선진국인 미국이 27.3%(173건)로 가장 많이 시행했고, 일본 9.0%(57건), 한국 6.2%(39건), EU 4.3%(27건) 순으로 나타났다. 이들 국가는 대부분 선진국으로 농업 부문에서는 상대적으로 비교열위에 있기 때문에 국내 농업을 보호하기 위한 SSG 시행이 빈번했던 것으로 보인다.

다음으로 QR(수량제한)의 경우에도 아세안이 세계 총 건수에서 차지하는 비중이 19.0%(288건)로 1위다. 아세안 다음으로는 호주 8.1%(122건), 한국 6.1%(92건), 일본 5.6%(85건), 미국과 인도가 3.9%(59건), 중국 2.8%(42건) 순으로 QR의 경우에도 아세안이 다른 주요국에 비해 월등히 비중이 크다. QR은 자국 산업을 보호하기 위해 수입수량 자체를 제한하는 방식으로 주로 선진국에 비해 개도국이 많이 활용해왔다. WTO 체제에서 엄격하게 그 시행을 제한하고 있음에도 불구하고 아세안이 QR을 가장 많이 활용하고 있다는 것은 수입억제의 효과가 직접적이고 빠르게 나타나는 QR을 선호하는 개도국의 특징이 반영된 것으로 볼 수 있다.

또한 SPS, TBT, ADP, TRQ 등의 비관세조치에서도 주요국에 비해 비교적 높은 비중을 나타내고 있다. SPS(위생 및 검역조치)의 경우 아세안의 비중은 5.6%(889건)로 미국(18.5%), 브라질(7.7%), 중국(7.6%), 캐나다(6.9%)에 비해서는 낮지만 EU, 일본, 한국, 호주, 인도 등 주요국보다 높은 수준이다. TBT(무역기술장벽)의 경우 아세안은 6.1%(1,352건)로 미국(6.7%)에 이어 두 번째로 많은 비중을 차지하고 있다. 아세안에 이어 EU(4.8%), 중국(5.3%), 브라질(3.7%), 한국(3.6%), 일본(3.5%) 등의 순이다. ADP(반덤핑관세)의 경우 아세안은 6.6%(129건)로 인도(16.8%), 미국(16.6%), 브라질(8.8%), EU(6.8%)보다 낮지만, 중국(5.1%), 캐나다(3.7%), 호주(3.6%), 한국(1.6%), 일본(0.4%)에 비해 높은 수준을 나타내고 있다. TRQ(관세할당)의 경우 아세안은 4.2%(54건)를 차지하는데 이는 EU 6.8%, 한국 5.3%에 이어 세 번째로 많다. 아세안에 이어 미국 4.1%, 캐나다 1.6%, 일본 1.4%, 중국 0.8% 등이다. TRQ의 직접적인 수입물량을 제한하는 것은 원칙적으로 금지되고 있기 때문에 이를 우회하기 위해 일정 한도의 수입물량에 대해서는 저율의 관세를 부과하고 이 한도를 초과하게 되면 고율의 관세를 부과하는 방식이다. TRQ를 통해 수량제한은 아니지만 시장개방 시 발생할 수 있는 수입 급증과 이로 인한 국내 산업의 피해를 줄이는 효과를 얻을 수 있다.

이처럼 비관세조치 중 가장 많이 활용되고 있는 SPS, TBT, ADP, TRQ에서 아세안의 비중이 상당히 높다는 것을 알 수 있다. 이는 아세안이 국내 산업을 보호하기 위해 관세조치뿐만 아니라 비관세조치도 적극 활용하고 있음을 의미한다. 아세안이 수출주도형 성장전략을 수행해오고 있지만 그 이면에는 다분히 국내 산업 보호를 위한 방안들을 주요국 못지않게 활발히 시행하고 있음을 의미한다.

반면 비관세조치 중 아세안의 비중이 낮은 것은 CV, SSG, XS 등인데 CV 0건, SSG 1.1%(7건), XS 0.2%(1건) 등으로 위의 다른 비관세조치와는 상반된 양상을 보인다. CV, SSG, XS 등은 오히려 선진국인 미국, EU, 캐나다 등에서 많이 활용하는 것을 볼 수 있는데, CV(보조금 및 상계관세)의 경우 미국 57.4%(97건), 캐나다 12.4%(21건), EU 9.5%(16건), 호주 8.9%(15건) 등으로 주요 선진국이 대부분을 차지하고 있다. SSG(특별긴급수입제한조치)의 경우에도 미국 27.3%(173건), 일본 9.0%(57건), 한국 6.2%(39건), EU 4.3%(27건) 등으로 비슷한 양상을 보인다. XS(수출보조금)의 경우는 EU가 4.7%(20건), 브라질 3.7%(16건), 미국 3.0%(13건), 캐나다 2.6%(11건), 호주 1.4%(6건) 등으로 브라질이 포함된 것을 제외하면 선진국 대부분이 아세안에 비해 비중이 높은 것으로 나타났다.

이처럼 아세안이 CV, SSG, XS 등에서 비관세조치가 적은 것은 예상 가능한 것이다. CV의 경우 상대방 정부의 보조금 지급에 대한 정확한 정보와 그로 인한 국내 산업의 피해와 인과관계 등을 파악할 수 있어야 한다. 하지만 개도국의 경우 통상 인프라가 잘 갖추어진 선진국과 달리 이러한 정보와 피해의 산출 및 인과관계의 규정 등을 입증하는 데 어려움이 있을 수밖에 없다. 따라서 CV의 경우는 개도국보다는 주로 선진국이 활용하는 경우가 대부분이라고 할 수 있다. 그리고 정부의 특정 산업 및 기업에 대한 보조금은 시장경제 메커니즘이 발달되어 있는 선진국의 경우 거의 없다고 할 수 있다. 다만 개도국의 경우 경제성장을 위한 자원의 배분 과정에서 특정 산업 또는 기업에 정부의 혜택, 지원 등이 이루어질 수 있고 이러한 과정에서 보조금과 관련된 통상마찰이 발생할 가능성이 존재한다. 따라서 CV는 개도국보다는 선진국이 불공정무역행위로부터 자국 산업을 보호하기 위한 조치로서 시행되는 경우가 많다고 할 수 있다.

SSG의 경우는 위에서 언급했듯이 주로 농업 부문에 대한 보호조치로서 시행되는 것이기 때문에 농업 부문에 비교우위가 있는 아세안의 경우 SSG를 발동할 동기가 크지 않다고 할 수 있다. 오히려 농업 부문에 비교열위가 있는 미국, EU 등 주요 선진국에서 많이 활용하고 있는 것으로 보인다.

XS는 수출보조금으로 일반 보조금보다도 수출에 대한 보조금은 직접적으로 수출가격에 왜곡을 가져오기 때문에 WTO 체제에서 원칙적으로 금지하고 있다. 따라서 세계 전체적으로도 많이 활용되지는 못하고 있다(총 비관세조치 건수의 1%). 아세안의 경우에도 XS의 시행은 바로 WTO 분쟁으로 이어질 소지가 크고 패소할 가능성도 크기 때문에 거의 시행하지 않고 있는 것으로 보인다.

〈표 4-3〉은 주요국의 9가지 비관세조치가 각각 해당국의 비관세조치 총 횟수에서 차지하는 비중을 나타낸 것이다. 아세안의 9가지 비관세조치의 비중과 세계 전체 차원에서 산출한 각각의 비관세조치 비중을 비교해보면 SG와 QR에서 약간 비중이 높은 것을 제외하면 거의 비슷한 수준을 나타내고 있음을 알 수 있다. 이와는 달리 주요국은 일부 비관세조치를 더 많이 활용하는 것을 볼 수 있는데 SPS의 경우 미국(57.0%), 캐나다(57.0%), 호주(49.6%), 중국(47.0%), 브라질(54.5%) 등이, TBT는 EU(54.4%), 일본(54.1%) 등이, ADP는 미국(6.3%), EU(6.7%), 호주(8.4%), 인도(49.6%), 브라질(7.7%) 등이, CV는 미국(1.9%), 호주(1.8%), 캐나다(1.1%), EU(0.8%) 등이, QR은 호주(14.7%), 인도(8.9%), 일본(5.9%), 한국(5.8%) 등이, TRQ는 EU(4.4%), 한국(4.2%) 등이 세계 전체의 비중에 비해 많이 시행하고 있는 것으로 나타났다. XS의 경우 주요국 대부분이 세계 평균에 못 미쳤다.

〈표 4-3〉 주요국의 비관세조치 비중(비관세조치 총 횟수 대비, %)

구분	SPS	TBT	ADP	CV	SSG	SG	QR	TRQ	XS	합계
미국	57.0	29.0	6.3	1.9	3.4	0.0	1.2	1.0	0.3	100.0
EU	30.4	54.4	6.7	0.8	1.4	0.0	0.9	4.4	1.0	100.0
일본	34.4	54.1	0.5	0.0	3.9	0.0	5.9	1.2	0.0	100.0
캐나다	57.0	33.9	3.8	1.1	0.0	0.0	2.5	1.1	0.6	100.0
호주	49.6	24.5	8.4	1.8	0.0	0.0	14.7	0.2	0.7	100.0
한국	34.9	50.7	1.9	0.0	2.4	0.0	5.8	4.2	0.0	100.0
중국	47.0	46.8	3.9	0.2	0.0	0.1	1.7	0.4	0.0	100.0
인도	24.8	15.4	49.6	0.3	0.0	0.5	8.9	0.5	0.0	100.0
브라질	54.5	37.0	7.7	0.1	0.0	0.0	0.0	0.0	0.7	100.0
한중일	40.3	49.8	2.5	0.1	1.7	0.0	3.9	1.7	0.0	100.0
아세안	32.5	49.4	4.7	0.0	0.3	0.7	10.5	2.0	0.0	100.0
세계	35.7	50.6	4.4	0.4	1.4	0.1	3.4	2.9	1.0	100.0

자료: WTO I-TIP Goods data base, https://i-tip.wto.org/goods/default.aspx?language=en, 저자 정리.

이러한 것을 놓고 볼 때 전반적으로 아세안은 개도국의 특성상 SG나 QR의 사용빈도가 높기는 하지만 다른 주요국에 비해 어느 특정 또는 일부의 비관세조치에 편향되거나 선호하지는 않는 것으로 보인다. 이는 위 주요국 중 아세안의 경제발전 정도가 세계경제의 평균과 가깝기 때문인 것으로 보인다. 따라서 향후 아세안의 경제성장과 시장개방이 가속화될수록 비관세조치의 시행에 있어서도 주요 선진국처럼 특정 또는 일부의 비관세조치로 쏠릴 가능성이 있다고 할 수 있다.

위의 내용을 요약해보면 아세안은 주요국 중 미국에 이어 두 번째로 비관세조치를 많이 시행하고 있는 것으로 나타났다. 또한 비관세조치 중 가장 많이 활용되는 SPS, TBT, ADP 등에서 주요 선진국에 비해서 결코 그 비중이 낮지 않았고 특히 개도국이 많이 활용하는 SG, QR 등에서는 가장 비중이 높았다. TRQ의 경우에도 비중이 높았다. 이러한 아세안의 비관세조치 활용도는 아세안이 시장개방과 무역확대를 위해 노력하면서도 국내 산업을 보호하기 위한 통상정책의 수단을 결코 내려놓고 있지 않다는 점을 보여준다. 아세안은 관세조치에 이어 비관세조치 부문에서도 적어도 시행건수 기준으로는 상당히 높은 보호수준(시행건수 기준)을 나타내고 있다. 이렇게 볼 때 아세안은 수출주도형 경제성장전략을 앞세우는 동시에 국내 시장의 보호를 위한 통상조치도 적극적으로 활용하고 있는 양면의 모습을 가지고 있다고 할 수 있다.

4. 아세안 개별국의 비관세조치 현황

위에서 아세안의 비관세조치 현황에 대해 개괄해보았다. 다음으로 아세안 개별국가들의 비관세조치 현황을 살펴보고자 한다. 〈표 4-4〉는 아세안 개별국가별로 비관세조치 건수 현황을 나타낸 것이다. 〈표 4-5〉는 〈표 4-4〉를 토대로 아세안의 9가지 비관세조치가 각각의 총 건수에서 차지하는 비중을 나타낸 것이다. 또한 〈표 4-6〉은 아세안 개별국가 내에서 9가지 비관세조치가 각 개별국가가 시행한 비관세조치 총 건수에서 차지하는 비중을 나타낸 것이다.

〈표 4-4〉와 〈표 4-5〉에서 아세안 개별국가들의 비관세조치 현황을 비교분석해보면, 비관세조치 건수에서는 태국이 1,027건(37.5%)으로 가장 많고, 그다음으로 필리핀 652건(23.8%), 말레이시아 306건(11.2%), 인도네시아 285건(10.4%), 싱가포르 250건(9.1%), 베트남 194건(7.1%) 등의 순이었다. 브루나이, 캄보디아, 라오스, 미얀마는 비관세조치 건수가 각각 5건(0.2%), 3건(0.1%), 14건(0.5%) 등으로 미미한 수준이다. 아세안의 비관세조치는 브루나이를 제외하고 대부분 선발

국인 아세안6에서 시행되고 있음을 알 수 있다. CLMV의 경우 베트남을 제외하면 그 건수가 미미한 수준이다. 또한 아세안6 중에서도 태국과 필리핀 두 국가의 비관세조치 건수의 합이 1,679건(61.3%)으로 아세안 비관세조치 총 건수의 2/3에 다다르고 있는 등 두 국가로의 편중 현상이 심한 것을 볼 수 있다.

또한 〈표 4-5〉에서 8가지 비관세조치(아세안의 경우 CV는 1건도 없으므로 분석에서 제외)에서 아세안 개별국가 각각의 비중을 살펴보면, SPS의 경우 필리핀이 39.7%(353건)로 가장 많고, 그다음으로 태국 26.7%(237건), 인도네시아 12.8%(114건), 베트남 9.7%(86건), 싱가포르 6.5%(58건), 말레이시아 4.2%(37건) 등의 순이다. SPS의 경우 태국보다는 오히려 필리핀이 더 많이 시행하고 있고 후발국인 베트남도 필리핀, 태국, 인도네시아 다음으로 많은 비중을 차지하고 있다.

비관세조치 중 가장 비중이 높은 TBT의 경우 태국 44.5%(601건), 필리핀 18.6%(252건), 말레이시아 17.2%(232건), 인도네시아 8.6%(114건), 베트남 7.0%(94건), 싱가포르 3.6%(49건) 등의 순이다. TBT의 경우 태국이 거의 절반에 이를 정도로 절대 다수를 차지하고 있고 필리핀과 말레이시아는 비슷한 비중을 차지하고 있다.

ADP의 경우 태국 40.3%(52건), 인도네시아 36.4%(47건), 말레이시아 16.3%(21건), 베트남 5.4%(7건), 필리핀 1.6%(2건) 등의 순이다. ADP의 경우 SPS와 TBT와는 다르게 인도네시아가 태국에 이어 많은 비중을 차지하고 있고 필리핀은 미미한 수준이다. 인도네시아가 다른 비관세조치에 비해 ADP를 적극적으로 활용하고 있음을 알 수 있다.

SG는 위의 경우와는 상당히 다른 모습을 보이는데 인도네시아와 베트남이 27.8%(5건)로 가장 많은 건수를 시행하고 있고, 이어서 말레이시아와 필리핀 16.7%(3건), 태국 11.1%(2건) 등의 순이다. SG의 경우에도 SPS와 TBT와는 다르게 인도네시아와 베트남이 태국이나 필리핀

〈표 4-4〉 아세안의 비관세조치 현황

구분	SPS	TBT	ADP	SG	SSG	QR	TRQ	XS	합계
브루나이	3	2							5
캄보디아		3							3
인도네시아	114	116	47	5			2	1	285
라오스	1	1				12			14
말레이시아	37	232	21	3			13		306
미얀마		2							2
필리핀	353	252	2	3	7	21	14		652
싱가포르	58	49				143			250
태국	237	601	52	2		112	23		1,027
베트남	86	94	7	5			2		194
합계	889	1352	129	18	7	288	54	1	2738

자료: WTO I-TIP Goods data base, https://i-tip.wto.org/goods/default.aspx?language=en, 저자 정리.

〈표 4-5〉 아세안의 비관세조치 비중(각 비관세조치 대비, %)

구분	SPS	TBT	ADP	SG	SSG	QR	TRQ	XS	합계
브루나이	0.3	0.1	0.0	0.0	0.0	0.0	0.0	0.0	0.2
캄보디아	0.0	0.2	0.0	0.0	0.0	0.0	0.0	0.0	0.1
인도네시아	12.8	8.6	36.4	27.8	0.0	0.0	3.7	100.0	10.4
라오스	0.1	0.1	0.0	0.0	0.0	4.2	0.0	0.0	0.5
말레이시아	4.2	17.2	16.3	16.7	0.0	0.0	24.1	0.0	11.2
미얀마	0.0	0.1	0.0	0.0	0.0	0.0	0.0	0.0	0.1
필리핀	39.7	18.6	1.6	16.7	100.0	7.3	25.9	0.0	23.8
싱가포르	6.5	3.6	0.0	0.0	0.0	49.7	0.0	0.0	9.1
태국	26.7	44.5	40.3	11.1	0.0	38.9	42.6	0.0	37.5
베트남	9.7	7.0	5.4	27.8	0.0	0.0	3.7	0.0	7.1
합계	100.0	100.0	100.0	100.0	100.0	100.0	100.0	100.0	100.0

자료: WTO I-TIP Goods data base, https://i-tip.wto.org/goods/default.aspx?language=en, 저자 정리.

보다도 많은 건수를 기록하고 있다. 인도네시아와 베트남이 그 시행에 있어 엄격한 기준을 적용하고 있는 SG를 많이 활용하는 것은 그만큼 국내 산업 보호를 위한 정책적 의지가 강함을 의미한다고 할 수 있다. 다른 한편으로는 사전에 적절한 관세 및 비관세조치를 통한 국내 산업 보호에 실패함으로 인해 SG를 발동할 수밖에 없는 통상정책의 한계도 드러내고 있는 것으로 볼 수 있다. 한편 SSG의 경우 필리핀만이 7건을 기록하고 있다. 필리핀은 쌀을 비롯한 농업 부문의 비교우위를 상실해 가는 상황에서 농업을 보호하기 위해 SSG를 발동한 것으로 보인다.

QR의 경우 싱가포르가 49.7%(143건)로 가장 비중이 높고, 다음으로 태국 38.9%(112건), 필리핀 7.3%(21건), 라오스 4.2%(12건) 등의 순이다. QR은 WTO에서 원칙적으로 금지하고 있는 비관세조치지만 싱가포르가 아세안의 QR 건수 중 절반 가까이를 차지하고 있는 것은 상당히 이례적이라고 할 수 있다. 이는 소규모(도시) 개방경제인 싱가포르는 필요할 경우 수입량을 직접 제한하는 방식이 더욱 효과적이기 때문인 것으로 보인다. 저개발국인 라오스는 CLMV 중 유일하게 QR을 시행(12건)하고 있다. TRQ의 경우 태국 42.6%(23건), 필리핀 25.9%(14건), 말레이시아 24.1%(13건), 인도네시아와 베트남이 각각 3.7%(2건) 등의 순이다. XS의 경우 인도네시아만이 1건을 기록했다.

다음으로 아세안 개별국가들의 비관세조치 중 어떤 비관세조치를 많이 활용했는지를 살펴보면 〈표 4-6〉에서 보는 바와 같다. 아세안은 비관세조치 중 TBT 49.4%, SPS 32.5%로 두 가지를 가장 많이 시행했고, 다음으로 QR 10.5%, ADP 4.7%, TRQ 2.0% 등의 순이었다. 아세안은 비관세조치 시행은 세계 평균과 크게 다르지 않지만 QR을 상대적으로 많이 활용하고 있는 것이 특이한 점이라고 할 수 있다. 비관세조치 건수가 미미한 브루나이, 캄보디아, 라오스, 미얀마를 제외하면 인도네시아는 SPS(40.0%), TBT(40.7%)를 주로 활용

〈표 4-6〉 아세안의 비관세조치 비중(비관세조치 총 횟수 대비, %)

구분	SPS	TBT	ADP	SG	SSG	QR	TRQ	XS	합계
브루나이	60.0	40.0	0.0	0.0	0.0	0.0	0.0	0.0	100.0
캄보디아	0.0	100.0	0.0	0.0	0.0	0.0	0.0	0.0	100.0
인도네시아	40.0	40.7	16.5	1.8	0.0	0.0	0.7	0.4	100.0
라오스	7.1	7.1	0.0	0.0	0.0	85.7	0.0	0.0	100.0
말레이시아	12.1	75.8	6.9	1.0	0.0	0.0	4.2	0.0	100.0
미얀마	0.0	100.0	0.0	0.0	0.0	0.0	0.0	0.0	100.0
필리핀	54.1	38.7	0.3	0.5	1.1	3.2	2.1	0.0	100.0
싱가포르	23.2	19.6	0.0	0.0	0.0	57.2	0.0	0.0	100.0
태국	23.1	58.5	5.1	0.2	0.0	10.9	2.2	0.0	100.0
베트남	44.3	48.5	3.6	2.6	0.0	0.0	1.0	0.0	100.0
합계	32.5	49.4	4.7	0.7	0.3	10.5	2.0	0.0	100.0

자료: WTO I-TIP Goods data base, https://i-tip.wto.org/goods/default.aspx?language=en, 저자 정리.

하는 동시에 ADP(16.5%)도 상대적으로 많이 활용했고, 말레이시아는 주로 TBT(75.8%)를, 필리핀은 SPS(54.1%)와 TBT(38.7%)를, 싱가포르는 SPS(23.2%), TBT(19.6%)와 함께 QR(57.2%)을, 태국은 TBT(58.5%), SPS(23.1%)를, 베트남은 SPS(44.3%)와 TBT(48.5%)를 주로 활용한 것을 볼 수 있다.

위에서 보았듯이 아세안 개별국가 차원에서는 브루나이를 제외한 아세안5가 주로 비관세조치를 활용하고 있고, CLMV 중에서는 베트남이 비관세조치를 많이 활용하고 있는 것으로 나타났다. 또한 건수로는 태국이 가장 많고 이어 필리핀, 말레이시아, 인도네시아, 싱가포르, 베트남 순으로 이미 1980년대부터 시장개방과 수출주도형 발전전략을 시행해온 아세안5가 비관세조치 또한 많이 활용하고 있음을 알 수 있다. 그중에서도 태국과 필리핀이 상대적으로 국내 산업 보호를 위한 비관세 통상조치를 적극적으로 활용하고 있는 것으로 보인다.

〈표 4-7〉 아세안6 및 CLMV의 비관세조치 현황

구분	SPS	TBT	ADP	SG	SSG	QR	TRQ	XS	합계
아세안6	802	1,252	122	13	7	276	52	1	2,525
CLMV	87	100	7	5	0	12	2	0	213
합계	889	1,352	129	18	7	288	54	1	2,738

자료: WTO I-TIP Goods data base, https://i-tip.wto.org/goods/default.aspx?language=en, 저자 정리.

〈표 4-8〉 아세안6 및 CLMV의 비관세조치 비중(각 비관세조치 대비, %)

구분	SPS	TBT	ADP	SG	SSG	QR	TRQ	XS	합계
아세안6	90.2	92.6	94.6	72.2	100.0	95.8	96.3	100.0	92.2
CLMV	9.8	7.4	5.4	27.8	0.0	4.2	3.7	0.0	7.8
합계	100.0	100.0	100.0	100.0	100.0	100.0	100.0	100.0	100.0

자료: WTO I-TIP Goods data base, https://i-tip.wto.org/goods/default.aspx?language=en, 저자 정리.

〈표 4-9〉 아세안6 및 CLMV의 비관세조치 비중(비관세조치 총 횟수 대비, %)

구분	SPS	TBT	ADP	SG	SSG	QR	TRQ	XS	합계
아세안6	31.8	49.6	4.8	0.5	0.3	10.9	2.1	0.0	100.0
CLMV	40.8	46.9	3.3	2.3	0.0	5.6	0.9	0.0	100.0
아세안	32.5	49.4	4.7	0.7	0.3	10.5	2.0	0.0	100.0

자료: WTO I-TIP Goods data base, https://i-tip.wto.org/goods/default.aspx?language=en, 저자 정리.

한편 위의 내용을 동일하게 아세안6와 CLMV로 나누어 살펴보면 〈표 4-7〉~〈표 4-9〉와 같다. 우선 〈표 4-7〉과 〈표 4-8〉에서 보면 아세안6의 비중이 92.2%(2,525건)로 CLMV의 7.8%(213건)에 비해 현저히 높은 것을 알 수 있다. 비관세조치의 경우 아세안6와 CLMV의 비대칭성이 크고 CLMV가 국내 산업 보호를 위해 높은 관세를 부과한다 하더라도 국내 산업 보호라는 측면에서는 아세안6에 미치지 못할 가능성이 큼을 의미한다. 아세안6와 CLMV의 비관세조치상의 불균형 또는 비대칭성은 향후 아세안이 하나의 단일한 경제통합체로서 발전하기 위해 조정 또는 해소해가야 할 과제 중 하나라고 할 수 있다.

또한 〈표 4-9〉에서 아세안6와 CLMV 각각의 비관세조치 비중을 볼 수 있는데 CLMV의 SPS가 CLMV의 전체 비관세조치에서 차지하는 비중이 40.8%로 아세안6의 31.8%보다 높다. 반대로 QR에서는 아세안6가 10.9%로 CLMV의 5.6%에 비해 높다. 이를 제외하면 전체적으로는 아세안6와 CLMV의 각 비관세조치가 아세안 전체에서 차지하는 비중은 크게 다르지 않은 것으로 보인다.

5. 상품군별 비관세조치 현황

아세안의 상품군별 비관세조치 현황을 세계와 비교해 그 특성을 살펴보고자 한다. 〈표 4-10〉~〈표 4-12〉는 각각 세계의 상품군별 비관세조치 현황, 세계의 상품군별 비관세조치 비중, 세계의 상품군별 비관세조치 비중을 나타낸 것이다. 동일하게 〈표 4-13〉~〈표 4-15〉는 아세안의 상품군별 비관세조치 현황, 각 비관세조치 중 각 상품군의 비중, 각 상품군 중 각 비관세조치의 비중을 나타낸 것이다.

아세안의 각 상품군별로 시행된 비관세조치의 비중을 세계와 비교해보면 대부분 세계와 유사하다는 것을 알 수 있다. 하지만 몇 개의 상품군에서 세계와 크게 차이가 나는데 이러한 차이는 아세안의 경제 및 산업 특성과 연관 있는 것으로 보인다. HS01 살아 있는 동물과 동물성 생산품의 경우 세계의 11.2%에 비해 높은 15.0%를 차지하고 있다. 이와는 달리 HS02 식물성 생산품의 경우 세계의 11.3%에 비해 낮은 6.9%만을 차지하고 있다. 이는 아세안이 동일한 1차산업 상품군이라 하더라도 식물성 생산품에 비해 동물성과 광물 관련 생산품에 보호조치를 더 많이 시행하고 있음을 의미한다. 아세안의 경우 비교우위 측면에서 식물성 생산품에 비해 동물성 생산품이 열세인 것을 반영한 것으로 보인다.

또한 HS13 돌·플라스터·시멘트 등 상품군류는 3.1%로 세계의 2.3%보다 비중이 높다. HS15 비금속과 그 제품, HS16 기계·전자기기류 등 상품군의 경우 비관세조치에서 차지하는 비중이 각각 6.2%, 9.4%인데 이는 세계의 3.7%, 7.1%에 비해 높은 수준이다. 2차산업 상품군 중에서도 광물류의 가공상품 등의 경우 아세안의 보호조치가 상대적으로 많이 시행된다고 할 수 있다. 이는 비금속 등 광물류의 가공품과 기계·전자기기류는 아세안 주요국이 산업화 과정에서 전략적으로 육성, 보호되는 부문이라는 점과 연관되어 있는 것으로 보인다.

비관세조치 중 각 상품군의 비중을 살펴보면 SPS의 경우 1차산업 상품 중 H1 살아 있는 동물과 동물성 생산품, H03 동물성·식물성 지방과 기름류에 대한 SPS 건수가 각각 44.6%, 6.1%로 세계의 24.8%, 2.7%에 비해 높은 수준이다. 또한 1차산업 상품 가공상품인 H04 조제식품류, 음료·주류·식초·담배류도 18.5%로 세계의 11.6%에 비해 높다. 이는 아세안이 동물 관련 1차산업 상품군 및 음식료 관련 상품군에 대해서는 보호조치를 시행하고 있음을 의미한다.

반대로 HS02 식물성 생산품에 대해서는 13.5%로 세계의 21.8%에 비해 낮은데 이는 동 분야에 대한 아세안의 비교우위를 반영한다. 2차산업 상품군에서는 세계와 대부분 비슷한 비중인데 HS06 화학공업 관련 생산품류는 2.3%로 세계의 4.9%에 비해서 낮고, 반대로 HS16 기계·전기기기류 상품군의 경우 2.3%로 세계의 0.6%에 비해 높다. 이는 아세안의 경우 화학공업보다는 기계·전기기기 산업에 대해 전략적 보호조치를 하고 있음을 반영한다고 볼 수 있다.

TBT의 경우도 SPS와 유사하다. 1차산업 상품 중 H1 살아 있는 동물과 동물성 생산품, HS02 식물성 생산품, H03 동물성·식물성 지방과 기름류에 대한 TBT 비중은 각각 2.4%, 3.2%, 1.5%로 비중 자체도 크지 않고 세계의 3.6%, 5.4%, 1.7%와도 큰 차이가 없다. 1차산업 상품 가공상품인 H04 조제 식품류, 음료·주류·식초·담배류는 6.3%로 세계의 8.4%에 비해 약간 낮은 편이다. 2차산업 상품군에서는 대부분 세계와 비슷한 비중을 보이는데 HS16 기계·전기기기류 상품군의 경우 15.0%로 비중도 높고 세계의 11.1%에 비해 높은 수준이다. 이는 아세안의 경우 기계·전기기기 산업에 전략적 보호조치를 하고 있음을 반영한다.

ADP의 경우는 세계의 경우와 상당한 차이가 보이는데 특히 HS02 식물성 생산품, HS07 플라스틱과 고무 제품류, HS15 비금속과 그 제품류의 비중이 3.9%, 13.2%, 69.8%로 아세안 ADP의 대부분을 차지하고 있고 세계의 1.1%, 11.5%, 34.5%에 비해 높은 수준이다. 특히 HS15 비금속과 그 제품류의 경우 세계보다 현저하게 높은 수준인데 이는 아세안이 위 부문의 산업에 대해서 ADP를 활용한 보호조치를 강화하고 있음을 의미한다.

CV의 경우 아세안은 그 시행건수가 전무하다. 이에 비해 세계는 HS06 화학공업이나 연관공업의 생산품, HS15 비금속과 그 제품류, HS16 기계·전자기기류 등이 각각 14.0%, 46.2%, 7.5% 등을 차지하고 있다. 아세안이 비관세조치 시행에 있어 CV를 활용하지 않는 것은 현실적으로 통상 관련 정보의 수집 및 인과관계의 입증 등 CV 시행을 위해 필요한 요건을 만족시키기 어렵기 때문인 것으로 보인다.

SSG의 경우 주로 농업에 특정된 비관세조치로 아세안은 1차산업 상품 중 H01 살아 있는 동물과 동물성 생산품, HS02 식물성 생산품, HS04 조제 식품류, 음료·주류·식초·담배류의 비중이 57.1%, 14.3%, 28.6%로 세계의 45.5%, 21.2%, 30.8%와 비교해보면 H01 살아 있는 동물과 동물성 생산품의 비중이 상당히 높고 대신 HS02 식물성 생산품의 비중은 낮은 것을 알 수 있다. 이는 아세안의 경우 비교우위가 있는 식물성 생산품에 비해 살아 있는 동물과 동물성 생산품에 대해서 SSG를 더 많이 활용하고 있음을 의미한다.

SG의 경우 주로 2차산업 상품에 대해 시행되는 비관세조치다. 아세안의 경우 HS10 목재와 그 제품류 및 HS15 비금속과 그 제품류의 비중이 16.7%, 50.0%로 두 상품군에 집중되어 있다. 이는 동 상품군의 세계 비중인 8.5%, 28.8%에 비해서도 두 배 가까이 많은 것으로 두 상품군에 대한 보호조치가 상대적으로 빈번하게 시행되었음을 의미한다.

QR의 경우는 특정한 상품군에 집중되지 않고 다른 비관세조치에 비해 전반적으로 전 상품군별로 고르게 시행되는 것을 알 수 있다. 또한 각 상품군별 비중도 세계와 크게 차이나지 않는다. 아세안에서 가장 높은 비중을 차지하는 것은 HS06 화학공업이나 연관 공업 생산품류로 16.1%를 차지하고 있는데 이는 세계의 17.3%와 비슷한 수준이다.

TRQ의 경우는 주로 HS01, HS02, HS03, HS04 상품군에 집중되어 있는데 각각 36.4%, 38.2%, 5.5%, 18.2%로 전체의 95% 이상을 차지한다. 1차산업 상품군과 식품 및 기호품류에 대한 TRQ 조치가 많이 시행됨을 알 수 있다. 이는 세계의 27.0%, 39.7%, 6.5%, 24.1%와 대동소이한데 아세안의 경우 특히 HS01에 대한 비중이 세계에 비해 상당히 높음을 알 수 있다.

XS의 경우 아세안은 단 1건만 시행했기 때문에 거의 활용하지 않고 있는 것으로 보인다. 이에 비해 세계는 HS01 21.0%, HS02 33.2%, HS03 4.3%, HS04 25.5% 등 주로 1차산업 상품군 및 관련 상품군에 대해 XS를 활용하고 있음을 알 수 있다.

위에서 살펴본 바와 같이 아세안의 각 비관세조치 중 각 상품군의 비중을 보면 주로 1차산업 상품군에 보호조치를 많이 시행하고 있음을 알 수 있고, 그중에서도 HS01, HS03에 대한 비관세조치의 비중이 크다. 또한 2차산업 상품군 중에서는 HS04, HS09, HS15, HS16에 대한 비관세조치 비중이 상대적으로 큰 것을 알 수 있다. 이러한 아세안의 특징은 아세안이 가지고 있는 경제적·산업적 특성과 관련되어 있음을 알 수 있다.

또한 아세안의 각 상품군 중 비관세조치의 비중을 살펴보기 위해 세계의 비중을 나타내는 〈표 4-10〉과 아세안의 비중을 나타내는 〈표 4-13〉을 비교분석한다. 우선 HS01의 경우 아세안은 SPS 81.0%, TBT 8.3%, QR 6.7%, TRQ 3.3%로 SPS가 절대 다수를 차지하고 있다. 세계의 SPS 67.0%, TBT 17.8%, SSG 4.2%, QR 4.1%, TRQ 5.2% 등과 비교해보면 아세안은 HS01에 대한 비관세조치 중 SPS에 더 많이 치중하고 있음을 알 수 있다. 특히 TBT의 비중은 세계의 절반 수준인데 이는 HS01에 대한 표준 및 기술 규정이 정교하게 마련되어 있지 않다는 것을 반증하는 것으로 보인다.

HS02의 경우 아세안은 SPS 53.0%, TBT 23.3%, QR 13.8%, TRQ 7.4% 등으로 SPS와 TBT가 주를 차지하고 있다. 세계의 SPS 58.0%, TBT 26.8%, QR 3.6%, TRQ 7.6% 등과 비교해보았을 때 대동소이한 것을 알 수 있다. HS02는 HS01에 비해 TBT와 관련된 표준 및 기술 규정이 어느 정도 마련되어 있는 것으로 보인다. HS03의 경우에도 아세안은 SPS 60.0%, TBT 27.4%, QR 8.8%, TRQ 2.7% 등으로 SPS와 TBT가 주를 차지하고 있다. 이러한 비중은 세계의 SPS 38.7%, TBT 44.2%, QR 7.6%, TRQ 2.3% 등과 비교해보면 아세안의 경우 HS03에 대한 비관세조치 중 SPS에 더 많이 치중하고 있음을 알 수 있다.

또한 위의 HS01과 같이 TBT의 경우 세계보다 상당히 낮은 비중을 차지하는데 이는 HS03에 대한 표준 및 기술 규정이 정교하게 마련되어 있지 않다는 것을 반증하는 것으로 보인다. HS04의 경우 아세안은 SPS 53.6%, TBT 34.1%, QR 9.1%, TRQ 2.6% 등으로 역시 SPS와 TBT의 비중이 대부분을 차지하고 있다. 세계의 SPS 36.5%, TBT 49.0%, QR 2.7%, TRQ 5.4% 등과 비교해보면 아세안은 HS03에 대한 비관세조치 중 SPS, QR 등에 더 많이 치중하고 있음을 알 수 있다. 또한 TBT의 경우 세계보다 상당히 낮은 비중을 차지하는데 이는 HS04에 대한 표준 및 기술 규정 역시 정교하게 마련되어 있지 않다는 것을 반증하는 것으로 보인다.

나머지 HS05~HS21까지를 살펴보면 대부분 세계에 비해 SPS, TBT의 비중은 낮은 반면 QR의 비중은 상당히 높은 편임을 알 수 있다. 예를 들어 HS05의 경우 SPS 1.9%, TBT 58.3%, QR 39.8%로 세계의 6.9%, 77.4%, 14.2%와 비교했을 때 SPS와 TBT의 경우는 낮은 반면 QR의 경우는 2.5배 이상 높다. 또한 HS17의 경우 SPS 0.9%, TBT 59.3%, QR 39.8%로 세계의 1.8%, 82.5%, 12.7%와 비교했을 때 역시 SPS와 TBT의 경우는 낮은 반면 QR의 경우는 세 배 이상 높다.

이렇게 아세안은 주로 2차산업의 경우 SPS, TBT 등의 주요 비관세조치의 활용보다는 QR의 활용 비중이 월등히 높은 것을 알 수 있다. 이는 아세안이 국내 산업을 보호하기 위한 조치로 복잡한 사전 조사와 절차가 필요한 SPS, TBT보다는 단순하고 시행하기 용이한 QR을 더 많이 의지하는 데서 기인한 것으로 볼 수 있다. 하지만 QR의 경우 WTO 체제에서 제한되고 있는 비관세조치로 아세안은 국내 산업 보호를 위한 좀 더 발전된 통상조치의 시행에 힘을 기울여야 할 것으로 보인다.

위에서 보았듯이 아세안은 비관세조치의 시행에 있어 주로 SPS, TBT, QR 등을 활용하고 있다. 세계와 비교했을 때 1차산업 상품군에서는 주로 TBT보다는 SPS와 QR에 의존하는 것으로 보이고, 2차산업 상품군에서는 주로 QR에 더 많이 의존하는 것으로 보인다. 이러한 아

〈표 4-10〉 세계의 상품군별 비관세조치 현황

HS	상품 분류	SPS	TBT	ADP	CV	SSG	SG	QR	TRQ	XS	합계
00	HS코드 상품 외	5,518	11,229	31	3	3	25	1	3	60	16,873
01	살아 있는 동물과 동물성 생산품	4,661	1,239	10	2	294	0	288	363	103	6,960
02	식물성 생산품	4,097	1,890	22	3	137	1	213	533	163	7,059
03	동물성 · 식물성 지방과 기름 및 이들의 분해생산물, 조제한 식용 지방과 동물성 · 식물성 납(蠟)	504	577	6	2	6	1	99	88	21	1,304
04	조제 식품류, 음료 · 주류 · 식초, 담배 · 제조한 담배 대용물	2,181	2,930	49	7	199	0	164	324	125	5,979
05	광물성 생산품	98	1,105	19	2	0	0	203	0	0	1,427
06	화학공업이나 연관공업의 생산품	922	2,313	402	26	3	2	664	19	11	4,362
07	플라스틱과 고무 제품류	226	1,911	236	13	0	2	145	0	0	2,533
08	원피 · 가죽 · 모피와 이들의 제품, 마구, 여행용구	52	76	1	0	0	0	123	0	0	252
09	목재와 그 제품, 목탄, 코르크와 그 제품, 짚 · 에스파르토(esparto)나 그 밖의 조물 재료의 제품, 바구니 세공물(basketware)과 지조세공물(枝條細工物)	173	359	29	3	0	2	127	0	0	693
10	목재나 그 밖의 섬유질 셀룰로오스 재료의 펄프, 회수한 종이 · 판지〈웨이스트(waste)와 스크랩(scrap)〉, 종이 · 판지와 이들의 제품	23	182	59	10	0	5	112	0	0	391
11	방직용 섬유와 방직용 섬유의 제품	74	422	133	4	4	0	126	14	8	785
12	신발류 · 모자류 · 산류(傘類) · 지팡이 · 시트스틱(seat-stick) · 채찍 · 승마용 채찍과 이들의 부분품, 조제 깃털과 그 제품, 조화, 사람 머리카락으로 된 제품	9	189	3	0	0	0	85	0	0	286

〈표 4-10〉 세계의 상품군별 비관세조치 현황(계속)

HS	상품 분류	SPS	TBT	ADP	CV	SSG	SG	QR	TRQ	XS	합계
13	돌 · 플라스터(plaster) · 시멘트 · 석면 · 운모나 이와 유사한 재료의 제품, 도자제품, 유리와 유리제품	15	1,203	108	5	0	3	101	0	0	1,435
14	천연진주 · 양식진주 · 귀석 · 반귀석 · 귀금속 · 귀금속을 입힌 금속과 이들의 제품, 모조 신변장식용품, 주화	13	36	0	0	0	0	135	0	0	184
15	비금속(卑金屬)과 그 제품	26	1,337	706	86	0	17	142	0	0	2,314
16	기계 · 전기기기류와 이들의 부분품, 녹음기 · 음성재생기 · 텔레비전의 영상과 음향의 기록기 · 재생기와 이들의 부분품 · 부속품	111	3,849	137	14	0	0	299	0	0	4,410
17	차량 · 항공기 · 선박과 수송기기 관련품	25	1,152	37	4	0	1	178	0	0	1,397
18	광학기기 · 사진용 기기 · 영화용 기기 · 측정기기 · 검사기기 · 정밀기기 · 의료용 기기, 시계, 악기, 이들의 부분품과 부속품	14	1,293	21	0	0	0	193	0	0	1,521
19	무기 · 총포탄과 이들의 부분품과 부속품	3	46	0	0	0	0	162	0	0	211
20	잡품	18	1,458	35	2	0	0	168	0	0	1,681
21	예술품 · 수집품 · 골동품	8	22	0	0	0	0	107	0	0	137
	합계	18,771	34,818	2,044	186	646	59	3,835	1,344	491	62,194

자료 : WTO I-TIP Goods data base, https://i-tip.wto.org/goods/default.aspx?language=en, 저자 정리.

〈표 4-11〉 세계의 상품군별 비관세조치 비중(각 비관세조치 대비, %)

HS	상품 분류	SPS	TBT	ADP	CV	SSG	SG	QR	TRQ	XS	합계
00	HS코드 상품 외	29.4	32.3	1.5	1.6	0.5	42.4	0.0	0.2	12.2	27.1
01	살아 있는 동물과 동물성 생산품	24.8	3.6	0.5	1.1	45.5	0.0	7.5	27.0	21.0	11.2
02	식물성 생산품	21.8	5.4	1.1	1.6	21.2	1.7	5.6	39.7	33.2	11.3
03	동물성 · 식물성 지방과 기름 및 이들의 분해생산물, 조제한 식용 지방과 동물성 · 식물성 납(蠟)	2.7	1.7	0.3	1.1	0.9	1.7	2.6	6.5	4.3	2.1
04	조제 식품류, 음료 · 주류 · 식초, 담배 · 제조한 담배 대용물	11.6	8.4	2.4	3.8	30.8	0.0	4.3	24.1	25.5	9.6
05	광물성 생산품	0.5	3.2	0.9	1.1	0.0	0.0	5.3	0.0	0.0	2.3
06	화학공업이나 연관공업의 생산품	4.9	6.6	19.7	14.0	0.5	3.4	17.3	1.4	2.2	7.0
07	플라스틱과 고무 제품류	1.2	5.5	11.5	7.0	0.0	3.4	3.8	0.0	0.0	4.1
08	원피 · 가죽 · 모피와 이들의 제품, 마구, 여행용구	0.3	0.2	0.0	0.0	0.0	0.0	3.2	0.0	0.0	0.4
09	목재와 그 제품, 목탄, 코르크와 그 제품, 짚 · 에스파르토(esparto)나 그 밖의 조물 재료의 제품, 바구니 세공물(basketware)과 지조세공물(枝條細工物)	0.9	1.0	1.4	1.6	0.0	3.4	3.3	0.0	0.0	1.1
10	목재나 그 밖의 섬유질 셀룰로오스 재료의 펄프, 회수한 종이 · 판지〈웨이스트(waste)와 스크랩(scrap)〉, 종이 · 판지와 이들의 제품	0.1	0.5	2.9	5.4	0.0	8.5	2.9	0.0	0.0	0.6
11	방직용 섬유와 방직용 섬유의 제품	0.4	1.2	6.5	2.2	0.6	0.0	3.3	1.0	1.6	1.3
12	신발류 · 모자류 · 산류(傘類) · 지팡이 · 시트스틱(seat-stick) · 채찍 · 승마용 채찍과 이들의 부분품, 조제 깃털과 그 제품, 조화, 사람 머리카락으로 된 제품	0.0	0.5	0.1	0.0	0.0	0.0	2.2	0.0	0.0	0.5

〈표 4-11〉 세계의 상품군별 비관세조치 비중(각 비관세조치 대비, %)(계속)

HS	상품 분류	SPS	TBT	ADP	CV	SSG	SG	QR	TRQ	XS	합계
13	돌 · 플라스터(plaster) · 시멘트 · 석면 · 운모나 이와 유사한 재료의 제품, 도자제품, 유리와 유리제품	0.1	3.5	5.3	2.7	0.0	5.1	2.6	0.0	0.0	2.3
14	천연진주 · 양식진주 · 귀석 · 반귀석 · 귀금속 · 귀금속을 입힌 금속과 이들의 제품, 모조 신변장식용품, 주화	0.1	0.1	0.0	0.0	0.0	0.0	3.5	0.0	0.0	0.3
15	비금속(卑金屬)과 그 제품	0.1	3.8	34.5	46.2	0.0	28.8	3.7	0.0	0.0	3.7
16	기계 · 전기기기류와 이들의 부분품, 녹음기 · 음성재생기 · 텔레비전의 영상과 음향의 기록기 · 재생기와 이들의 부분품 · 부속품	0.6	11.1	6.7	7.5	0.0	0.0	7.8	0.0	0.0	7.1
17	차량 · 항공기 · 선박과 수송기기 관련품	0.1	3.3	1.8	2.2	0.0	1.7	4.6	0.0	0.0	2.2
18	광학기기 · 사진용 기기 · 영화용 기기 · 측정기기 · 검사기기 · 정밀기기 · 의료용 기기, 시계, 악기, 이들의 부분품과 부속품	0.1	3.7	1.0	0.0	0.0	0.0	5.0	0.0	0.0	2.4
19	무기 · 총포탄과 이들의 부분품과 부속품	0.0	0.1	0.0	0.0	0.0	0.0	4.2	0.0	0.0	0.3
20	잡품	0.1	4.2	1.7	1.1	0.0	0.0	4.4	0.0	0.0	2.7
21	예술품 · 수집품 · 골동품	0.0	0.1	0.0	0.0	0.0	0.0	2.8	0.0	0.0	0.2
	합계	100.0	100.0	100.0	100.0	100.0	100.0	100.0	100.0	100.0	100.0

자료: WTO I-TIP Goods data base, https://i-tip.wto.org/goods/default.aspx?language=en, 저자 정리.

〈표 4-12〉 세계의 상품군별 비관세조치 비중(각 상품군 기준, %)

HS	상품 분류	SPS	TBT	ADP	CV	SSG	SG	QR	TRQ	XS	합계
00	HS코드 상품 외	32.7	66.6	0.2	0.0	0.0	0.1	0.0	0.0	0.4	100.0
01	살아 있는 동물과 동물성 생산품	67.0	17.8	0.1	0.0	4.2	0.0	4.1	5.2	1.5	100.0
02	식물성 생산품	58.0	26.8	0.3	0.0	1.9	0.0	3.0	7.6	2.3	100.0
03	동물성 · 식물성 지방과 기름 및 이들의 분해생산물, 조제한 식용 지방과 동물성 · 식물성 납(蠟)	38.7	44.2	0.5	0.2	0.5	0.1	7.6	6.7	1.6	100.0
04	조제 식품류, 음료 · 주류 · 식초, 담배 · 제조한 담배 대용물	36.5	49.0	0.8	0.1	3.3	0.0	2.7	5.4	2.1	100.0
05	광물성 생산품	6.9	77.4	1.3	0.1	0.0	0.0	14.2	0.0	0.0	100.0
06	화학공업이나 연관공업의 생산품	21.1	53.0	9.2	0.6	0.1	0.0	15.2	0.4	0.3	100.0
07	플라스틱과 고무 제품류	8.9	75.4	9.3	0.5	0.0	0.1	5.7	0.0	0.0	100.0
08	원피 · 가죽 · 모피와 이들의 제품, 마구, 여행용구	20.6	30.2	0.4	0.0	0.0	0.0	48.8	0.0	0.0	100.0
09	목재와 그 제품, 목탄, 코르크와 그 제품, 짚 · 에스파르토(esparto)나 그 밖의 조물 재료의 제품, 바구니 세공물(basketware)과 지조세공물(枝條細工物)	25.0	51.8	4.2	0.4	0.0	0.3	18.3	0.0	0.0	100.0
10	목재나 그 밖의 섬유질 셀룰로오스 재료의 펄프, 회수한 종이 · 판지〈웨이스트(waste)와 스크랩(scrap)〉, 종이 · 판지와 이들의 제품	5.9	46.5	15.1	2.6	0.0	1.3	28.6	0.0	0.0	100.0
11	방직용 섬유와 방직용 섬유의 제품	9.4	53.8	16.9	0.5	0.5	0.0	16.1	1.8	1.0	100.0
12	신발류 · 모자류 · 산류(傘類) · 지팡이 · 시트스틱(seat-stick) · 채찍 · 승마용 채찍과 이들의 부분품, 조제 깃털과 그 제품, 조화, 사람 머리카락으로 된 제품	3.1	66.1	1.0	0.0	0.0	0.0	29.7	0.0	0.0	100.0

〈표 4-12〉 세계의 상품군별 비관세조치 비중(각 상품군 기준, %)(계속)

HS	상품 분류	SPS	TBT	ADP	CV	SSG	SG	QR	TRQ	XS	합계
13	돌 · 플라스터(plaster) · 시멘트 · 석면 · 운모나 이와 유사한 재료의 제품, 도자제품, 유리와 유리제품	1.0	83.8	7.5	0.3	0.0	0.2	7.0	0.0	0.0	100.0
14	천연진주 · 양식진주 · 귀석 · 반귀석 · 귀금속 · 귀금속을 입힌 금속과 이들의 제품, 모조 신변장식용품, 주화	7.1	19.6	0.0	0.0	0.0	0.0	73.4	0.0	0.0	100.0
15	비금속(卑金屬)과 그 제품	1.1	57.8	30.5	3.7	0.0	0.7	6.1	0.0	0.0	100.0
16	기계 · 전기기기류와 이들의 부분품, 녹음기 · 음성재생기 · 텔레비전의 영상과 음향의 기록기 · 재생기와 이들의 부분품 · 부속품	2.5	87.3	3.1	0.3	0.0	0.0	6.8	0.0	0.0	100.0
17	차량 · 항공기 · 선박과 수송기기 관련품	1.8	82.5	2.6	0.3	0.0	0.1	12.7	0.0	0.0	100.0
18	광학기기 · 사진용 기기 · 영화용 기기 · 측정기기 · 검사기기 · 정밀기기 · 의료용 기기, 시계, 악기, 이들의 부분품과 부속품	0.9	85.0	1.4	0.0	0.0	0.0	12.7	0.0	0.0	100.0
19	무기 · 총포탄과 이들의 부분품과 부속품	1.4	21.8	0.0	0.0	0.0	0.0	76.8	0.0	0.0	100.0
20	잡품	1.1	86.7	2.1	0.1	0.0	0.0	10.0	0.0	0.0	100.0
21	예술품 · 수집품 · 골동품	5.8	16.1	0.0	0.0	0.0	0.0	78.1	0.0	0.0	100.0
	합계	30.2	56.0	3.3	0.3	1.0	0.1	6.2	2.2	0.8	100.0

자료: WTO I-TIP Goods data base, https://i-tip.wto.org/goods/default.aspx?language=en, 저자 정리.

〈표 4-13〉 아세안의 상품군별 비관세조치 현황

HS	상품 분류	SPS	TBT	ADP	CV	SSG	SG	QR	TRQ	XS	합계
00	HS코드 상품 외	113	632	2	0	0	4	0	0	0	751
01	살아 있는 동물과 동물성 생산품	496	51	0	0	4	0	41	20	0	612
02	식물성 생산품	150	66	5	0	1	0	39	21	1	283
03	동물성 · 식물성 지방과 기름 및 이들의 분해생산물, 조제한 식용 지방과 동물성 · 식물성 납(蠟)	68	31	0	0	0	1	10	3	0	113
04	조제 식품류, 음료 · 주류 · 식초, 담배 · 제조한 담배 대용물	206	131	0	0	2	0	35	10	0	384
05	광물성 생산품	2	60	0	0	0	0	41	0	0	103
06	화학공업이나 연관공업의 생산품	26	131	5	0	0	1	107	0	0	270
07	플라스틱과 고무 제품류	3	116	17	0	0	0	27	0	0	163
08	원피 · 가죽 · 모피와 이들의 제품, 마구, 여행용구	7	0	0	0	0	0	15	0	0	22
09	목재와 그 제품, 목탄, 코르크와 그 제품, 짚 · 에스파르토(esparto)나 그 밖의 조물 재료의 제품, 바구니 세공물(basketware)과 지조세공물(枝條細工物)	5	31	0	0	0	0	18	0	0	54
10	목재나 그 밖의 섬유질 셀룰로오스 재료의 펄프, 회수한 종이 · 판지〈웨이스트(waste)와 스크랩(scrap)〉, 종이 · 판지와 이들의 제품	1	16	0	0	0	3	18	0	0	38
11	방직용 섬유와 방직용 섬유의 제품	2	13	6	0	0	0	25	1	0	47
12	신발류 · 모자류 · 산류(傘類) · 지팡이 · 시트스틱(seat-stick) · 채찍 · 승마용 채찍과 이들의 부분품, 조제 깃털과 그 제품, 조화, 사람 머리카락으로 된 제품	1	16	0	0	0	0	15	0	0	32

〈표 4-13〉 아세안의 상품군별 비관세조치 현황(계속)

HS	상품 분류	SPS	TBT	ADP	CV	SSG	SG	QR	TRQ	XS	합계
13	돌 · 플라스터(plaster) · 시멘트 · 석면 · 운모나 이와 유사한 재료의 제품, 도자제품, 유리와 유리제품	1	98	4	0	0	0	23	0	0	126
14	천연진주 · 양식진주 · 귀석 · 반귀석 · 귀금속 · 귀금속을 입힌 금속과 이들의 제품, 모조 신변장식용품, 주화	0	4	0	0	0	0	26	0	0	30
15	비금속(卑金屬)과 그 제품	0	131	90	0	0	9	21	0	0	251
16	기계 · 전기기기류와 이들의 부분품, 녹음기 · 음성재생기 · 텔레비전의 영상과 음향의 기록기 · 재생기와 이들의 부분품 · 부속품	26	315	0	0	0	0	42	0	0	383
17	차량 · 항공기 · 선박과 수송기기 관련품	1	64	0	0	0	0	43	0	0	108
18	광학기기 · 사진용 기기 · 영화용 기기 · 측정기기 · 검사기기 · 정밀기기 · 의료용 기기, 시계, 악기, 이들의 부분품과 부속품	2	82	0	0	0	0	25	0	0	109
19	무기 · 총포탄과 이들의 부분품과 부속품	0	1	0	0	0	0	38	0	0	39
20	잡품	1	104	0	0	0	0	39	0	0	144
21	예술품 · 수집품 · 골동품	0	1	0	0	0	0	16	0	0	17
	합계	1,111	2,094	129	0	7	18	664	55	1	4,079

자료: WTO I-TIP Goods data base, https://i-tip.wto.org/goods/default.aspx?language=en, 저자 정리.

〈표 4-14〉 아세안의 상품군별 비관세조치 비중(각 비관세조치 대비, %)

HS	상품 분류	SPS	TBT	ADP	CV	SSG	SG	QR	TRQ	XS	합계
00	HS코드 상품 외	10.2	30.2	1.6	-	0.0	22.2	0.0	0.0	0.0	18.4
01	살아 있는 동물과 동물성 생산품	44.6	2.4	0.0	-	57.1	0.0	6.2	36.4	0.0	15.0
02	식물성 생산품	13.5	3.2	3.9	-	14.3	0.0	5.9	38.2	100.0	6.9
03	동물성 · 식물성 지방과 기름 및 이들의 분해생산물, 조제한 식용 지방과 동물성 · 식물성 납(蠟)	6.1	1.5	0.0	-	0.0	5.6	1.5	5.5	0.0	2.8
04	조제 식품류, 음료 · 주류 · 식초, 담배 · 제조한 담배 대용물	18.5	6.3	0.0	-	28.6	0.0	5.3	18.2	0.0	9.4
05	광물성 생산품	0.2	2.9	0.0	-	0.0	0.0	6.2	0.0	0.0	2.5
06	화학공업이나 연관공업의 생산품	2.3	6.3	3.9	-	0.0	5.6	16.1	0.0	0.0	6.6
07	플라스틱과 고무 제품류	0.3	5.5	13.2	-	0.0	0.0	4.1	0.0	0.0	4.0
08	원피 · 가죽 · 모피와 이들의 제품, 마구, 여행용구	0.6	0.0	0.0	-	0.0	0.0	2.3	0.0	0.0	0.5
09	목재와 그 제품, 목탄, 코르크와 그 제품, 짚 · 에스파르토(esparto)나 그 밖의 조물 재료의 제품, 바구니 세공물(basketware)과 지조세공물(枝條細工物)	0.5	1.5	0.0	-	0.0	0.0	2.7	0.0	0.0	1.3
10	목재나 그 밖의 섬유질 셀룰로오스 재료의 펄프, 회수한 종이 · 판지〈웨이스트(waste)와 스크랩(scrap)〉, 종이 · 판지와 이들의 제품	0.1	0.8	0.0	-	0.0	16.7	2.7	0.0	0.0	0.9
11	방직용 섬유와 방직용 섬유의 제품	0.2	0.6	4.7	-	0.0	0.0	3.8	1.8	0.0	1.2
12	신발류 · 모자류 · 산류(傘類) · 지팡이 · 시트스틱(seat-stick) · 채찍 · 승마용 채찍과 이들의 부분품, 조제 깃털과 그 제품, 조화, 사람 머리카락으로 된 제품	0.1	0.8	0.0	-	0.0	0.0	2.3	0.0	0.0	0.8

〈표 4-14〉 아세안의 상품군별 비관세조치 비중(각 비관세조치 대비, %)(계속)

HS	상품 분류	SPS	TBT	ADP	CV	SSG	SG	QR	TRQ	XS	합계
13	돌 · 플라스터(plaster) · 시멘트 · 석면 · 운모나 이와 유사한 재료의 제품, 도자제품, 유리와 유리제품	0.1	4.7	3.1	-	0.0	0.0	3.5	0.0	0.0	3.1
14	천연진주 · 양식진주 · 귀석 · 반귀석 · 귀금속 · 귀금속을 입힌 금속과 이들의 제품, 모조 신변장식용품, 주화	0.0	0.2	0.0	-	0.0	0.0	3.9	0.0	0.0	0.7
15	비금속(卑金屬)과 그 제품	0.0	6.3	69.8	-	0.0	50.0	3.2	0.0	0.0	6.2
16	기계 · 전기기기류와 이들의 부분품, 녹음기 · 음성재생기 · 텔레비전의 영상과 음향의 기록기 · 재생기와 이들의 부분품 · 부속품	2.3	15.0	0.0	-	0.0	0.0	6.3	0.0	0.0	9.4
17	차량 · 항공기 · 선박과 수송기기 관련품	0.1	3.1	0.0	-	0.0	0.0	6.5	0.0	0.0	2.6
18	광학기기 · 사진용 기기 · 영화용 기기 · 측정기기 · 검사기기 · 정밀기기 · 의료용 기기, 시계, 악기, 이들의 부분품과 부속품	0.2	3.9	0.0	-	0.0	0.0	3.8	0.0	0.0	2.7
19	무기 · 총포탄과 이들의 부분품과 부속품	0.0	0.0	0.0	-	0.0	0.0	5.7	0.0	0.0	1.0
20	잡품	0.1	5.0	0.0	-	0.0	0.0	5.9	0.0	0.0	3.5
21	예술품 · 수집품 · 골동품	0.0	0.0	0.0	-	0.0	0.0	2.4	0.0	0.0	0.4
	합계	100.0	100.0	100.0	100.0	100.0	100.0	100.0	100.0	100.0	100.0

자료: WTO I-TIP Goods data base, https://i-tip.wto.org/goods/default.aspx?language=en, 저자 정리.

〈표 4-15〉 아세안의 상품군별 비관세조치 비중(각 상품군 기준, %)

HS	상품 분류	SPS	TBT	ADP	CV	SSG	SG	QR	TRQ	XS	합계
00	HS코드 상품 외	15.0	84.2	0.3	0.0	0.0	0.5	0.0	0.0	0.0	100.0
01	살아 있는 동물과 동물성 생산품	81.0	8.3	0.0	0.0	0.7	0.0	6.7	3.3	0.0	100.0
02	식물성 생산품	53.0	23.3	1.8	0.0	0.4	0.0	13.8	7.4	0.4	100.0
03	동물성·식물성 지방과 기름 및 이들의 분해생산물, 조제한 식용 지방과 동물성·식물성 납(蠟)	60.2	27.4	0.0	0.0	0.0	0.9	8.8	2.7	0.0	100.0
04	조제 식품류, 음료·주류·식초, 담배·제조한 담배 대용물	53.6	34.1	0.0	0.0	0.5	0.0	9.1	2.6	0.0	100.0
05	광물성 생산품	1.9	58.3	0.0	0.0	0.0	0.0	39.8	0.0	0.0	100.0
06	화학공업이나 연관공업의 생산품	9.6	48.5	1.9	0.0	0.0	0.4	39.6	0.0	0.0	100.0
07	플라스틱과 고무 제품류	1.8	71.2	10.4	0.0	0.0	0.0	16.6	0.0	0.0	100.0
08	원피·가죽·모피와 이들의 제품, 마구, 여행용구	31.8	0.0	0.0	0.0	0.0	0.0	68.2	0.0	0.0	100.0
09	목재와 그 제품, 목탄, 코르크와 그 제품, 짚·에스파르토(esparto)나 그 밖의 조물 재료의 제품, 바구니 세공물(basketware)과 지조세공물(枝條細工物)	9.3	57.4	0.0	0.0	0.0	0.0	33.3	0.0	0.0	100.0
10	목재나 그 밖의 섬유질 셀룰로오스 재료의 펄프, 회수한 종이·판지〈웨이스트(waste)와 스크랩(scrap)〉, 종이·판지와 이들의 제품	2.6	42.1	0.0	0.0	0.0	7.9	47.4	0.0	0.0	100.0
11	방직용 섬유와 방직용 섬유의 제품	4.3	27.7	12.8	0.0	0.0	0.0	53.2	2.1	0.0	100.0
12	신발류·모자류·산류(傘類)·지팡이·시트스틱(seat-stick)·채찍·승마용 채찍과 이들의 부분품, 조제 깃털과 그 제품, 조화, 사람 머리카락으로 된 제품	3.1	50.0	0.0	0.0	0.0	0.0	46.9	0.0	0.0	100.0

〈표 4-15〉 아세안의 상품군별 비관세조치 비중(각 상품군 기준, %)(계속)

HS	상품 분류	SPS	TBT	ADP	CV	SSG	SG	QR	TRQ	XS	합계
13	돌 · 플라스터(plaster) · 시멘트 · 석면 · 운모나 이와 유사한 재료의 제품, 도자제품, 유리와 유리제품	0.8	77.8	3.2	0.0	0.0	0.0	18.3	0.0	0.0	100.0
14	천연진주 · 양식진주 · 귀석 · 반귀석 · 귀금속 · 귀금속을 입힌 금속과 이들의 제품, 모조 신변장식용품, 주화	0.0	13.3	0.0	0.0	0.0	0.0	86.7	0.0	0.0	100.0
15	비금속(卑金屬)과 그 제품	0.0	52.2	35.9	0.0	0.0	3.6	8.4	0.0	0.0	100.0
16	기계 · 전기기기류와 이들의 부분품, 녹음기 · 음성재생기 · 텔레비전의 영상과 음향의 기록기 · 재생기와 이들의 부분품 · 부속품	6.8	82.2	0.0	0.0	0.0	0.0	11.0	0.0	0.0	100.0
17	차량 · 항공기 · 선박과 수송기기 관련품	0.9	59.3	0.0	0.0	0.0	0.0	39.8	0.0	0.0	100.0
18	광학기기 · 사진용 기기 · 영화용 기기 · 측정기기 · 검사기기 · 정밀기기 · 의료용 기기, 시계, 악기, 이들의 부분품과 부속품	1.8	75.2	0.0	0.0	0.0	0.0	22.9	0.0	0.0	100.0
19	무기 · 총포탄과 이들의 부분품과 부속품	0.0	2.6	0.0	0.0	0.0	0.0	97.4	0.0	0.0	100.0
20	잡품	0.7	72.2	0.0	0.0	0.0	0.0	27.1	0.0	0.0	100.0
21	예술품 · 수집품 · 골동품	0.0	5.9	0.0	0.0	0.0	0.0	94.1	0.0	0.0	100.0
	합계	27.2	51.3	3.2	0.0	0.2	0.4	16.3	1.3	0.0	100.0

자료: WTO I-TIP Goods data base, https://i-tip.wto.org/goods/default.aspx?language=en, 저자 정리.

세안의 비관세조치 현황은 향후 아세안이 비관세조치를 시행하는 데 있어 좀 더 적극적으로 TBT의 활용을 늘리고, 반대로 QR에 대한 의존성을 줄이는 것이 필요함을 시사한다.

6. 비관세조치 추이

다음은 시간의 흐름에 따른 아세안의 비관세조치의 변화 추이를 살펴보고자 한다. 우선 아세안 전체 차원에서 세계 및 미국, EU, 한중일 등 주요국과의 비교를 통해 비관세조치의 추이 및 특성을 알아보고, 아세안 개별국가들도 분석하고자 한다. 이를 통해 아세안 및 개별국가들의 비관세조치 관련 통상정책의 변화를 유추해볼 수 있을 것이다.

〈표 4-16〉과 〈그림 4-1〉은 2005~2016년 세계의 비관세조치 추이를 나타낸 것이다. XS는 WTO 출범 이후 10년이 지난 2005년 이후에는 실질적으로 금지되었기에 비관세조치에서 제외되었다. TRQ의 경우에도 2009년 3건, 2012년 2건, 2013년 4건 등 총 9건으로 실질적으로 거의 활용되지 않는 등 추이 분석에는 의미가 없어 그래프에서는 제외했다. 〈그림 4-1〉에서 보듯이 세계의 비관세조치는 2005년 이후 전반적으로 증가 추세에 있음을 알 수 있다. 2005년 2,463건이었던 비관세조치는 2016년 3,851건으로 56.4% 증가했다. 이러한 증가는 비관세조치 중에서도 특히 TBT의 증가가 두드러진 데서 기인한 것으로 보인다.

TBT의 경우 2005년 775건이었으나 2016년에는 2.5배 가까이 늘어난 1,898건을 기록했다. SPS도 2005년 659건에서 2016년 1,087건으로 64.9% 증가했다. ADP도 증가세인 것으로 보이는데 2005년 316건, 2016년 467건으로 47.8% 증가했다. CV도 건수 자체는 적지만 2005년 8건에서 2016년 59건으로 7배 가까이 증가했다. SG의 경우 2005년

〈표 4-16〉 세계의 비관세조치 현황

비관세조치	2005	2006	2007	2008	2009	2010	2011	2012	2013	2014	2015	2016	합계
SPS	659	906	869	942	835	1,122	1,047	891	997	1,201	1,305	1,087	11,861
TBT	775	893	1,049	1,287	1,604	1,560	1,366	1,716	1,746	1,622	1,700	1,898	17,216
ADP	316	344	268	340	349	310	274	323	443	391	414	467	4,239
CV	8	11	13	25	37	29	35	31	42	56	44	59	390
SSG	154	163	146	130	133	93	101	99	40	22	3		1,084
SG	13	15	12	14	29	23	20	28	24	36	33	17	264
QR	538	527	517	507	500	492	455	541	67	227	12	323	4,706
TRQ					3			2	4				9
합계	2,463	2,859	2,874	3,245	3,490	3,629	3,298	3,631	3,363	3,555	3,511	3,851	39,769

자료: WTO I-TIP Goods data base, https://i-tip.wto.org/goods/default.aspx?language=en, 저자 정리.

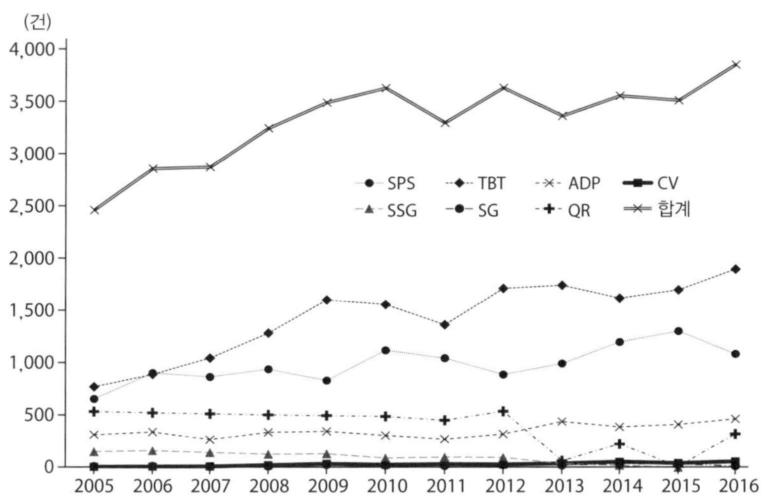

〈그림 4-1〉 세계의 비관세조치 추이

자료: WTO I-TIP Goods data base, https://i-tip.wto.org/goods/default.aspx?language=en, 저자 정리.

13건에서 2015년 33건으로 증가 추세다. 이에 반해 SSG와 QR은 각각 2005년 154건, 538건에서 2015년 3건, 12건으로 크게 감소했다.

위에서 보았듯이 세계의 비관세조치의 증가세는 주로 TBT, SPS, ADP, CV 등의 증가와 관련이 있고, 그중에서도 TBT의 증가가 직접적으로 영향을 미친 것으로 보인다. 이는 TBT와 SPS의 경우 직접적인 무역의 제한조치라기보다는 기술적 요건, 표준, 위생 및 보건과 관련된 조치로서 WTO 체제에서도 정부가 그 조치의 시행이 용이하고 제재를 받는 경우가 거의 없다는 점에서 비관세조치로 선호되고 있는 것으로 보인다. 또한 ADP, CV의 경우에도 상대 수출국의 불공정무역행위에 대한 자구적 조치로 인정되는 성격을 갖고 있기 때문에 상대적으로 그 시행에 있어 유리한 부분이 있다. 이에 반해 SG, SSG, QR 등은 WTO에서 제한 또는 금지하는 추세가 강하고 원칙적으로 이들 조치의 시행으로 인해 발생할 수 있는 상대 수출국의 피해를 사후적으로 보상해야 되는 책임이 있기 때문에 그 시행에 있어 어려움이 따른다고 할 수 있다.

주요국별로 살펴보면 선진국인 미국, EU, 일본, 캐나다, 호주, 한국 등은 국가별로 조금씩 다른 특성을 보여주고 있지만 몇 가지 공통점을 찾아볼 수 있다. 〈표 4-17〉~〈표 4-22〉와 〈그림 4-2〉~〈그림 4-7〉은 2005~2016년 위 선진국들의 비관세조치 추이를 나타낸 것이다. 먼저 비관세조치 총 건수로는 2016년에 들어서서 모든 선진국에서 증가하는 양상을 나타냈다. 특히 미국, EU, 한국의 경우는 TBT의 증가가, 일본, 캐나다는 SPS의 증가가 주도한 것으로 나타났다. TBT의 경우 미국은 2005년 71건에서 2016년 106건으로, EU는 22건에서 100건으로, 한국은 19건에서 69건으로 급증했다. SPS의 경우 일본은 2005년 22건에서 2016년 59건으로, 캐나다는 18건에서 89건으로 급증했다. ADP의 경우 미국, 캐나다, 호주가 눈에 띄는데 미국은 2005년

〈표 4-17〉 미국의 비관세조치 현황

비관세조치	2005	2006	2007	2008	2009	2010	2011	2012	2013	2014	2015	2016	합계
SPS	171	300	208	119	22	101	83	66	35	44	41	48	1,238
TBT	71	62	100	100	54	84	53	81	65	19	53	106	848
ADP	8	7	26	14	20	3	15	10	30	4	7	37	181
CV	2	3	7	6	14	3	9	31	15	9	6	16	121
SSG													0
SG													0
QR								14		17		28	59
TRQ													0
합계	252	372	341	239	110	191	160	202	145	93	107	235	2,447

자료: WTO I-TIP Goods data base, https://i-tip.wto.org/goods/default.aspx?language=en, 저자 정리.

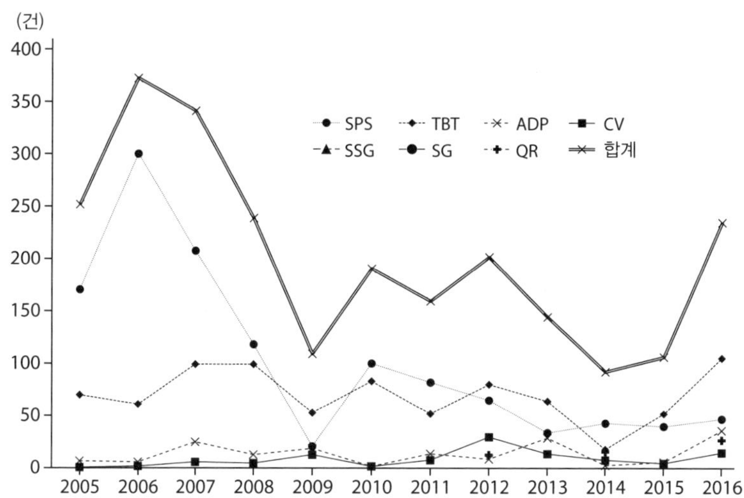

〈그림 4-2〉 미국의 비관세조치 추이

자료: WTO I-TIP Goods data base, https://i-tip.wto.org/goods/default.aspx?language=en, 저자 정리.

〈표 4-18〉 EU의 비관세조치 현황

비관세조치	2005	2006	2007	2008	2009	2010	2011	2012	2013	2014	2015	2016	합계
SPS	26	22	16	12	20	19	16	20	21	21	15	14	222
TBT	22	41	35	64	45	32	39	78	93	73	74	100	696
ADP	22	35	10	18	15	17	19	13	3	4	8	14	178
CV	2	1		2	6	4	4	6	4	1	1	1	32
SSG	16	16	22	22	22	22	21	20	17				178
SG													0
QR	1			1	2		1	1	4	1		6	17
TRQ													0
합계	89	115	83	119	110	94	100	138	142	100	98	135	1,323

자료: WTO I-TIP Goods data base, https://i-tip.wto.org/goods/default.aspx?language=en, 저자 정리.

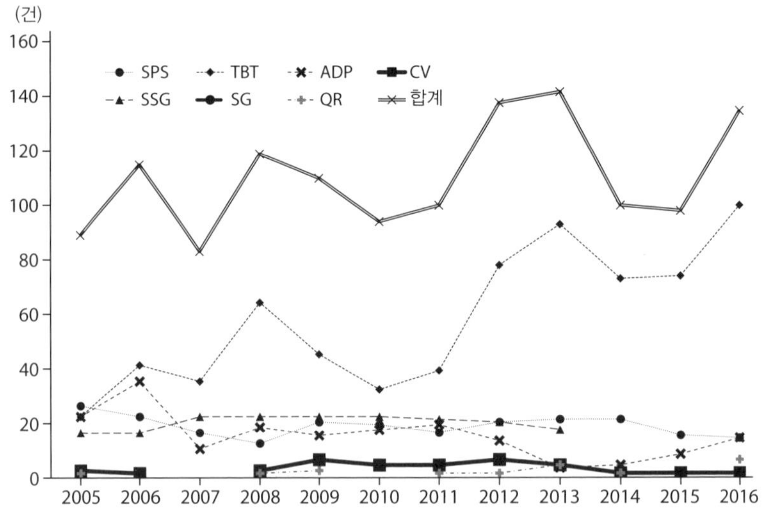

〈그림 4-3〉 EU의 비관세조치 추이

자료: WTO I-TIP Goods data base, https://i-tip.wto.org/goods/default.aspx?language=en, 저자 정리.

〈표 4-19〉 일본의 비관세조치 현황

비관세조치	2005	2006	2007	2008	2009	2010	2011	2012	2013	2014	2015	2016	합계
SPS	22	21	26	20	17	19	14	17	18	57	50	59	340
TBT	27	32	45	52	31	21	24	31	35	17	20	21	356
ADP			4					1				1	6
CV													0
SSG	1	1	1	1	1	2	4	2					13
SG													0
QR						4		38				43	85
TRQ													0
합계	50	54	76	73	49	46	42	89	53	74	70	124	800

자료: WTO I-TIP Goods data base, https://i-tip.wto.org/goods/default.aspx?language=en, 저자 정리.

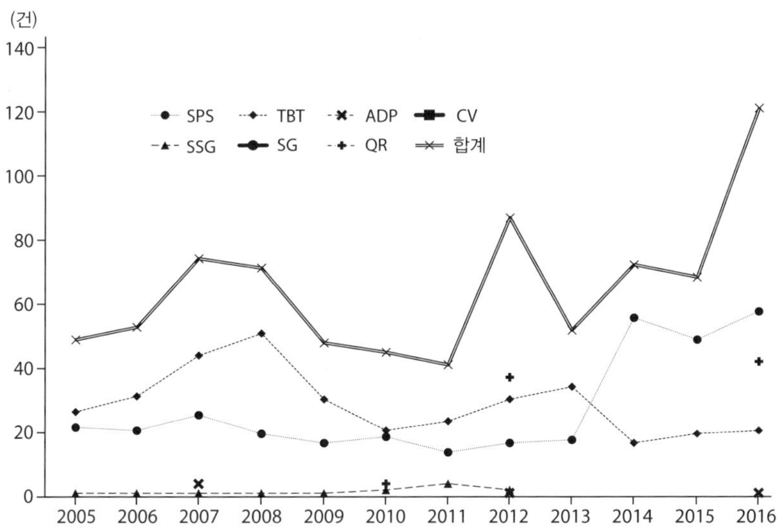

〈그림 4-4〉 일본의 비관세조치 추이

자료: WTO I-TIP Goods data base, https://i-tip.wto.org/goods/default.aspx?language=en, 저자 정리.

〈표 4-20〉 캐나다의 비관세조치 현황

비관세조치	2005	2006	2007	2008	2009	2010	2011	2012	2013	2014	2015	2016	합계
SPS	18	21	30	65	37	98	63	62	136	99	69	89	787
TBT	37	34	34	29	26	23	22	21	16	17	16	17	292
ADP	1	7	1	1	5	1	2	3	10		2	11	44
CV	1	2	1	1	1	1	2	4	1	10	2	1	27
SSG													0
SG	2												2
QR												22	22
TRQ													0
합계	59	64	66	96	69	123	89	90	163	126	89	140	1,174

자료: WTO I-TIP Goods data base, https://i-tip.wto.org/goods/default.aspx?language=en, 저자 정리.

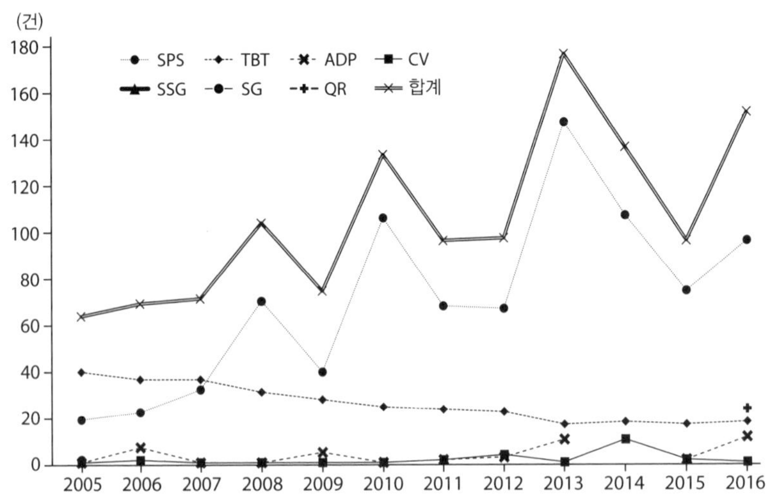

〈그림 4-5〉 캐나다의 비관세조치 추이

자료: WTO I-TIP Goods data base, https://i-tip.wto.org/goods/default.aspx?language=en, 저자 정리.

〈표 4-21〉 호주의 비관세조치 현황

비관세조치	2005	2006	2007	2008	2009	2010	2011	2012	2013	2014	2015	2016	합계
SPS	22	14	13	6	10	11	19	23	16	19	22	30	205
TBT	8	8	7	3		1	3	1	11	2	1	2	47
ADP	5	7	2	2	8	7	17	7	7	9	5	17	93
CV		1		2	1	1	2	2			1	8	18
SSG													0
SG			1						2				3
QR				4	4			118					126
TRQ													0
합계	35	30	23	17	23	20	41	151	36	30	29	57	492

자료: WTO I-TIP Goods data base, https://i-tip.wto.org/goods/default.aspx?language=en, 저자 정리.

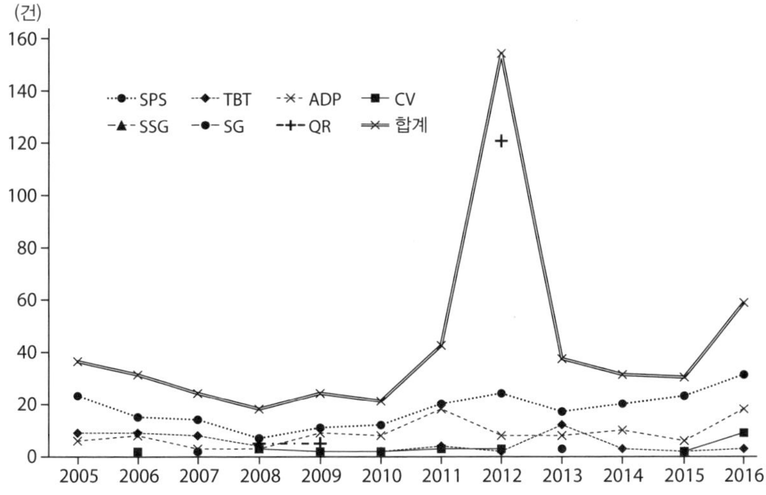

〈그림 4-6〉 호주의 비관세조치 추이

자료: WTO I-TIP Goods data base, https://i-tip.wto.org/goods/default.aspx?language=en, 저자 정리.

〈표 4-22〉 한국의 비관세조치 현황

비관세조치	2005	2006	2007	2008	2009	2010	2011	2012	2013	2014	2015	2016	합계
SPS	21	25	45	34	40	25	18	34	28	21	34	30	355
TBT	19	29	37	33	51	42	43	69	39	73	62	69	566
ADP	3	3	14	5		3		2		3	1	4	38
CV													0
SSG													0
SG													0
QR	1	1											2
TRQ													0
합계	44	58	96	72	91	70	61	105	67	97	97	103	961

자료: WTO I-TIP Goods data base, https://i-tip.wto.org/goods/default.aspx?language=en, 저자 정리.

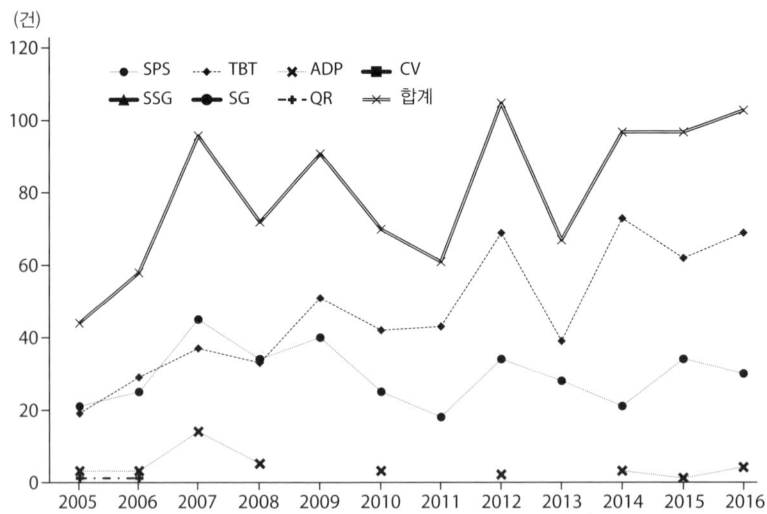

〈그림 4-7〉 한국의 비관세조치 추이

자료: WTO I-TIP Goods data base, https://i-tip.wto.org/goods/default.aspx?language=en, 저자 정리.

8건에서 2016년 37건으로, 캐나다는 1건에서 11건으로, 호주는 5건에서 17건으로 급증했다. 선진국 중에서 EU와 한국은 TBT의 증가가 두드러진 데 비해 일본, 캐나다는 SPS의 증가가 두드러진다. 미국은 TBT의 증가도 뚜렷하지만 최근 ADP도 급증했다.

특히 주목되는 점은 2012년을 정점으로 하락세이던 TBT 및 SPS의 증가세가 2015년 이후 다시 커지고 있다는 것이다. 최근 선진국의 비관세조치 증가는 경제위기 및 세계경제 침체의 장기화와 이에 따른 자국 산업의 보호기조 및 보호무역주의의 강화 등에 기인한 것으로 보인다. 오히려 글로벌 금융위기 직후인 2009년에는 비관세조치가 감소하는 것을 볼 수 있는데 이는 경제위기 확산과 보호무역주의 대두를 막기 위한 주요국의 공조와 협력이 어느 정도 주효했음을 의미한다. 하지만 최근 들어 비관세조치가 다시 급증하고 있는 것은 2011년 시작된 EU의 재정위기 및 보호무역주의에 대응하는 국제 공조 및 협력이 사실상 실패했음을 의미한다. 이에 따라 주요국이 자국 산업의 보호를 위한 자구 차원에서 비관세조치를 적극적으로 활용하고 있는 것으로 볼 수 있다.

다음으로 〈표 4-23〉~〈표 4-25〉와 〈그림 4-8〉~〈그림 4-10〉은 2005~2016년 중국, 인도, 브라질 등 주요 개도국의 비관세조치 추이를 나타낸 것이다. 중국, 인도, 브라질 등 주요 개도국의 경우를 살펴보면 비관세조치 건수로는 증가 추세를 보이고 있음을 알 수 있다. 중국은 2005년 147건에서 2015년 365건으로, 인도는 40건에서 114건으로, 브라질은 78건에서 161건으로 증가했다. 중국의 경우 TBT가 2005년 106건, 2008년 179건, 2009년 200건으로 초기에는 TBT를 많이 시행했으나 2010년 이후에는 TBT 시행건수가 감소하고 있음을 알 수 있다. 인도는 TBT 건수가 많지 않고 브라질은 거의 초기와 비슷한 수준인 것을 볼 수 있다.

〈표 4-23〉 중국의 비관세조치 현황

비관세조치	2005	2006	2007	2008	2009	2010	2011	2012	2013	2014	2015	2016	합계
SPS	15	4	4	7	82	54	161	25	88	67	338	12	857
TBT	106	62	89	179	200	61	87	68	80	45	27	24	1,028
ADP	24	10	4	14	17	8	5	9	11	2		5	109
CV					3	1		2	1			1	8
SSG													0
SG													0
QR	2			4	4	2	4	2		28			46
TRQ													0
합계	147	76	97	204	306	126	257	106	180	142	365	42	2,048

자료: WTO I-TIP Goods data base, https://i-tip.wto.org/goods/default.aspx?language=en, 저자 정리.

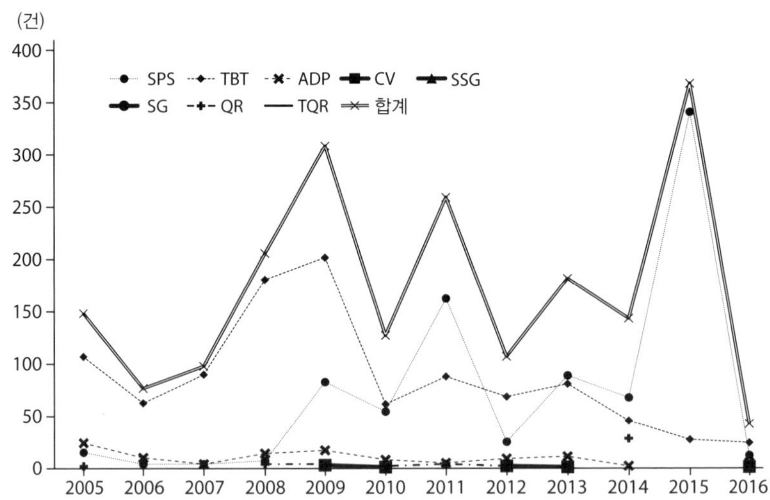

〈그림 4-8〉 중국의 비관세조치 추이

자료: WTO I-TIP Goods data base, https://i-tip.wto.org/goods/default.aspx?language=en, 저자 정리.

〈표 4-24〉 인도의 비관세조치 현황

비관세조치	2005	2006	2007	2008	2009	2010	2011	2012	2013	2014	2015	2016	합계
SPS	16	17	2	4	2	3		3	1	9	23	39	119
TBT	2	11	10	5	2	2		3	2		5	4	46
ADP	22	30	44	53	31	41	19	18	8	2	12	69	349
CV					1							1	2
SSG													0
SG				1	8	1	1		3	5		1	20
QR								58	1				59
TRQ													0
합계	40	58	56	63	44	47	20	82	15	16	40	114	595

자료: WTO I-TIP Goods data base, https://i-tip.wto.org/goods/default.aspx?language=en, 저자 정리.

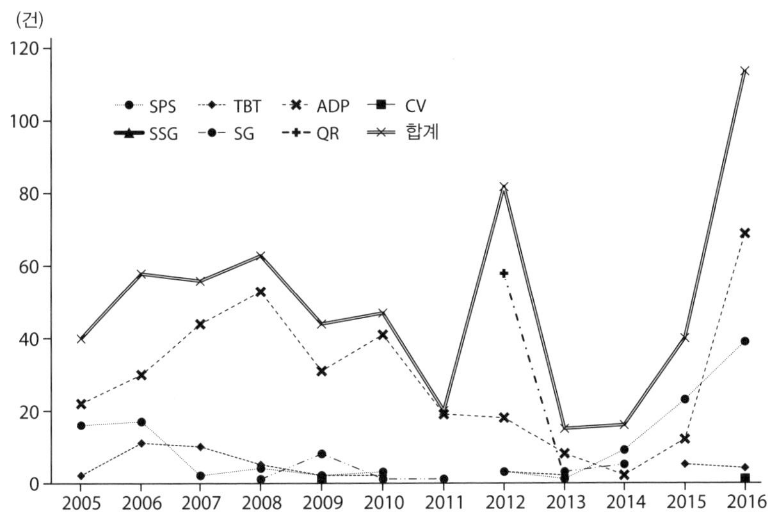

〈그림 4-9〉 인도의 비관세조치 추이

자료: WTO I-TIP Goods data base, https://i-tip.wto.org/goods/default.aspx?language=en, 저자 정리.

〈표 4-25〉 브라질의 비관세조치 현황

비관세조치	2005	2006	2007	2008	2009	2010	2011	2012	2013	2014	2015	2016	합계
SPS	38	116	78	73	54	63	39	36	40	91	65	112	805
TBT	34	28	28	48	38	50	31	66	46	47	38	39	493
ADP	6	12	13	24	9	37	16	47	28	15	12	9	228
CV			1				3	1	2			1	8
SSG													0
SG				1				1					2
QR													0
TRQ													0
합계	78	156	120	146	101	150	89	151	116	153	115	161	1,536

자료: WTO I-TIP Goods data base, https://i-tip.wto.org/goods/default.aspx?language=en, 저자 정리.

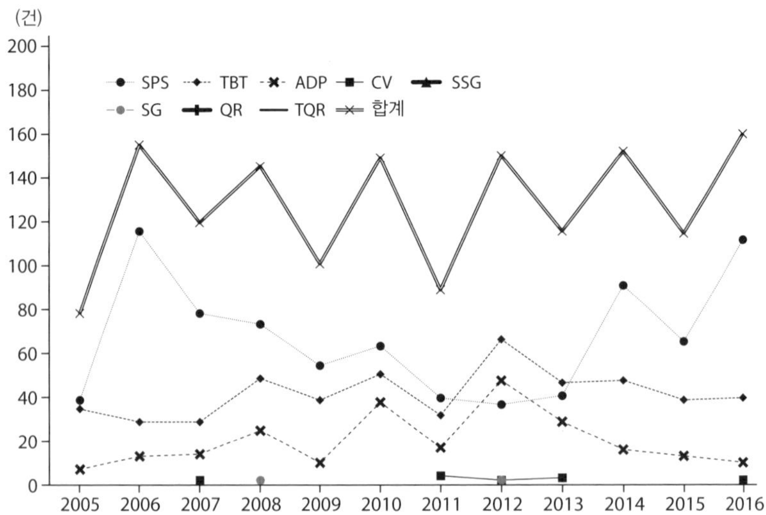

〈그림 4-10〉 브라질의 비관세조치 추이

자료: WTO I-TIP Goods data base, https://i-tip.wto.org/goods/default.aspx?language=en, 저자 정리.

〈표 4-26〉 한중일의 비관세조치 현황

비관세조치	2005	2006	2007	2008	2009	2010	2011	2012	2013	2014	2015	2016	합계
SPS	58	50	75	61	139	98	193	76	134	145	422	101	1,552
TBT	152	123	171	264	282	124	154	168	154	135	109	114	1,950
ADP	27	13	22	19	17	11	5	12	11	5	1	10	153
CV					3	1		2	1			1	8
SSG	1	1	1	1	1	2	4	2					13
SG													0
QR	3	1		4	4	6	4	40		28		43	133
TRQ													0
합계	241	188	269	349	446	242	360	300	300	313	532	269	3,809

자료: WTO I-TIP Goods data base, https://i-tip.wto.org/goods/default.aspx?language=en, 저자 정리.

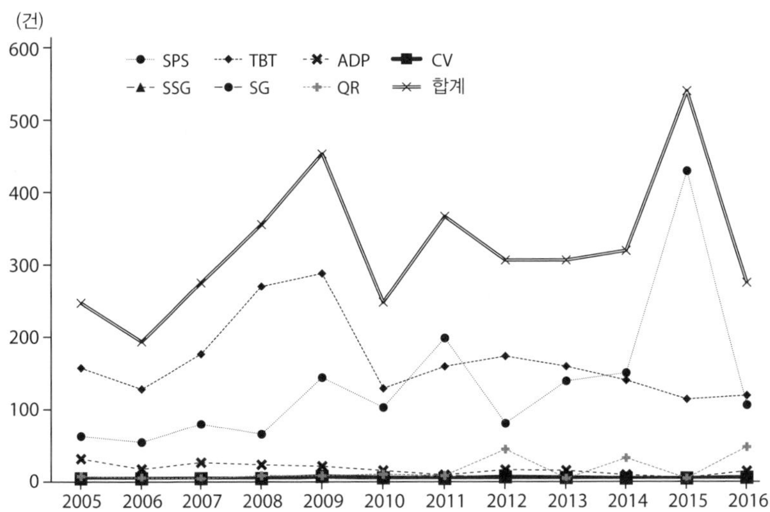

〈그림 4-11〉 한중일의 비관세조치 추이

자료: WTO I-TIP Goods data base, https://i-tip.wto.org/goods/default.aspx?language=en, 저자 정리.

특히 중국과 브라질은 최근 들어 TBT보다는 SPS를, 인도는 ADP를 많이 시행함을 알 수 있다. 특히 중국은 2015년 SPS 건수가 338건으로, 인도는 2016년 ADP가 69건으로, 브라질은 2016년 SPS가 112건으로 급증했다. 이러한 추세가 지속될지는 더 살펴봐야겠지만 최근의 이러한 급증세는 위에서 언급한 세계경제 위기의 지속 및 경기침체의 장기화와 이에 따른 이들 국가의 보호무역주의의 강화라는 부분과 무관치 않아 보인다.

아세안 전체 및 아세안 개별국의 경우는 〈표 4-27〉~〈표 4-33〉과 〈그림 4-12〉~〈그림 4-18〉을 통해 살펴볼 수 있다. 아세안 전체 차원에서 비관세조치의 추이와 그 특성을 살펴보면 우선 전체 비관세조치 건수를 보면 2005년 83건에서 2016년 141건으로 증가했고, 특히 2011년 EU 재정위기 이후 2014년을 제외하면 증가세가 계속되고 있는 것으로 보인다. 이는 아세안이 비관세조치의 시행에 있어 다른 주요국의 추이와 크게 다르지 않다는 것을 의미한다. 또한 비관세조치 중 TBT의 비중이 가장 높지만 2010년 83건으로 정점을 기록한 후 그 수치를 회복하지 못하고 있다. 반면 SPS는 2011년 단 3건이었지만 2016년 29건으로 급증하는 등 TBT와는 상반된 모습을 보이고 있다. ADP의 경우에도 2010년 5건에서 2016년 21건으로 크게 증가했다. 아세안이 다른 주요국과 다른 특징 중 하나는 QR 건수가 상당히 많다는 점이다. 2005년 8건에서 2009년 0건, 2010년 2건으로 감소했으나 다시 증가해 2016년 52건으로 급증했다.

이러한 QR의 증가는 아세안이 WTO에서 제한하고 있는 수입 수량제한에 최근까지도 의존하는 경향이 있음을 의미한다고 할 수 있다. 개도국은 선진국에 비해 자국 산업의 보호를 위해 QR을 많이 활용한다는 점에서 아세안의 개도국 특성이 반영된 것으로 볼 수 있다. 또한 최근 TBT보다도 SPS 및 ADP의 건수가 증가하는 것은 위에서 살펴본 중국, 인도, 브라질 등 주요 개도국의 상황과 유사한 것으로 보인다. 이렇듯 아세안의 비관세조치 추이는 세계적 추이에서 크게 벗어나지 않으면서 개도국의 특성을 갖는 동시에 주요 3개 개도국과도 상이점을 나타내고 있다는 점에서 흥미롭다.

아세안 개별국을 살펴보면 우선 인도네시아는 비관세조치가 2005년 5건에 불과했지만 2012년 35건으로 급증하는 등 비관세조치를 상당히 적극적으로 활용하는 것으로 보인다. 이후 2016년 18건으로 감소 추세를 보이고 있다. 비관세조치 중 TBT 비중이 가장 높지만 SPS에 비해 ADP의 활용도가 두 번째로 높고 그 빈도수도 2013년 11건을 기록하는 등 지속되고 있다는 점이 특징이다. 또한 인도네시아의 SG의 시행건수는 총 22건으로 다른 아세안에 비해 상당히 많다는 점도 주목할 점이다. 이러한 특징은 인도네시아가 자국 산업의 보호를 위해 상당히 적극적이고 강하게 비관세조치를 시행한다는 것을 의미한다. ADP와 SG 모두 다른 비관세조치에 비해 보다 직접적으로 수입의 증가로 인해 국내 산업에 피해가 발생할 가능성이 크거나 발생했을 경우에 발동할 수 있는 수입제한조치이기 때문이다. 이러한 추이는 외국인직접투자 유치, 무역확대를 위한 시장개방을 추진하는 동시에 전통적으로 보호무역적 성격이 강한 인도네시아의 통상정책이 반영된 것이라고 할 수 있다.

말레이시아의 경우 2005년 2건에 불과했던 비관세조치가 2014년 22건으로 증가했다. 말레이시아는 인도네시아에 비해 시장개방과 무역확대를 위해 오랫동안 노력해왔기 때문에 건수도 적고 QR, TRQ 등의 수량제한적 비관세조치도 시행하지 않았다. TBT의 비중이 가장 높지만 ADP도 2012년 11건을 기록하는 등 적극적으로 활용하고 있다. SPS의 경우 2014년 6건, 2015년 3건으로 제한적으로 시행되고 있음을 알 수 있다.

〈표 4-27〉 아세안의 비관세조치 현황

비관세조치	2005	2006	2007	2008	2009	2010	2011	2012	2013	2014	2015	2016	합계
SPS	42	45	19	13	27	13	3	25	25	25	19	29	285
TBT	32	62	66	51	72	83	47	37	68	44	63	39	664
ADP		16	2	8	8	5	19	23	17	12	17	21	148
CV													0
SSG													0
SG	1	2		2	1	8	4	10	1		1		30
QR	8	11	8	4		2	6	10	4	19	12	52	136
TRQ													0
합계	83	136	95	78	108	111	79	105	115	100	112	141	1,263

자료: WTO I-TIP Goods data base, https://i-tip.wto.org/goods/default.aspx?language=en, 저자 정리.

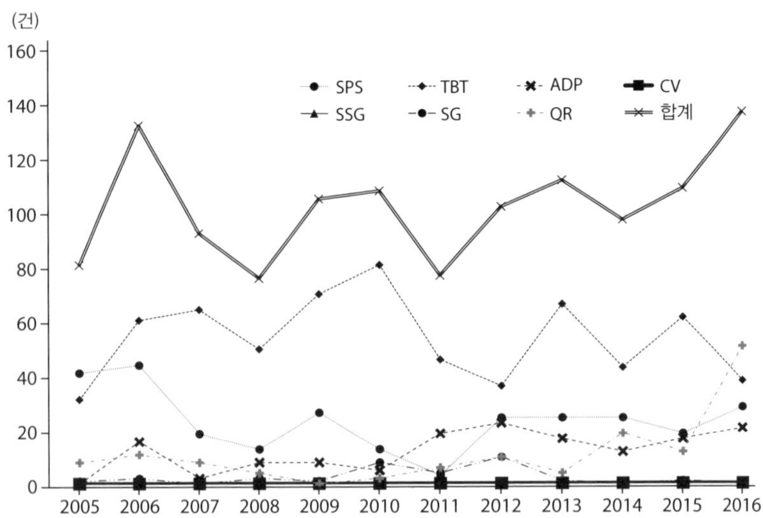

〈그림 4-12〉 아세안의 비관세조치 추이

자료: WTO I-TIP Goods data base, https://i-tip.wto.org/goods/default.aspx?language=en, 저자 정리.

〈표 4-28〉 인도네시아의 비관세조치 현황

비관세조치	2005	2006	2007	2008	2009	2010	2011	2012	2013	2014	2015	2016	합계
SPS	4	5	4	2	2	1		6	3	4	3	6	40
TBT		2	2	3	11	14	3	15	13	7	9	5	84
ADP		5		6	7	3	6	7	11	9	6	7	67
CV													0
SSG													0
SG	1	1		2		7	3	7			1		22
QR													0
TRQ													0
합계	5	13	6	13	20	25	12	35	27	20	19	18	213

자료: WTO I-TIP Goods data base, https://i-tip.wto.org/goods/default.aspx?language=en, 저자 정리.

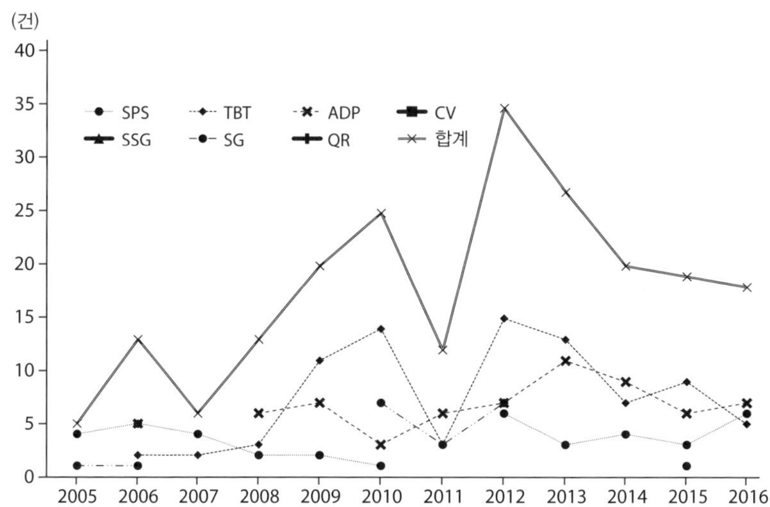

〈그림 4-13〉 인도네시아의 비관세조치 추이

자료: WTO I-TIP Goods data base, https://i-tip.wto.org/goods/default.aspx?language=en, 저자 정리.

〈표 4-29〉 말레이시아의 비관세조치 현황

비관세조치	2005	2006	2007	2008	2009	2010	2011	2012	2013	2014	2015	2016	합계
SPS					4					6	3		13
TBT	2	1	7	2		1	10	4	4	13	5	3	52
ADP		8						11	6	3	9		37
CV													0
SSG													0
SG							1						1
QR													0
TRQ													0
합계	2	9	7	2	4	1	11	15	10	22	17	3	103

자료: WTO I-TIP Goods data base, https://i-tip.wto.org/goods/default.aspx?language=en, 저자 정리.

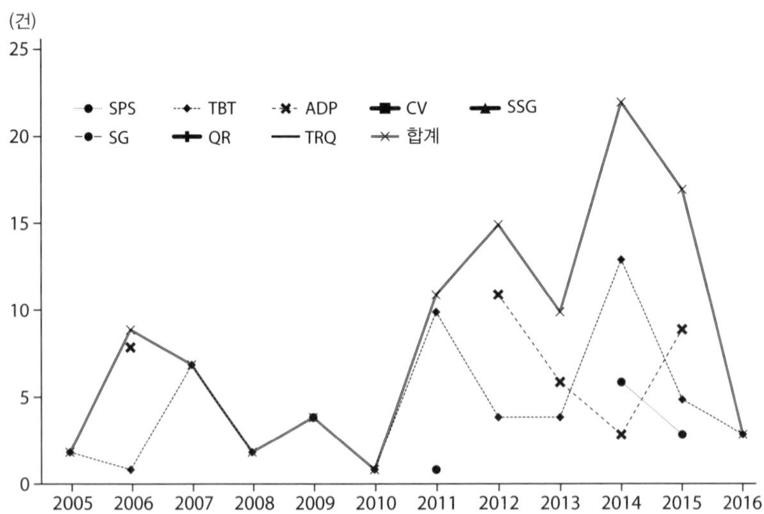

〈그림 4-14〉 말레이시아의 비관세조치 추이

자료: WTO I-TIP Goods data base, https://i-tip.wto.org/goods/default.aspx?language=en, 저자 정리.

〈표 4-30〉 필리핀의 비관세조치 현황

비관세조치	2005	2006	2007	2008	2009	2010	2011	2012	2013	2014	2015	2016	합계
SPS	17	19	5	2					1			10	54
TBT	8	31	18	8	20	29	3	3	14	11	6	3	154
ADP				1								1	2
CV													0
SSG													0
SG		1							1				2
QR		1								2	11		14
TRQ													0
합계	25	52	23	11	20	29	3	3	16	13	17	14	226

자료: WTO I-TIP Goods data base, https://i-tip.wto.org/goods/default.aspx?language=en, 저자 정리.

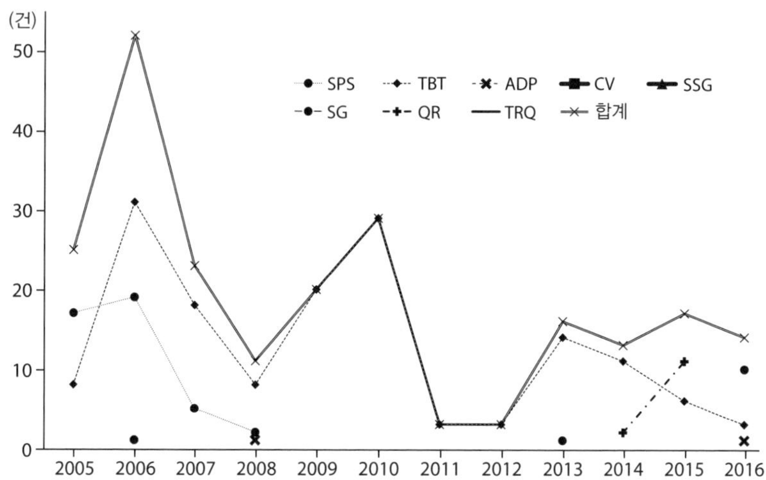

〈그림 4-15〉 필리핀의 비관세조치 추이

자료: WTO I-TIP Goods data base, https://i-tip.wto.org/goods/default.aspx?language=en, 저자 정리.

〈표 4-31〉 싱가포르의 비관세조치 현황

비관세조치	2005	2006	2007	2008	2009	2010	2011	2012	2013	2014	2015	2016	합계
SPS	4	2	2		1		1	2					12
TBT			1	3	1	1			4	1	1	3	15
ADP													0
CV													0
SSG													0
SG													0
QR	4	6	4			2	2		3	2	1	52	76
TRQ													0
합계	8	8	7	3	2	3	3	2	7	3	2	55	103

자료: WTO I-TIP Goods data base, https://i-tip.wto.org/goods/default.aspx?language=en, 저자 정리.

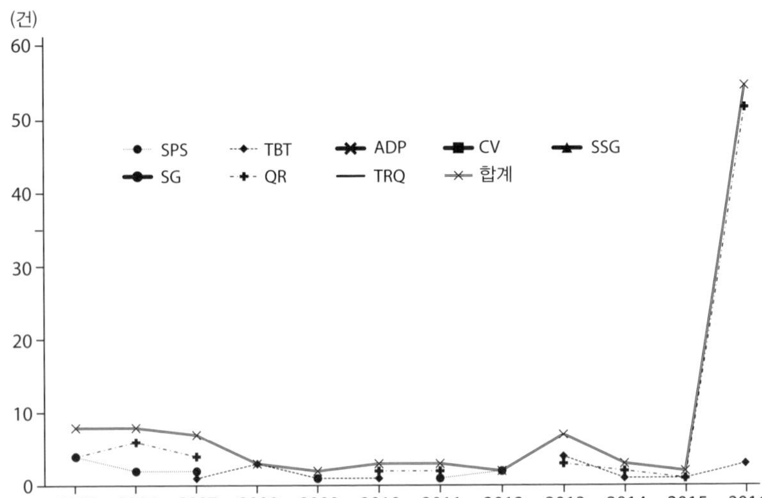

〈그림 4-16〉 싱가포르의 비관세조치 추이

자료: WTO I-TIP Goods data base, https://i-tip.wto.org/goods/default.aspx?language=en, 저자 정리.

〈표 4-32〉 태국의 비관세조치 현황

비관세조치	2005	2006	2007	2008	2009	2010	2011	2012	2013	2014	2015	2016	합계
SPS	17	19	8	7	9	7	2	7	9	3	7	5	100
TBT	22	28	37	31	37	32	26	13	20	8	20	19	293
ADP		3	2	1	1	2	13	5			2	10	39
CV													0
SSG													0
SG						1		2					3
QR	4	4	4	4			4	10	1	3			34
TRQ													0
합계	43	54	51	43	47	42	45	37	30	14	29	34	469

자료: WTO I-TIP Goods data base, https://i-tip.wto.org/goods/default.aspx?language=en, 저자 정리.

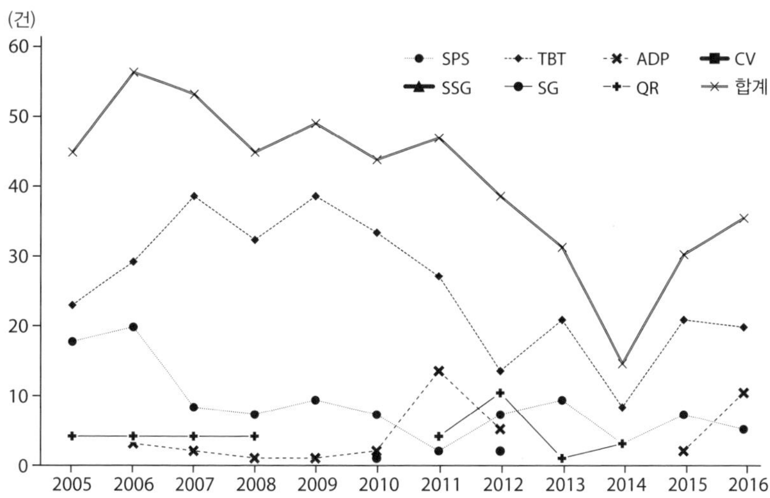

〈그림 4-17〉 태국의 비관세조치 추이

자료: WTO I-TIP Goods data base, https://i-tip.wto.org/goods/default.aspx?language=en, 저자 정리.

〈표 4-33〉 베트남의 비관세조치 현황

비관세조치	2005	2006	2007	2008	2009	2010	2011	2012	2013	2014	2015	2016	합계
SPS				2	11	5		10	11	12	6	8	65
TBT				4	3	4	5	2	13	3	21	6	61
ADP												3	3
CV													0
SSG													0
SG					1			1					2
QR													0
TRQ													0
합계	0	0	0	6	15	9	5	13	24	15	27	17	131

자료: WTO I-TIP Goods data base, https://i-tip.wto.org/goods/default.aspx?language=en, 저자 정리.

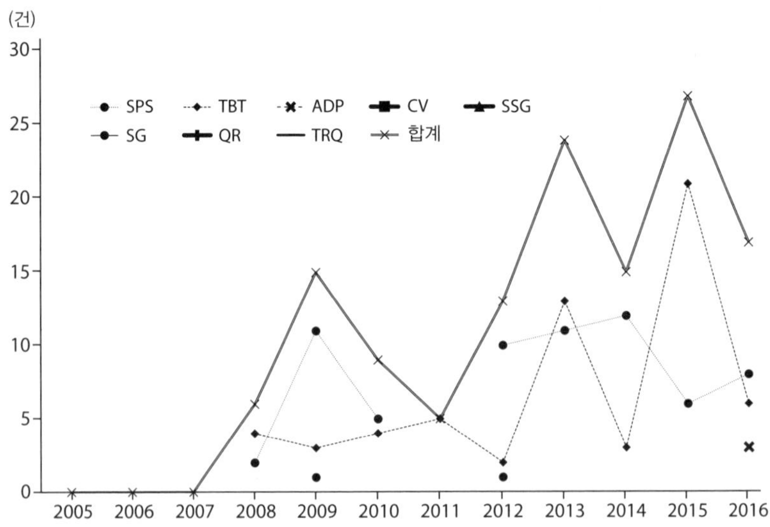

〈그림 4-18〉 베트남의 비관세조치 추이

자료: WTO I-TIP Goods data base, https://i-tip.wto.org/goods/default.aspx?language=en, 저자 정리.

필리핀은 2005년 25건으로 이미 비관세조치를 많이 시행하고 있었음을 알 수 있다. 2010년 29건으로 정점을 기록했고 이후 전체적으로 감소하는 추세다. 필리핀도 TBT가 대부분을 차지하고 있지만 ADP는 2008년과 2016년 각각 1건씩 2건, SG는 2006년과 2013년 각각 1건씩 2건만을 기록하는 등 인도네시아, 말레이시아와는 상당히 다른 특징을 나타내고 있다. SPS의 경우에도 2008년까지 매년 시행되다 2013년 1건, 2016년 10건 등으로 일관성 없이 간헐적으로 시행되고 있다. 또한 필리핀은 QR의 경우 2006년 1건, 2014년 2건, 2015년 11건을 시행하는 등 수량제한을 실시하는 개도국의 특성도 나타내고 있다.

싱가포르의 경우 SPS와 TBT에 비해 QR을 많이 시행해오고 있는 특성을 나타내고 있다. QR의 경우 2005년 4건을 시작으로 2008년, 2009년, 2012년을 제외하면 모두 시행하고 있고, 특히 2013년 이후에는 매년 시행했고 2016년은 52건으로 급증했다. 선진국으로 인정되는 싱가포르가 QR을 많이 시행하는 이유는 소도시 국가경제 및 소규모 개방경제의 특성상 자국 산업의 보호를 위해 보다 직접적인 수입제한이 필요하기 때문인 것으로 보인다.

태국은 아세안 중 가장 많이 비관세조치를 시행해온 국가로 2014년 14건으로 급락한 것을 제외하면 2005년 43건, 2011년 45건, 2016년 34건 등으로 비교적 비슷한 수준을 유지하고 있다. 2014년 SPS, TBT 건수가 각각 3건, 8건으로 크게 감소했으나 이후 다시 증가했다. ADP의 경우에도 총 39건으로 적지 않고 2005년, 2013년, 2014년을 제외하면 매년 ADP를 시행하고 있다. 특히 2016년 10건으로 급증했다. 또한 태국은 필리핀과 같이 QR도 2014년까지 꾸준히 시행해오는 등 자국 산업 보호를 위해 수량제한을 실시하는 개도국의 성격도 동시에 나타내고 있다.

마지막으로 베트남의 경우 2008년 6건이던 비관세조치 건수가

2013년 24건, 2015년 27건으로 증가했고 그중에서도 TBT의 증가세가 두드러진 것을 알 수 있다. ADP는 2016년 처음으로 3건이 시행되었는데 이는 베트남이 급격한 경제개발 과정에서 나타나는 국내 산업 약화의 부작용을 막기 위한 조치였다고 할 수 있다. 또한 베트남은 개도국임에도 불구하고 QR과 같은 개도국이 선호하는 비관세조치를 단 1건도 시행하지 않았는데 이는 베트남이 후발국임에도 불구하고 통상정책에 있어 WTO 체제하에서 시장개방과 무역확대를 위해 적극적으로 노력하고 있다는 점을 반영하는 것으로 볼 수 있다.

위에서 보았듯이 아세안 개별국들의 경우 비관세조치의 시행과 추이에 있어 적지 않은 차이점을 보이는데 이는 아세안 개별국들의 경제발전 수준, 소득 수준, 개방도, 개방의 속도 등에서 격차가 크고 각 개별국들이 선호하고 추구하는 통상정책의 목표와 방향도 상당히 다르다는 데서 기인하는 것으로 보인다. 이러한 통상정책의 차이점들은 향후 아세안이 하나의 경제공동체로 발전하기 위해 극복해야 할 과제라고도 할 수 있다.

7. 아세안의 특정무역현안

위에서 우리는 아세안의 비관세조치 현황 및 추이에 대해 세계 및 주요국과 비교해 살펴보았다. 통상정책을 추론함에 있어 비관세조치 그 자체에 대한 분석도 중요하지만, 특히 무역분쟁 또는 통상마찰과 관련해서는 비관세조치 중 상대국이 이의를 제기한 비관세조치가 더 중요할 것이다. 앞에서 언급했듯이 비관세조치 중 상대국이 이의를 제기한 비관세조치를 특정무역현안(Specific Trade Concern, 이하 STC)이라고 한다. STC에 대해 합의나 타협이 없을 경우 수입국과 수출국 간의 심각한 통상마찰 내지는 WTO 분쟁으로 악화될 우려가 있다는 점에서 실제로 아세안이 시행한 비관세조치 중 STC로 분류된 비관세조치에 대해 분석해볼 필요가 있을 것이다. 이를 통해 아세안의 비관세조치 중 그 영향을 받는 상대 국가가 공식적으로 이의를 제기할 정도로 이슈가 되는 사안이 어떤 것인지 알아보고, 이를 통해 아세안의 통상정책에 있어 비관세조치와 관련된 무역분쟁에 대해 좀 더 구체적으로 분석해볼 수 있을 것이다.

분석에 앞서 아세안의 STC 비중이 세계 기준으로 보았을 때 어느 정도 되는지 알아보도록 한다. 왜냐하면 STC 비중이 높다는 것은 그만큼 비관세조치로 인해 상대 국가가 이의를 많이 제기했다는 것이고 무역분쟁 가능성도 커지기 때문이다. 또한 비관세조치의 실행 시 STC 또는 무역분쟁으로 이어지지 않기 위한 통상 분야 전문성의 정도도 가늠해볼 수 있다.

〈표 4-34〉는 아세안과 세계 및 주요국의 비관세조치와 STC 건수, 그리고 비중을 정리한 것이다. 아세안의 총 비관세조치는 2,738건으로 이 중 STC로 제기된 것은 61건으로 2.23%를 차지한다. 이는 세계의 1.73%, 미국 1.51%, 일본 2.07%, 캐나다 0.84%, 호주 1.32% 등 주요 선진국 및 개도국 중 브라질 1.39%에 비해 높은 수준이다. EU 8.63%, 한국 2.45%, 중국 3.11%, 인도 5.60%에 비해서는 낮은 수준이다. 아세안6의 경우에는 그 비중이 2.10%로 더 낮아지지만 CLMV는 3.76%로 한국과 중국보다도 높다. 이러한 아세안의 STC 비중은 비관세조치를 시행하는 데 있어 상대 국가의 문제제기와 더 나아가 무역분쟁을 야기하지 않기 위한 사전적 노력이 더 필요함을 의미한다고 할 수 있다. 특히 향후 CLMV의 시장개방의 진전과 비관세조치의 활용빈도가 높아질 경우 STC 비중이 더 높아질 가능성도 배제할 수 없다. CLMV의 비관세조치가 합리적이고 수용 가능한 조치가 되도록 하기 위한 관련 역

〈표 4-34〉 아세안과 세계 주요국의 STC 비중

구분	비관세조치 건수(A)	STC 건수(B)	비중(B/A), %
세계	44,034	760	1.73
미국	5,115	77	1.51
EU	1,969	170	8.63
일본	1,448	30	2.07
캐나다	1,915	16	0.84
호주	832	11	1.32
한국	1,592	39	2.45
중국	2,538	79	3.11
인도	661	37	5.60
브라질	2,230	31	1.39
아세안	2,738	61	2.23
아세안6	2,525	53	2.10
CLMV	213	8	3.76

자료: WTO I-TIP Goods data base, https://i-tip.wto.org/goods/default.aspx?language=en, 저자 정리.

내 국가들 간의 협력과 지원이 필요할 것으로 보인다.

한편 아세안 개별국의 STC 비중은 〈표 4-35〉에서 볼 수 있다. 아세안 개별국 차원에서는 비관세조치 중 제기된 STC 비중이 국가별로 상이하다는 것을 알 수 있다. 브루나이, 캄보디아, 라오스, 미얀마는 비관세조치 건수가 많지 않고 STC 제기건수도 전무하다. 필리핀, 싱가포르, 태국은 STC 비중은 각각 0.46%, 0.40%, 1.26%로 아세안의 2.23%, 세계의 1.73%에 비해서도 낮은 수준이다. 말레이시아의 STC 비중은 2.29%로 세계에 비해 약간 높은 수준이다.

하지만 인도네시아, 베트남의 STC 비중은 각각 10.18%, 4.12%로 세계, 주요 선진국 및 중국, 브라질 등의 개도국에 비해서 높은 수준이다. 이는 인도네시아의 경우 보호주의적 색채가 강한 통상정책의 기

〈표 4-35〉 아세안 개별국의 STC 비중

구분	비관세조치 건수(A)	STC 건수(B)	비중(B/A), %
브루나이	5	-	0.0
캄보디아	3	-	0.0
인도네시아	285	29	10.18
라오스	14	-	0.0
말레이시아	306	7	2.29
미얀마	2	-	0.0
필리핀	652	3	0.46
싱가포르	250	1	0.40
태국	1,027	13	1.26
베트남	194	8	4.12

자료: WTO I-TIP Goods data base, https://i-tip.wto.org/goods/default.aspx?language=en, 저자 정리.

조와 관련 있는 것으로 보이고, 베트남의 경우 급속한 경제성장 과정에서 정밀한 비관세조치의 시행이 미처 따라오지 못했던 한계가 영향을 미쳤을 것으로 보인다. 이렇게 아세안 개별국 차원에서는 STC 제기 비중이 국가들 간에 격차가 큰데 이러한 격차는 아세안의 비관세조치의 시행에 있어서도 국가별로 특성이 다른 데서 기인한 것으로 보인다. 이러한 불균형 또한 앞으로 아세안의 경제통합 과정에서 해결해가야 할 과제 중 하나일 것이다.

8. 아세안 개별국의 특정무역현안

아세안 개별국의 비관세조치에 대해 제기된 61건의 STC에 대해 구체적으로 분석해보고자 한다. 이를 통해 아세안의 비관세조치에 대한 상대국들의 문제제기와 무역분쟁이 어떤 분야에서, 어떠한 내용으로 이루어졌는지 이해할 수 있을 것이다. 이를 통해 아세안 STC의 특성 및 정책적 시사점을 도출해볼 수 있을 것이다. 〈표 4-36〉~〈표 4-39〉는 위에서 언급한 아세안 STC와 관련된 내용을 좀 더 구체적으로 정리한 것이다.

〈표 4-36〉은 STC 제기 국가 현황을 정리한 것인데 아세안에 대한 STC 제기 국가는 선진국과 개도국을 포함 모두 21개국(EU는 하나의 국가로 간주)이지만 숫자 면에서는 선진국이 압도적이다. EU가 34건(20.0%)으로 가장 큰 비중을 차지하고 있고 다음으로 미국 29건(17.1%), 호주 18건(10.6%), 뉴질랜드와 브라질이 각각 12건(7.1%), 캐나다, 일본, 칠레가 각각 10건(5.9%), 멕시코 8건(4.7%) 등의 순이다. 주요 선진국인 EU, 미국, 호주, 뉴질랜드, 캐나다, 일본의 STC 건수는 모두 113건으로 총 STC 제기건수 중 2/3(66.5%)에 이를 정도로 대다수를 차지하고 있다. 이 중에서도 EU, 미국, 호주 등 상위 3개국의 합계는 81건으로 절반(47.6%) 가까이를 차지하고 있다. 이렇게 주로 선진국의 STC 제기 건수의 비중이 높은 것은 선진국이 비관세조치 등 상대국의 통상문제에 있어서 적극적으로 대응하고 있다는 것을 보여준다. 이는 선진국이 국제통상질서 및 규범을 모니터링하고 더 나아가 선도하는 역할을 하고 있는 데서 그 이유를 찾아볼 수 있다.

〈표 4-37〉은 아세안의 STC 대상이 된 비관세조치를 나타낸 것이다. 아세안 전체 차원에서 보면 총 61건의 STC 중 SPS 22건(36.1%), TBT 39건(63.9%)으로 SPS가 1/3, TBT가 2/3 정도의 비중을 차지하고 있다. 육류, 과일 등의 식품안전 및 검역과 관련되어 있는 SPS는 품목에 있어 한정적인 데 비해 TBT는 모든 상품에 대한 비관세조치로 활용될 수 있다는 점에서 TBT에 대해 제기된 STC 건수가 많다고 할 수 있다.

〈표 4-36〉 아세안의 비관세조치에 대한 STC 제기 국가 현황

구분	인도네시아	말레이시아	필리핀	싱가포르	태국	베트남	아세안	비중(%)
EU	16	4	2		7	5	34	20.0
미국	14	3	1		6	5	29	17.1
호주	8	1			4	5	18	10.6
뉴질랜드	3	1			4	4	12	7.1
브라질	9	3					12	7.1
캐나다	3	1	1		3	2	10	5.9
일본	4	2			4		10	5.9
칠레					2	8	10	5.9
멕시코	3				3	2	8	4.7
남아프리카 공화국	2				2	1	5	2.9
한국	4						4	2.4
아르헨티나	2	1			1		4	2.4
스위스					3		3	1.8
대만	2						2	1.2
도미니카	1			1			2	1.2
과테말라				1	1		2	1.2
중국			1				1	0.6
우루과이		1					1	0.6
터키		1					1	0.6
인도네시아				1			1	0.6
세네갈					1		1	0.6
합계	71	18	5	3	41	32	170	100.0

자료: WTO I-TIP Goods data base, https://i-tip.wto.org/goods/default.aspx?language=en, 저자 정리.

〈표 4-38〉은 아세안의 STC 제기 시기를 정리한 것이다. STC가 최초 제기된 시기를 보호무역의 기조가 심화된 글로벌 금융위기를 기준으로 이전과 이후로 나누어보면 예상대로 1995~2008년 STC 제

〈표 4-37〉 아세안의 STC 대상 비관세조치 현황

구분	인도네시아	말레이시아	필리핀	싱가포르	태국	베트남	아세안	비중(%)
SPS	9	4	2		3	4	22	36.1
TBT	20	3	1	1	10	4	39	63.9
합계	29	7	3	1	13	8	61	100.0

자료: WTO I-TIP Goods data base, https://i-tip.wto.org/goods/default.aspx?language=en, 저자 정리.

〈표 4-38〉 아세안의 STC 제기 시기(최초 제기일 기준)

시기	인도네시아	말레이시아	필리핀	싱가포르	태국	베트남	아세안	비중(%)
1995~2008	9	2	2		6		19	31.1
2009~2016	20	5	1	1	7	8	42	68.9
합계	29	7	3	1	13	8	61	100.0

자료: WTO I-TIP Goods data base, https://i-tip.wto.org/goods/default.aspx?language=en, 저자 정리.

기 건수는 19건(31.1%), 2009~2016년 STC 제기건수는 42건(68.9%)으로 3건 중 2건은 2009년 이후에 제기된 것으로 글로벌 금융위기 이후에 STC 제기가 집중되어 있음을 알 수 있다. 또한 국가별로 보면 인도네시아와 베트남에서 두드러지게 나타나는 것을 볼 수 있는데 이는 이 두 국가가 시장개방과 무역확대를 추진하는 동시에 비관세조치를 활용한 보호무역적 통상정책을 시행하고 있음을 의미한다고도 할 수 있다.

〈표 4-39〉는 STC가 제기된 상품을 정리한 것이다. 전반적으로 아세안의 비관세조치에 대해 제기된 STC는 주로 식품안전 및 검역과 관련된 비관세조치에 대한 STC가 대부분임을 알 수 있다. 순위별로 보면 육류와 관련된 STC가 13건(22.0%), 과일, 채소, 원예 등 식물류와 관련된 STC가 9건(15.3%), 할랄인증과 관련된 STC가 3건(5.1%) 등으로 세 개의 합이 27건, 42.4%로 큰 비중을 차지하고 있다. 이 외에 주류, 철강제품, 휴대전화 및 PC, 세라믹 도기 및 타일, 담배 등의 순으로

〈표 4-39〉 아세안의 STC 상품 현황

구분	인도네시아	말레이시아	필리핀	싱가포르	태국	베트남	아세안	비중(%)
육류	7	2	1		1	2	13	22.0
과일, 채소, 원예	4	1	1		1	2	9	15.3
주류	1				2	3	6	10.2
철강	3	1			2		6	10.2
일반 라벨링	2	2			2		6	10.2
할랄제품	2	1					3	5.1
휴대전화 및 PC	2					1	3	5.1
세라믹 도기 및 타일	1		1		1		3	5.1
담배				1	1		2	3.4
식품					1	1	2	3.4
타이어	1				1		2	3.4
의료기, 화장품	1				1		2	3.4
완구류	1						1	1.7
LPG가스 스토브	1						1	1.7
합계	26	7	3	1	13	9	59	100.0

자료: WTO I-TIP Goods data base, https://i-tip.wto.org/goods/default.aspx?language=en, 저자 정리.

STC가 제기되었다.

향후 아세안은 비관세조치의 시행에 있어서 수출 상대국들의 STC 제기로 인한 불필요한 분쟁을 막기 위해 노력해야 할 것으로 보인다. 우선 통상정책의 시행에 있어서 국제 기준과 관행에 부합하는 절차와 프로세스를 진행하고 아세안 역내 차원의 선발국-후발국들 간의 지원과 협력을 통해 개별국가 차원의 통상 분야의 경험과 노하우를 공유하고 통상정책 공조를 활성화함으로써 이러한 무역분쟁으로 인한 갈등과 비용을 줄여나갈 수 있을 것으로 보인다.

〈표 4-40〉~〈표 4-45〉는 국가별로 STC의 상세 내용을 정리한 것

이다. 〈표 4-40〉에서 인도네시아의 비관세조치에 대해 제기된 STC는 아세안 국가 중 가장 많은 총 29건이다. STC 건수가 많다는 것은 그만큼 비관세조치가 보호무역적 성격이 강하다는 것을 의미한다. STC 제기 상대국을 살펴보면 미국, EU, 호주, 캐나다, 뉴질랜드, 멕시코, 브라질, 아르헨티나, 한국, 대만, 일본, 남아프리카공화국, 도미니카 등이고, 이 중 미국, EU, 호주 3개국의 비중이 53.5%다.

이는 이들 국가가 인도네시아의 무역에서 차지하는 비중이 가장 크다는 측면에서 자연스러운 현상일 것이다. 동시에 이들 국가가 인도네시아의 농축산물 수입에서 차지하는 비중이 크고 SPS 등 농축산물의 검역 관련 비관세조치의 경우 이해관계에 있는 국가들이라는 점에서 SPS의 제기건수가 많다고 할 수 있다. 관련 비관세조치의 경우 SPS와 TBT로 구별되는데 SPS는 9건, TBT는 20건으로 TBT의 비중이 높다. 또한 최초 제기일을 기준으로 보면 글로벌 금융위기 이전인 2008년까지는 9건이고 2009년 이후는 20건으로 글로벌 금융위기 이후 최근까지의 STC가 압도하는 것을 알 수 있다. 이렇듯 2009년 이후 STC의 것은 그만큼 비관세조치의 영향이 커지고 있음을 반영한다고 할 수 있다.

또한 STC의 내용 및 관련 상품을 살펴보면 주로 식품안전을 위한 육류 및 육가공품, 신선과일, 신선채소, 원예작물 등의 전염병 통제를 위한 수입제한이 큰 비중을 차지하고 있고 이 외에 철강제품, 완구류, 할랄제품, 주류, 휴대전화, 유약 처리 세라믹 등의 상품도 포함되어 있다. 특히 인도네시아의 경우 할랄 기준의 적용과 관련된 상대방 국가들의 STC 제기가 주목되는데, 이는 최근 할랄 기준의 적용을 엄격하게 하고 강화하는 추세를 놓고 보았을 때 그 기준과 적용 대상과 관련된 상대 수출국들과 사전에 합리적이고 적절한 합의가 이루어지지 않을 경우 STC를 포함한 무역분쟁으로 비화될 가능성이 커질 수 있음을 의미한다. 또한 라벨링의 경우에도 상품 전반에 걸쳐 실시되는 것으로 수출국의 입장에서는 메뉴 비용이 커지는 것이기 때문에 이에 대한 적절한 사전 통보와 합의 그리고 시간이 필요하다. 인도네시아 정부가 향후 농축산물 및 할랄제품 및 라벨링 관련 비관세조치와 관련해서는 면밀하고 합리적인 기준과 국제적 차원에서 인정받을 수 있도록 노력해야 할 것이다.

말레이시아의 경우 STC는 총 7건으로 STC 제기 상대국을 살펴보면 인도네시아와 비슷한 미국, EU, 호주, 캐나다, 뉴질랜드, 브라질, 아르헨티나, 일본, 터키, 우루과이 등이고, 이 중 미국, EU, 호주 3개국이 44.4%의 비중을 차지하고 있다. 이는 이들 국가도 말레이시아의 무역에서 차지하는 비중이 가장 크다는 측면에서 자연스러운 현상일 것이다. 동시에 이들 국가가 말레이시아 농축산물 수입에서 차지하는 비중이 크고 SPS 등 농축산물의 검역 관련 비관세조치의 경우 이해가 걸려 있는 국가들이라는 점에서 STC 제기건수가 많다고 할 수 있다.

관련 비관세조치의 경우 SPS와 TBT로 구별되는데 SPS는 4건, TBT는 3건으로 SPS의 비중이 크다. 또한 최초 제기일을 기준으로 보면 글로벌 금융위기 이전인 2008년까지는 2건이고 2009년 이후는 5건으로 글로벌 금융위기 이후 최근까지의 STC가 대다수다. 이렇듯 2009년 이후 STC가 대중을 차지하는 것은 그만큼 비관세조치의 영향이 커지고 있음을 반영한다고 할 수 있다.

말레이시아 STC의 내용 및 관련 상품을 살펴보면 의약품 홀로그램 부착 관련 STC와 철강제품 적합성 평가절차와 관련된 STC 2건을 제외하면 나머지 5건 모두 식품안전 및 검역과 관련된 것으로, 가금류를 포함한 육류 및 육가공품, 신선과일, 신선채소, 원예작물 등의 전염병 통제를 위한 수입제한임을 알 수 있다. 특히 말레이시아의 경우도 인도네시아와 같이 할랄 기준의 적용과 관련된 상대 국가들의 STC 제기가 주목된다. 돼지고기의 수입과 관련된 수출국들의 STC 제기는 이러한 상황을 보여주는 사례인데 향후 돼지고기를 핵심으로 하는 할랄 기준과 관련된 상대 수출국들의 이해와 합의가 필요할 것으로 보인다. 말레이시아 정부도 향후 농축산물 및 할랄제품 관련 비관세조치와 관련해서는 면밀하고 합리적인 기준과 국제적 차원에서 인정받을 수 있도록 노력해야 할 것이다.

필리핀의 경우 STC는 총 3건으로 STC 제기 상대국을 살펴보면 미국, EU, 캐나다, 중국 등이다. 3건 중 하나는 세라믹 벽 및 타일의 기술적 요건과 관련된 것이고 나머지 2건은 곤충 전염병으로 인한 중국으로부터의 과일 수입제한과 미국으로부터의 신선육 수입제한 건으로 식품안전 또는 검역 관련 비관세조치에 대한 STC이다. 필리핀의 경우 비관세조치 건수가 652건으로 인도네시아 285건, 말레이시아 306건에 비해 두 배 이상 많은데도 인도네시아나 말레이시아에 비해 STC 제기 건수가 많지 않다. 이는 필리핀이 비관세조치 시행에 있어서 상대 수출국들로부터의 문제가 제기되지 않을 만큼의 적절하고 합리적인 프로세스를 활용하고 있다는 것을 암시한다.

싱가포르의 경우에도 총 250건의 비관세조치 건수 중 STC 제기 건수는 담배제품의 포장법과 관련된 TBT 단 1건이다. 동 STC는 2015년 제기되었는데 제기 상대국은 도미니카, 과테말라, 인도네시아 등으로 담배포장에 일반 방식이 아닌 혐오사진 등을 부착하는 국가들이다. 이는 싱가포르도 아세안 중에서도 선진화된 통상 프로세스를 수행하고 있다는 점에서 비관세조치 시행에 있어서도 상대 수출국들로부터의 문제가 제기되지 않을 만큼의 적절하고 합리적인 프로세스를 활용하고 있다고 볼 수 있다.

태국의 비관세조치에 대해 제기된 STC는 총 13건이다. STC 제기 상대국을 살펴보면 인도네시아, 말레이시아 등에 비해 다양한 것으로

〈표 4-40〉 인도네시아의 STC 관련 주요 내용

연번	STC 제기 상대국	관련 비관세조치	최초 제기일	최종 제기일	관련 내용	관련 상품
1	호주, 미국	SPS	1997. 3. 1	1997. 3. 1	인도네시아 정부가 새롭게 시행하는 신선과일 및 신선채소의 농약잔류량에 대한 검사 및 허용 기준에 대해 미국과 호주가 신선과일 및 신선채소에 대한 규정 및 분류를 명확하게 하고 관련 규정에 대한 내용을 좀 더 정확하게 공지할 것에 대해 문제를 제기. 이에 인도네시아는 좀 더 정확하고 투명한 기준에 대한 규정을 적절한 기한 내에 제공할 것을 약속함.	신선과일 및 신선채소
2	이집트, 미국	TBT	2000. 7. 21	2000. 11. 10	소비자보호와 관련된 규정	
3	EU	TBT	2001. 6. 29	2001. 6. 29	식품 라벨링과 광고에 관한 규정	식품
4	아르헨티나, 브라질	SPS	2001. 10. 1	2005. 10. 1	구제역 관련 수입제한 규정에 대해 2005년 6월 아르헨티나는 인도네시아가 설정하고 있는 원산지 국가에서 12개월 전까지 구제역 발병이 없었고, 3년 이내에 예방접종을 하지 않아야 한다는 규정이 국제수역사무국(OIE)에서 규정하고 있는 기준보다 엄격하다는 문제 제기를 함. 특히 아르헨티나가 구제역 청정국가로 재지정되었음을 상기시킴. 또한 브라질은 고기와 육가공제품을 인도네시아에 수출하는 데 아르헨티나와 비슷한 제한을 받고 있다고 발표. 인도네시아는 이러한 상대국들의 우려 사항이 관련 당국에 전달될 것이라고 밝힘. 2006년 2월 아르헨티나는 인도네시아 보건당국이 아르헨티나의 육류 생산과정 전체를 검사하도록 요청했다고 언급. 브라질은 가열처리 기술 등 구제역 감염을 막을 수 있는 기술이 있음에도 수입제한이 남아 있다고 언급. 이에 인도네시아는 동물건강 및 공중보건이라는 두 가지 기준에 근거해 육류 수입에 대한 최대한의 안전보장정책을 시행하고 있음을 밝힘. 전반적인 목표는 구제역과 광우병과 같은 주요 질병이 없는 국가로서 인도네시아의 지위를 유지하고 인도네시아 동물의 안전을 보장함으로써 소비자의 건강과 영적 안위를 보호하는 것임을 밝힘. 인도네시아는 수입허가의 전제조건으로서 직접적이고 상세한 정보를 수집하기 위해 잠재적 수출업자에 대한 현장시찰에 착수함. 2005년 12월 인도네시아는 현장시찰을 위한 아르헨티나 방문 의향을 통보함.	육류 및 육가공
5	EU	TBT	2005. 3. 22	2005. 6. 16	인도네시아 타이어의 필수적 표준 요건과 관련된 정의, 품질, 샘플링, 시험방법, 표시, 포장 및 관련된 요구사항에 대한 정부 공인 인증기관이 발행한 인증서	타이어

〈표 4-40〉 인도네시아의 STC 관련 주요 내용(계속)

연번	STC 제기 상대국	관련 비관세조치	최초 제기일	최종 제기일	관련 내용	관련 상품
6	아르헨티나, 호주, 브라질, 뉴질랜드	SPS	2006. 10. 1	2007. 2. 28	살아 있는 동물 및 육가공품 수입과 관련해 2007년 2월 브라질은 인도네시아의 지역화에 대한 인식 부족에 우려를 표명. 앞서 인도네시아는 국제수역사무국의 표준 및 SPS 요구사항과 조화를 이루고 있는 법안을 개정하기로 발표. 브라질은 인도네시아가 여전히 구제역과 같은 동물전염병에 대해 지역화를 인정하지 않고 있다고 문제를 제기. 브라질은 이미 2006년 10월 이 문제를 공식 제기했지만 인도네시아 당국은 이에 대한 적절한 해명을 하지 않고 있다고 주장. 브라질은 인도네시아가 SPS 협정 제6조 및 지역화 설정을 위한 국제수역사무국 표준의 완전한 적용의 보장을 촉구. 관련 규정 및 기준은 SPS 협정의 위해성 평가에 기초해야 한다고 주장. 인도네시아는 5년 전에 발생한 구제역이 인도네시아에 매우 민감한 문제였다고 강조하고 SPS 협약 제3.3조는 회원국이 국제기준을 넘어서는 요구사항을 부과할 수 있도록 허용하고 있다고 주장. 이 경우 인도네시아는 최대한 엄격한 기준을 적용해야 하며 수출국이 국제수역사무국에 의해 구제역 청정국으로 지정될 때까지 적용될 것임. 인도네시아는 이 문제에 관해 브라질과 협의를 계속할 것임을 표명	육류 및 육가공
7	호주, 미국	SPS	2006. 10. 1	2007. 10. 18	해충 방제 지역에 대한 인식 부족에 문제 제기. 인도네시아 검역당국은 지중해 과일파리가 없는 지역을 확인하기 위한 미국 현장 시찰에서 큰 문제점이 발견되지 않았음에도 포도 수입의 위험성이 높다는 이유로 수입을 제한. 인도네시아에는 없는 사과 기생충의 유입 우려로 인해 ISPM 26 규정상 해충이 없는 지역의 요구 조건을 충족시킬 수 없는 미국에는 사과에 대한 열처리, 냉처리 또는 훈증이 요구됨. 사과 기생충은 미국의 해충 청정지역에서도 여전히 잡힘. 미국의 주장과는 달리, 사과는 서늘한 고지대에서 생산되기 때문에 인도네시아에서 사과 기생충이 이미 자생하고 있을 수 있음. 인도네시아는 미국으로부터 이와 관련된 더 많은 정보와 이러한 우려를 해결하기 위한 양자 간 노력을 기대. 2007년 10월 미국은 사과, 배, 체리의 수출이 재개되었지만 인도네시아는 수출국에 존재하지 않거나 인도네시아에 자생하지 않는 해충에 대한 치료를 요구. 미국은 여전히 인도네시아가 2007년 5월에 열린 회의에서 미국이 발표한 정보에 대한 서면 답변을 기다리고 있으며, 인도네시아가 이 문제를 해결하기 위한 논의를 계속할 것으로 기대. 인도네시아는 관련 위원회에서 이 사안에 대한 명확한 설명을 제공했다고 언급. 미국과	과일

〈표 4-40〉 인도네시아의 STC 관련 주요 내용(계속)

연번	STC 제기 상대국	관련 비관세조치	최초 제기일	최종 제기일	관련 내용	관련 상품
					인도네시아는 양자 회담을 열어 이 문제에 관해 진지하게 논의하고 인도네시아는 미국과 대화를 계속하는 데 동의	
8	EU	TBT	2008. 7. 1	2008. 7. 1	LPG 가스스토브용 고무호스 인증사항(ID198). LPG 가스스토브용 탱크 및 강철호스의 판매 요구사항(제품인증, 시험방법, 품질 및 마킹 요건, 포장)	LPG 가스스토브용 강철 및 고무호스 탱크
9	한국	TBT	2008. 7. 1	2008. 7. 1	아연도금강판(ID199). 아연도금강판 판매 요구사항(제품인증, 시험방법, 품질 및 마킹 요건, 포장)	아연도금강판
10	대만, EU, 일본, 한국	TBT	2009. 3. 18	2010. 3. 24	철강제품에 대한 필수 인증(ID227). 인도네시아 표준에 대한 철강 및 철강제품의 적합성	철강 및 철강제품
11	호주, 브라질, 캐나다, 도미니카, 멕시코, 미국	SPS	2009. 6. 23	2009. 10. 28	인플루엔자 A/H1N1로 인한 돼지고기 수입제한. 중국 정부는 2009년 4월 인플루엔자 A/H1N1의 발병 후 바이러스 유입을 막기 위한 긴급 잠정조치 시행 발표. WTO에 통보된 조치는 SPS 협정, 특히 제5조 7항과 일치하며, 영향을 받은 국가 및 지역에 지역화를 적용하고 이용 가능한 돼지고기 제품의 금지를 해제하고 과학적 정보에 근거해 무역 제한 효과를 최소화. 중국은 이 문제에 우려를 인식하고 보다 객관적인 위험평가를 위해 추가적인 정보 수집을 요망. 중국은 향후 평가에 따라 잠정조치를 재검토하고 변경 사항을 공지할 것임. 요르단은 돼지고기 수입 중단 해제를 밝힘. 살아 있는 돼지 수입품의 일시적 중단에 관한 회원국의 우려와 관련해 관련 조치의 논의를 위해 동 조치는 WTO 농업이사회 기술기준위원회의 의제에 포함됨.	돼지고기
12	EU	SPS	2009. 6. 23	2009. 10. 28	새로운 육류수입 조건. 2009년 6월, EC(EU)는 소해면상뇌증(BSE)과 관련한 인도네시아의 수입제한이 국제수역사무국 기준보다 높고 정당하지 않다고 문제 제기. 인도네시아는 소해면상뇌증 위험의 통제 여부와 상관 없이 또한 국제수역사무국이 소해면상뇌증 위험과 상관없이 교역 가능한 것으로 판단한 상품에 대한 수입제한 시행. EC는 지역화 원칙을 포함하는 인도네시아의 새로운 입법을 환영했지만 지역화 원칙의 적용을 구제역에 한정한 것에 의문을 제기. 이는	육류

〈표 4-40〉 인도네시아의 STC 관련 주요 내용(계속)

연번	STC 제기 상대국	관련 비관세조치	최초 제기일	최종 제기일	관련 내용	관련 상품
					국제수역사무국 육축보건규정에 위배됨. 인도네시아의 2009년 4월 수입조건은 EC의 의견을 고려하지 않은 것으로 보임. EC는 인도네시아에 지역화 약속을 수락하고 국제수역사무국 표준에 비해 높은 기준에 대해 명확한 과학적 타당성을 제공하도록 요청. 인도네시아는 양국 간 협의를 통한 문제해결을 표명. 2009년 10월 EC는 인도네시아의 수입제도에 관한 우려가 2009년 4월에 시작되었고 소해면상뇌증 및 기타 질병과 관련한 많은 부분에서 부담이 되는 인증절차 및 국제표준과의 비합치와 관련이 있다고 밝히고, 인도네시아는 불필요하고 부당한 조치를 취했다고 이의를 제기. EC는 서면과 인도네시아와 여러 차례의 양자회담에서 우려를 전달. 인도네시아는 국제표준의 이탈과 위험 분석에 대한 타당성을 요구했지만 답변은 제출되지 않음. 인도네시아는 식용 육류 수입 및 유통에 관한 2009년의 농업 규정 20이 국제표준을 준수한다고 명시. 2009년 9월 4일 이후, 농업부장관령 3229에 따라 아일랜드에서 육류 수입이 허용되었으며, 소해면상뇌증에 대한 시설 승인 절차가 국가별로 이루어짐. 이 문제와 관련해 2009년 10월 인도네시아와 EC 간의 건설적인 약속이 이루어짐.	
13	브라질	SPS	2009. 10. 28	2013. 10. 16	가금육에 대한 수입제한. 가금류의 원산지 및 수입국의 모든 도축장에 적용되는 할랄 요구사항은 동물검역시스템의 이행 및 동물제품의 안전성 보증에 관한 문서 검사 및 현장 인증을 통과해야 함. 인도네시아는 이 문제의 해결을 위해 회원국들과 긴밀히 협력할 것임. 분쟁 해결을 위한 규칙 및 절차에 관한 이해(DSU) 조항에 따라 브라질은 2014년 10월 16일 인도네시아와의 협의(WT/DS484)를 요청. 분쟁해결기구(DSB)는 2015년 12월 3일 패널 설치	가금육
14	EU, 미국	TBT	2009. 11. 5	2010. 11. 3	특정 의약품, 화장품, 식품 보조제 및 식품(ID254)에 대한 유통 면허 요건과 관련된 규제	특정 의약품, 화장품, 식품 보조제 및 식품
15	미국	TBT	2009. 11. 5	2011. 3. 24	할랄인증 관련 규정(ID253)	할랄식품

〈표 4-40〉 인도네시아의 STC 관련 주요 내용(계속)

연번	STC 제기 상대국	관련 비관세조치	최초 제기일	최종 제기일	관련 내용	관련 상품
16	브라질	SPS	2010. 10. 20	2011. 10. 19	쇠고기에 대한 수입제한 및 지역화 원칙에 대한 인식. 2010년 10월, 브라질은 SPS 협정 제6조에 합치하지 않는 인도네시아의 규정 82/2000에 대한 우려를 표명. 인도네시아는 질병지역 면제와 관련된 동 규정의 개정을 통보하고 브라질산 고기 수입과 관련한 양자 간 논의 표명. 2010년 8월 인도네시아 법원은 이 법안의 내용을 폐지. 브라질 정부는 인도네시아 정부가 모든 필요한 조치 및 법을 개정하고 이를 WTO에 통보할 것을 기대. 브라질은 이미 국제수역사무국에서 FMD 청정 지위를 인정받음. 인도네시아는 약 7,000여 개의 섬이 있으며, FMD를 근절하기까지 거의 100년이 걸림. 인도네시아 정부는 국제표준에 부합하는 규정을 개발하려고 했지만, 이는 헌법재판소에 제소됨. 따라서 구제역이 완전히 제거되지 않은 지역의 수입은 금지. 2011년 3월 브라질은 SPS 협정 제6조에 부합하지 않는 인도네시아 규정 82/2000에 대한 우려를 표명. 인도네시아는 질병이 없는 지역에 대한 인정을 허용하는 법 개정안을 통보하고 브라질에서 가금류 수입에 관한 양자 간 논의를 진행. 그러나 2010년 8월 인도네시아 법원은 이 법안의 해당 부분을 취소했으며 2010년 11월 18일 인도네시아는 지역화 원칙을 인정하지 않고 수입을 금지하는 통지서를 제출. 인도네시아는 지역 기준이 아닌 국가표준의 동물 및 동물제품에 대한 수입규제를 수정하기로 한 결정은 국가적 위협으로부터 보호하는 것을 의미한다고 지적. 인도네시아는 국제표준에 부합하는 규정을 개발하려 했지만, 이는 헌법재판에서 패소함. 따라서 FMD가 완전히 제거되지 않은 지역의 수입은 금지. 2011년 10월 브라질은 위원회 및 양자 회담에서 이러한 우려를 제기. 브라질은 인도네시아가 지역화 원칙을 보장하기 위한 필요한 조치를 요구. 국제수역사무국 기준에도 불구하고 인도네시아는 여전히 지역화 원칙을 인정하지 않았고 구제역 청정지역에서의 고기 수입을 금지. 브라질은 다자간 규칙을 준수하기 위해 인도네시아가 관련 법령 개정을 보장하기 위해 필요한 모든 조치를 취할 것을 요청. 인도네시아는 이 문제가 양자 간 회담에서 광범위하게 논의되었다고 대답. 인도네시아는 구제역이 있는 국가들에 의해 제기된 위협으로부터 인도네시아를 보호하기 위해 동물법 및 동물성 제품에 대한 수입 규제가 지역 기준에서 국가표준으로 개정되었다고 지적. 생우, 쇠고기 및 그 부산물 수입에 대한 위생 요건과 관련해 수입은 질병이 없는 국가에서만 가능. 다만 인도네시아는 수입규제의 새로운 개정안을 검토 중이라고 언급	육류

〈표 4-40〉 인도네시아의 STC 관련 주요 내용(계속)

연번	STC 제기 상대국	관련 비관세조치	최초 제기일	최종 제기일	관련 내용	관련 상품
17	호주, EU, 미국	TBT	2010. 11. 3	2012. 3. 20	라벨 규정(ID279). 이 규정은 부속서에 등재되고 인도네시아 시장에서 거래하는 모든 생산자 및 수입자는 인도네시아에서 라벨을 부착해야 한다고 규정. 이 규정에 영향을 받는 물품 목록은 무역규칙 규정 부속서에 명시. 수입자는 수입상품이 인도네시아 시장에서 거래되기 전에 라벨을 부착해야 함. 부착된 라벨은 명확하고 소비자가 이해하기 쉬워야 함. 이 규정은 다음 상품에 대해서는 예외를 적용. (a) 대량으로 판매되고 소비자 앞에서 직접 포장되는 물품, (b) 원자재 및 기타 보조 물품으로 사용되는 경우(무역부장관의 규정 부속서 I, 부속서 II, 부속서 III 및 부속서 IV에 등재된 제품 생산공정의 재료). 앞서 언급한 생산자와 수입자는 라벨을 무역부에 제출해야 함. 라벨에 대한 승인절차는 해당 규정에 명시되어 있음. 모든 요구사항이 완료되면 5일 이내에 인도네시아어로 인증서를 발급. 인증서는 생산자 및 수입자가 인증서에 언급된 것과 동일한 물품을 생산 및 수입하는 한 유효. 생산자 및 수입자가 증서에 언급된 물품 이외의 물품을 생산 및 수입하는 경우, 생산자 및 수입자는 라벨 샘플을 무역부장관에게 제출. 레이블에 포함된 정보뿐만 아니라 레이블을 넣는 방법에 대한 요구사항은 무역부장관 규정의 부속서에 명시. 제재 및 기타 요구사항은 두 규정 모두에 포함됨. 규정 시행일 이전에 이미 시장에 나와 있는 경우 규정 발효일 이후 28개월 이내에 해당 제품의 라벨을 해당 규정을 준수하도록 조정해야 함.	일반 상품
18	EU, 일본, 한국	TBT	2011. 3. 24	2012. 6. 13	전기분해 주석도금강판(ID303)에 대한 인도네시아 국립 표준 의무 이행. 법안 초안은 모든 전기분해 주석도금강판 제품이 국내에서 생산되거나 수입, 유통 및 시판되는 제품은 인도네시아 국가표준(SNI) 요구사항을 충족해야 함. 이 제품 생산자는 인도네시아 국가표준 마크 사용에 대한 제품인증서를 획득해 입증된 인도네시아 국가표준의 요구사항을 준수하고 모든 전기분해 주석도금강판 제품에 인도네시아 국가표준 마크를 부착해야 함. 다른 국가에서 수입되는 전기분해 주석도금강판 제품은 인증을 수반해야 함.	전기분해 도금강판
19	캐나다, EU, 일본, 멕시코, 미국	TBT	2011.11.10	2016.11.10	완구 안전을 위한 의무적인 인도네시아 국가표준의 채택 및 감독을 위한 기술 지침(ID328). 동 법령 초안은 인도네시아 내에서 생산, 수입, 유통, 판매되는 모든 완구는 인도네시아 국가표준 및 기술사양 요구사항을 충족해야 함. 동 제품 생산자는 인도네시아 국가표준 마크 및 제품인증서를 보유하고 모든 제품에 인도네시아 국가표준 마크를 부착해야 함. 따라서 동 제품 생산자는	완구류 및 아동 놀이 용품 등

〈표 4-40〉 인도네시아의 STC 관련 주요 내용(계속)

연번	STC 제기 상대국	관련 비관세조치	최초 제기일	최종 제기일	관련 내용	관련 상품
					인도네시아 국가표준 마킹을 사용하기 위한 제품인증서를 소지해야 하며 인도네시아 국가표준의 요구사항을 준수해야 함. 인도네시아 국가표준 마킹에 대한 제품인증서는 인도네시아인가위원회(KAN)가 인증하고 인도네시아 국가표준 요구사항 충족인증서는 품질적합성 테스트를 통해 산업부장관이 지정한 제품인증기관에서 발급. 전기분해 주석도금강판의 인도네시아 국가표준에 대한 인증기관 및 시험소가 부재한 경우 장관은 품질관리청(BPKIM)을 통해 해당 능력을 평가할 인증기관 및 시험소를 지정. 지정된 제품인증기관 및 시험소는 지정일로부터 2년 이내에 인도네시아인가위원회가 인정한 것이어야 함. 시험은 산업부장관이 인정한 시험소에서 수행. 산업부는 이 법령의 시행을 담당하는 기관이며 제품인증 및 인도네시아 국가표준 마킹 절차를 다루는 법령의 기술적 지침을 제공. 국내 시장에 유통되는 수입 제품은 다음 요건을 충족해야 함. 1부: 기계적 및 물리적 특성과 관련된 안전성 측면, 2부: 인화성, 제3부: 특정 물질의 수입, 4부: 실내 및 실외 가정용 그네, 미끄럼틀 및 유사한 활동 완구 등. 어떤 제품의 용어 및 정의, 품질 요구사항, 샘플링, 테스트 방법, 테스트 승인, 마킹 요구사항 및 포장(이 표준은 인도네시아어 및 영어로 제공)을 지정	
20	멕시코, 남아프리카공화국	TBT	2012. 6. 13	2012. 6. 13	2006년 10월 9일 공표된 식품 카테고리에 대한 규정(ID350)의 초안 수정	주류
21	뉴질랜드, 미국	SPS	2012. 10. 18	2012. 10. 18	원예제품에 대한 허가. 2012년 10월 미국은 G/LIC/Q/IDN/32 및 농업 규정 60에 따라 수입허가위원회에 통보된 인도네시아 무역통상부 규정 30에 우려를 제기. 식품안전을 주된 목적으로 하는 두 규정 모두 무역 제한의 가능성이 있음에도 통보되지 않았음. 또한 동 규정은 수입허가제를 허용하고 관련 정보를 수출 및 수입 업자에게 거의 제공하지 않음. 따라서 인도네시아는 관련 규정에 대한 의견을 제시할 시간을 제공해야 하며 인간, 동물 및 식물 보호를 위해 수입허가시스템이 필요하다는 과학적 증거를 제공하도록 요청받음. 뉴질랜드는 미국의 우려를 지지하고 인도네시아가 그 조치에 명료하게 정보를 제공하도록 권고. 인도네시아는 WTO위원회에 통보함으로써 동 규정에 관한 미국과 뉴질랜드의 우려를 인정. 인도네시아는 이 문제를 미국과 양자 간 논의하고 후속조치를 취할 것이라고 언급	원예제품

〈표 4-40〉 인도네시아의 STC 관련 주요 내용(계속)

연번	STC 제기 상대국	관련 비관세조치	최초 제기일	최종 제기일	관련 내용	관련 상품
22	EU, 남아프리카 공화국, 미국	TBT	2012. 11. 27	2012. 11. 27	농림부 원예제품 수입허가 규정 60(ID363). 이 규정은 원예제품 수입자가 원예제품 수입권장사항(RIPH)을 충족하는 서비스를 제공하는 법적 근거로 제정. 수입 원예제품이 식품안전 요건을 충족하는 것을 목적으로 함.	원예제품
23	캐나다, EU, 미국	TBT	2013. 6. 17	2014. 3. 19	수입 휴대전화, 휴대용 태블릿 PC에 대한 무역 규정. 2013년 2월 8일 동 조치가 수입허가위원회에 통보됨. 이 통보에는 다음 두 규정이 포함됨. (i) 2012년 12월 27일 인도네시아 제82호/M-DAG/PER/12/2012 무역 규정에 따른 휴대전화, 컴퓨터 및 컴퓨터 태블릿의 수입, (ii) 등록시 2012년 11월 12일 인도네시아 산업부장관 제108호/M-IND/PER/11/2012 규정에 따른 휴대전화, 컴퓨터 및 태블릿 표시 요건과 관련해 이 두 규정은 G/TBT/N/IDN/47에 따라 통보된 "모든 상품에 의무적으로 부착된 라벨"을 언급. 이 규정은 부속서에 등재되고 인도네시아 시장에서 거래하는 모든 생산자와 수입자가 인도네시아어로 라벨을 부착해야 한다고 규정. 이 규정의 영향을 받는 재화 목록은 제22호 무역부령 규정 부록에 제시. 수입자는 상품에 라벨을 부착해야 하며 부착된 라벨은 소비자가 이해하기 쉬워야 함. 이 규정은 다음 상품에 대해 적용되는 의무사항은 아님. (a) 대량으로 판매되고 소비자 앞에 직접 포장된 물품, (b) 원자재 및 기타 보조물질로 사용되는 경우, 제22호 무역령 규정 부속서 I, 부속서 II, 부속서 III 및 부속서 IV에 등재된 제품 생산 공정의 재료. 앞서 언급한 생산자와 수입자는 라벨을 국내 산업개발 및 기업등록 국장에게 제출. 라벨의 승인절차는 No.22/M-DAG/PER/5/2010 규정에 명시. 모든 요구사항이 완료되면 5일 이내에 인도네시아어로 인증서 발급. 인증서는 생산자 및 수입자가 인증서에 언급된 것과 동일한 물품을 생산 및 수입하는 한 유효. 레이블에 포함된 정보뿐만 아니라 레이블을 넣는 방법에 대한 요구사항은 무역부장관 규정 22/M-DAG/PER/5/2010의 부속서에 명시. 제재 및 기타 요구사항은 두 규정에 모두 포함. 규정 시행일 이전에 이미 시장에 나와 있는 경우 생산자와 수입자는 규정 발효일 이후 28개월 이내에 해당 제품의 라벨을 해당 규정을 준수하도록 조정해야 함.	휴대전화 및 휴대용 태블릿 PC
24	브라질	TBT	2013. 10. 30	2013. 10. 30	할랄식품에 관한 규정(ID397). 할랄식품에 관한 규정은 특히 인도네시아 시장에 대한 접근을 원하는 가금류 수출업자에 대한 요구사항을 명시	할랄식품

〈표 4-40〉 인도네시아의 STC 관련 주요 내용(계속)

연번	STC 제기 상대국	관련 비관세조치	최초 제기일	최종 제기일	관련 내용	관련 상품
25	EU	TBT	2013. 10. 30	2013. 10. 30	유약 처리된 세라믹 관련 필수 인도네시아 국가표준(ID400). 이 규정 초안에 따르면 국가에서 생산되거나 수입, 유통 및 판매되는 모든 유약 처리된 세라믹 식기, 벽장 및 타일은 인도네시아 국가표준을 충족해야 함. 생산자 및 수입자는 인도네시아 국가표준 마킹을 사용하기 위한 제품 인증서를 가져야 하며 인도네시아 국가표준의 요구사항을 준수해야 함. 인도네시아 국가표준 마킹에 대한 제품인증서는 산업부장관이 지정한 인증기관에서 발급	유약 처리 도자기, 식기, 옷장 및 타일
26	EU, 일본, 한국, 미국	TBT	2014. 6. 18	2015. 3. 18	인도네시아어의 부착 의무 표시에 관한 제67호 규정(ID436). 동 규정은 제품 및 포장재에 영구적으로 엠보싱, 인쇄 또는 접착 방식으로 공식적인 언어로 된 제품의 라벨링을 요구. 미국은 인도네시아 통관 과정에 있는 수입품의 경우 동 규정에 맞는 라벨을 적용할 수 없다는 우려를 제기. 한국은 영구 라벨링 요구가 제조 원가를 증가시켜 소비자들이 더 높은 가격을 부담할 것이라고 우려. EU는 이 문제를 무역에 있어 복잡하고 불필요한 장벽으로 간주. 일본은 인도네시아가 더 제한적인 무역 규제를 하지 않도록 인도네시아를 초청. 인도네시아는 몇 가지 개선안이 포함된 수정안을 발표하는 데 어려움이 있다고 답변. 그러나 양각 인쇄 또는 패키지에 단단히 부착된 라벨은 영구 라벨링 요건을 유지. 특정 생산자는 이행기간 허용	일반 상품
27	호주, 브라질, 캐나다, EU	TBT	2015. 3. 18	2016. 6. 15	육류 및 가공 육류 제품의 수입에 관한 농무부장관 규정(ID461)의 개정 규정. 국영기업만이 공급 부족 시기에 1차 및 가공 육류를 수입할 수 있도록 규제. 회원국은 이 조치가 TBT 협정에 따른 기술규정의 요구사항을 충족하는지에 대한 인도네시아의 설명을 요구. 또한 회원국은 동 규정을 시행하기 전에 의견 제시를 위한 충분한 시간을 제공할 것을 요구. 회원국은 이 조치로 인해 무역에 불필요한 장애물이 생길 수 있으며, 수입제품이 국산 제품보다 덜 우월하게 취급될 수 있다는 우려를 제기. 인도네시아는 유통망의 결함으로 인해 가격 조정 없이 적정한 육류 공급을 위한 조치라고 해명	육류 및 육가공품
28	호주, 브라질, 캐나다, 대만, EU, 미국	TBT	2015. 6. 17	2016. 11. 10	MOI 69/2014 제3조: LTE 장치에 대한 LCR 요구사항-LTE TDD 및 FDD 광대역 서비스 장비의 국내 부품 레벨(TKDN) 요구사항(ID472). 인증 및 적합성을 포함한 4G LTE 제품의 기술사양 규정 초안 평가절차	LTE 기기, LTE 휴대전화

〈표 4-40〉 인도네시아의 STC 관련 주요 내용(계속)

연번	STC 제기 상대국	관련 비관세조치	최초 제기일	최종 제기일	관련 내용	관련 상품
29	호주, 브라질, EU, 뉴질랜드, 미국	TBT	2016. 3. 9	2016. 11. 10	할랄제품 보증법 2014년 제33호(ID502)	할랄제품

자료: WTO I-TIP Goods data base, https://i-tip.wto.org/goods/default.aspx?language=en, 저자 정리.

〈표 4-41〉 말레이시아의 STC 관련 주요 내용

연번	STC 제기 상대국	관련 비관세조치	최초 제기일	최종 제기일	관련 내용	관련 상품
1	EU, 미국	TBT	2005. 3. 22	2005. 6. 16	의약품용 홀로그램 스티커(ID119). 홀로그램 사용 의무화	의약품 및 건강관리 제품
2	호주, 브라질, EU, 뉴질랜드, 우루과이	SPS	2008. 4. 2	2008. 4. 2	검사 가격 목록. 2008년 4월 브라질은 최근 승인된 말레이시아 법령에 따라 보건규정의 위반이 없는 경우에도 브라질 업체에 연간 3만 달러의 검역수수료를 책정했음을 알게 됨. 말레이시아는 필요한 비용을 충당하기 위한 것이라고 보험료를 정당화하려고 노력했지만 이 비용이 SPS 협정에 부합하지 않는다는 것이 명백해짐. 부속서 C에 따르면 모든 수수료는 국내 산업에 부과되는 비용에 비례해 평등해야 하며 실제 서비스 비용보다 높지 않아야 함. 말레이시아는 수출국에 과도한 수수료를 부과했고 국내 생산자에게도 동일한 수수료를 부과했는지 불확실함. EC도 비슷한 문제를 겪었기 때문에 브라질이 제기한 우려를 공유. 수수료는 비용에 비례하지 않으며, 연회비 지불 요구 또한 수출업자에게 큰 부담임. EC는 말레이시아가 검사비용을 자체적으로 부담할 것을 요구. 호주 또한 같은 우려를 표명. 이 수수료 부과가 어떻게 진행되는지 또 다른 거래 파트너에게 다른 요율이 적용되었는지 명확하지 않음. 이것은 육류 무역에 중대한 영향을 줄 수 있으며, 말레이시아는 현재의 요구사항을 설명하고 대안을 고려하도록 요청받음. 뉴질랜드 또한 같은 우려를 표명. 뉴질랜드는 말레이시아가 이 요구사항의 이행을 연기하고, SPS위원회에 통보하고, 의견 및 토론을 위한 시간을 허용할 것에 대해 고려해줄 것을 요청. 우루과이는 이러한 우려를 지지했으며,	육류

〈표 4-41〉 말레이시아의 STC 관련 주요 내용(계속)

연번	STC 제기 상대국	관련 비관세조치	최초 제기일	최종 제기일	관련 내용	관련 상품
					다른 국가들도 동일한 규정의 활용에 우려를 표명. 말레이시아는 검사에 필요한 비용이 증가했고 이는 국가예산에 부담을 주었다고 언급. 수수료 징수는 원활한 검사를 위해 필요하다고 주장. 이 조치는 아직 시행되지 않았고, 말레이시아는 수출국과의 협의에 참여함. 제안된 조치는 2008년 3월에 통보되었으며 의견수렴 기간이 주어짐.	
3	일본	TBT	2009. 3. 18	2009. 6. 25	철강제품 적합성 평가절차(ID229)	철강제품
4	브라질, 일본	SPS	2010. 3. 17	2015. 10. 14	식물 및 식물제품에 대한 수입제한. 2010년 3월 브라질은 남미의 잎마름병에 대한 규제로 인해 식물 및 식물제품에 대한 말레이시아의 수입제한과 관련한 우려를 표명. 브라질은 이 규제가 과학적 근거가 없다고 판단. 수입제한은 분명히 남미의 잎마름병에 대한 아시아 태평양 식물보호위원회(APPPC)의 구성 조항에 근거한 것이었지만 아시아 태평양 식물보호위원회의 다른 당사자들은 이 조항을 브라질에 적용하지 않음. FAO 대표는 질병위험 분석을 통해 남미의 잎마름병이 말레이시아에 위험을 초래했는지를 확인했으나 위험도가 확인되지 않음. 브라질은 말레이시아가 식물 및 식물제품 수입을 허용할 것을 요청. 일본은 수입제한에 우려를 표명. 일본은 아시아 태평양 식물보호위원회가 SPS 협정에 부합하도록 규제를 수정하려는 노력을 인정. 말레이시아는 브라질에 서면으로 우려를 표할 것을 요청. 2015년 10월 브라질은 남미의 잎마름병에 대한 규제로 인해 식물 및 식물제품에 대한 말레이시아의 수입제한과 관련된 우려를 다시 제기. 이 문제가 처음 제기된 2010년 이래로 이 조치는 아시아 태평양 식물보호위원회의 식물 위생 기준과 일치한다는 전제하에서 변하지 않음. 브라질 정부는 말레이시아가 과학적 정당성을 입증하지 못했고 불필요한 실험실 분석으로 인해 수출비용을 증가시켰다고 주장. 2009년 FAO는 질병위험분석을 완료했으며 말레이시아에 대한 어떠한 위험도 발견되지 않음. 이에 따라 위원회 회의와 함께 양자 회담이 개최되었고 쿠알라룸푸르에서 추가 회담이 개최. 말레이시아는 남미의 잎마름병에 대한 수입 조건을 검토 중이라 보고하고 이 문제에 관해 브라질과의 양자 회담을 환영한다고 표명. 할랄육류 및 가금육 생산을 위한 초안 의정서(ID317). 할랄 육가공 생산을	식물

〈표 4-41〉 말레이시아의 STC 관련 주요 내용(계속)

연번	STC 제기 상대국	관련 비관세조치	최초 제기일	최종 제기일	관련 내용	관련 상품
5	아르헨티나, 브라질, EU, 터키, 미국	TBT	2011. 6. 15	2012. 6. 13	위한 말레이시아 의정서는 할랄 기준에 맞는 도축, 가공, 저장 및 운송 등에 대한 실질적인 가이드라인을 규정. 말레이시아 표준 MS 1500: 2009, 할랄식품-생산, 준비, 취급 및 보관-일반 지침(2차 개정)과 함께 사용. 이 프로토콜은 할랄 고기, 가금류 및 그 제품 생산에 대한 명확한 지침을 제공하기 위해 개발. 이는 말레이시아에 수출하려는 사람들을 포함해 할랄고기, 가금류 및 그 제품을 생산하는 모든 시설에 적용. 이 프로토콜은 MS 1500: 2009의 보완 요구사항임.	육류 및 가금육과 그 제품
6	캐나다, EU, 미국	SPS	2011. 10. 19	2013. 10. 16	돼지고기 및 돼지고기 제품에 대한 수입제한. 2011년 10월 EU는 2011년 7월 1일에 부과된 말레이시아의 돼지고기 및 돼지고기 제품의 수입제한에 우려를 표명. EU는 양국 간의 논의에서 WTO 협정에 따라 EU 수출이 재개될 수 있도록 말레이시아와 긴밀히 협력할 것을 요망. 캐나다는 돼지고기 및 돼지고기 제품 수출이 2011년 7월 1일부터 통보 없이 금지되었으므로 EU의 우려를 공유. 말레이시아는 캐나다에 수입 요구사항이나 금지령에 대한 개정을 통보하지 않았으며, 캐나다는 돼지고기 수입 요건에 관해 말레이시아로부터 상충되는 정보를 받음. 캐나다는 말레이시아가 과학적인 수입 조건을 정하고 공장별 승인보다는 돼지고기 수입에 대한 시스템 승인 접근법을 고려할 것을 요구. 미국은 유효한 과학적 증거 없이 새로운 수입 요건이 부과된 것에 우려를 표명. 미국은 2011년 7월 1일까지 설문지를 제출하면 돼지고기 및 돼지고기 제품을 계속 수출할 수 있다고 2011년 6월에 통보받았으나 수입은 중단. 미국은 식품안전시스템 실사를 용이하게 하기 위해 말레이시아와 계속 협력할 것이지만 연방정부가 검사한 모든 돼지고기 업체가 말레이시아로 수출할 수 있도록 하는 실사를 기대. 말레이시아는 이 사안에 대한 양자협의가 진행 중이며 가능한 빨리 문제를 해결하기를 희망한다고 밝힘. 2012년 10월 EU는 돼지고기 및 돼지고기 제품에 대한 말레이시아의 수입제한에 대해 여전히 우려를 표명. 최근 양자회담에서 말레이시아는 EU의 현안에 대해 언급한 바 있음을 밝히고 신속하고 지속성 있는 해결책을 찾기 위해 EU와 긴밀히 협조할 것이라고 밝힘. EU는 긍정적인 신호를 환영하고 지속가능한 무역을 보장하는 말레이시아의 투명한 수입과정을 통해 이 문제를 신속하게 해결하기 위한 건설적인 대화를 계속할 것임을 표명. 말레이시아는 쌍무협의가 진행 중이며 가능한 빨리	돼지고기

〈표 4-41〉 말레이시아의 STC 관련 주요 내용(계속)

연번	STC 제기 상대국	관련 비관세조치	최초 제기일	최종 제기일	관련 내용	관련 상품
					이 문제에 대한 상호 해결책을 찾기를 희망한다고 보고. 2013년 10월 EU는 위원회의 사전회의에서 우려를 제기했음에도 불구하고 말레이시아의 돼지고기 및 돼지고기 제품에 대한 무역 제한에 계속 직면. 말레이시아는 국제수역사무국 기준에서 벗어나 위험 평가에 근거하지 않은 몇 가지 동물 질병에 대해 동물 건강 관련 조건을 부과. 외국 도축장에 대한 승인 과정은 불필요하게 길고 부담스러웠으며 승인 신청은 종종 말레이시아 수의과에서 다루어지지 않음. 또한 EU 수출업자들은 불필요하게 길고 부담스럽고 투명하지 않은 비자동 수입허가시스템에 직면. EU와 말레이시아 양국은 이 문제의 해결책을 신속히 찾기를 희망	
7	브라질	SPS	2015. 7. 15	2015. 7. 15	2015년 7월 브라질 정부는 브라질 가금육 수출 승인 지연 국제 위생증명서의 정의에 대한 우려를 제기. 브라질은 말레이시아에 대한 접근을 협상해 옴. 2014년 3월 이전 브라질 공장에 대한 현장시찰을 위해 말레이시아로부터 요청을 받지 못함. 브라질은 가금육 수출을 지원하기 위한 국제 위생증명서를 제안했으나 말레이시아는 이 요청에 대한 답변을 제공하지 않았음. 말레이시아는 감사기관의 불승인에 대한 과학적 증거를 제시하지 않음. 최종 감사보고서와 제안된 증명서에 대한 응답도 부당하게 지연. 말레이시아의 조치가 SPS 협정 제2조 및 제5조의 조항을 준수하지 않았음. 이는 회원국 간에 자의적이고 부당한 차별을 초래했고 부정적인 무역효과를 최소화하려는 목적을 무시한 것임. 이 조치는 말레이시아 시장개방에 불필요하고 지연을 초래하는 것으로 SPS 협정 제8조와 부속서 C에 포함된 통제, 검사 및 승인 절차에 대한 조항과 일치하지 않음. 따라서 브라질 정부는 말레이시아 당국에 브라질 가금류 수출을 승인하고 브라질이 국제 위생증명서에 관해 제안한 것에 대응할 것을 요청. 말레이시아는 브라질 수출업체가 할랄 기준을 준수하지 않았기 때문에 거부했다고 답변	가금육

자료: WTO I-TIP Goods data base, https://i-tip.wto.org/goods/default.aspx?language=en, 저자 정리.

〈표 4-42〉 필리핀의 STC 관련 주요 내용

연번	STC 제기 상대국	관련 비관세조치	최초 제기일	최종 제기일	관련 내용	관련 상품
1	중국	SPS	2002. 3. 1	2002. 3. 1	중국 과일 수입에 대한 수입제한조치. 중국은 중국산 과일에 대한 필리핀의 긴급수입제한조치에 대해 문제 제기. 양국의 전문가들이 문제가 된 곤충이 일반적인 해충인 복숭아나방으로 확인. 이에 따라 필리핀은 수입제한조치를 해제했으나 추가 통지에서 이에 대한 오류를 분명히 하지 않음. 이에 필리핀 정부는 추가조사를 통해 발견된 곤충이 나방이 아니라 필리핀에서는 이전에 알려지지 않은 종인 카포지나 니포넨시스(Carposina nipponensis)임을 확인함. 필리핀은 곤충을 효과적으로 방제하기 위해 수출지에서 적절한 방제처리를 하는 것을 조건으로 수입제한조치를 임시로 해제. 이 결정은 통지문에 첨부된 부록에 기록. 필리핀은 중국 농산물 수입에 대한 혼란과 불필요한 수입제한을 피하기 위해 통지문에 제공된 정보를 보완할 것에 동의	과일
2	EU	TBT	2006. 11. 9	2007. 7. 5	세라믹 벽 및 바닥 타일(ID149). 치수, 물리적 및 화학적 특성, 샘플링, 테스트 및 마킹 등의 요구사항	세라믹 벽 및 바닥 타일
3	캐나다, EU, 미국	SPS	2011. 6. 30	2011. 10. 19	수입 신선육류에 대한 수입제한. 이 규정과 가이드라인은 무역상대국이 제공하는 연구 및 자료에 근거해 수행되고 개발됨. 미국은 농무부(USDA) 위험평가에 기초한 조치가 위험평가에서 확인된 위험에 비례할 필요가 있다고 언급. 필리핀의 관리 및 관리방안과 결정은 위해성 평가에서 확인된 것 이상이었고, 미국은 이에 대해 필리핀이 그 조치를 정당화하기 위해서는 추가로 과학적 증거를 제공할 것을 요구. 2011년 10월 미국은 필리핀의 행정명령 22(AO22)가 다른 나라로부터의 무역에 불균형적으로 영향을 미쳤다고 밝힘. 주로 수입 냉동, 냉장육 및 냉장육 제품에 대해 규정된 냉장보관 요구사항이 신선육류제품에 똑같이 적용되지 않았던 이유는 분명하지 않음. AO22와 새로운 행정명령 초안의 생산이력, 포장 및 라벨링 요구사항 등은 필리핀에서 냉동 육류 및 육류 제품의 마케팅 및 판매에 추가적인 부담을 가했지만 이러한 조치의 채택을 지지하는 위험 평가는 부재. 이 요구사항에 대한 과학적 타당성도 부재하며 이는 수입품을 차별하는 것으로 인식되어 냉동고기의 식품안전상의 이점을 훼손. 미국은 AO22의 정지와 WTO에의 통보를 요청. 캐나다와 EU는 AO22와 그 수정 초안이 냉동, 냉장육의 안전성에 대해서만 언급했고, 수입 신선육에 대한 식품안전조치와 관련한 과학적 근거를 제공하지 않은 것에 우려를 공유. 캐나다는 필리핀 관계자들과 필리핀에서 신선한 고기의 취급 관행에 대한 위해성 평가를 지	육류

〈표 4-42〉 필리핀의 STC 관련 주요 내용(계속)

연번	STC 제기 상대국	관련 비관세조치	최초 제기일	최종 제기일	관련 내용	관련 상품
					원하기 위한 과학적 데이터와 분석을 제공하는 작업에 대해 언급. 동 조치가 식품안전 요구사항을 포함하도록 개정될 때까지 AO22를 중단할 것을 요청. EU는 필리핀이 지원하는 위해성 평가는 없었고 WTO에 통보되지 않았기 때문에 교역상대국의 의견을 고려할 기회가 없다고 언급. 이에 대해 필리핀은 AO22가 육가공제품의 위생 및 안전시스템을 소매판매 시점까지 확장하는 것을 목표로 하는 것으로 냉동 및 냉장육 및 육류 제품 취급에 관한 수입 이후의 조치라고 답변. AO22는 추가 요구사항을 부과하지 않았고 육류 및 육가공 제품을 필리핀에 수출하기 위한 국경 이전 조치와 관련된 조항을 수정하지 않았다고 지적. 이 조치의 토대는 냉동고기에 대한 미국농무부(USDA)의 코드였으며, 이는 해동이 냉장 조건에서 이루어지고 소비될 때까지 냉장상태로 유지되어야 한다고 요구. 이는 미국농무부 코드에서도 권장되는 것임.	

자료: WTO I-TIP Goods data base, https://i-tip.wto.org/goods/default.aspx?language=en, 저자 정리.

〈표 4-43〉 싱가포르의 STC 관련 주요 내용

연번	STC 제기 상대국	관련 비관세조치	최초 제기일	최종 제기일	관련 내용	관련 상품
1	도미니카, 과테말라, 인도네시아	TBT	2015. 11. 4	2015. 11. 4	담배제품에 대한 일반 포장법(ID484). 싱가포르는 담배 규제 조치 및 표준화된 포장과 관련해 일반 포장정책을 도입. 호주, 캐나다, 뉴질랜드, 노르웨이 등은 이 조치에 지지를 표명	담배

자료: WTO I-TIP Goods data base, https://i-tip.wto.org/goods/default.aspx?language=en, 저자 정리.

〈표 4-44〉 태국의 STC 관련 주요 내용

연번	STC 제기 상대국	관련 비관세조치	최초 제기일	최종 제기일	관련 내용	관련 상품
1	EU, 미국	TBT	1997. 6. 20	1997. 10. 3	담배 및 시가에 함유된 성분의 공개에 관한 장관규칙(ID19)	담배 및 시가
2	스위스	TBT	2001. 10. 9	2002. 6. 21	의료 용도의 이산화탄소에 대한 의무 표준(ID66). 일반적인 요구사항, 표시, 라벨링, 샘플링 및 적합성 기준 등	마취, 호흡 및 재활 장비
3	스위스	TBT	2001. 10. 9	2002. 6. 21	냉연 탄소저감 강판 코일 의무 기준(ID67). 분류, 표시, 라벨링, 샘플링 및 적합성 기준 등	냉연 탄소저감 강철 코일
4	일본, 뉴질랜드, 미국	SPS	2005. 3. 1	2005. 10. 1	공중보건규정 11. 태국은 일부 회원국의 의견을 토대로 식품안전 인증서에 대한 요구사항을 철회하고 대신 고위험 식품에 대한 검토에 중점을 두기로 함. 이 검토는 과학적 위해성 평가에 기초한 것임. 태국은 국제표준을 기반으로 식품안전을 인증하는 것이 무역을 촉진하는 방법이라고 확신. 태국은 국제적 가이드라인에 따라 다른 조치들의 동등성을 기꺼이 인정할 의사가 있음.	식품
5	멕시코	SPS	2005. 10. 1	2005. 10. 1	가금류 및 가금류 고기 수입 중단. 2006년 2월 멕시코는 두랑고(Durango)주에서 가금류 및 가금류 고기의 수입을 일시적으로 중단시킨 긴급조치를 해제해줄 것을 태국 정부에 요청. 조류 인플루엔자(AI)는 병원성이 낮으며, 국제수역사무국에 따르면 이러한 조치를 시행하기 전에 태국은 문제가 되는 병원성 균주의 존재 여부를 입증해야 함. 멕시코의 조류인플루엔자 통제 및 근절을 위한 프로그램은 10년 동안 모든 부류의 조류인플루엔자를 근절하기 위해 시행. 두랑고주는 국제수역사무국이 설정한 낮은 병원성 감염의 경우이고 조류인플루엔자 청정상태를 회복하고 모든 부류의 조류인플루엔자가 없다는 요건을 충족. 따라서 태국은 임시 수입제한을 중지해야 함. 태국은 지난 2년간 조류인플루엔자 발병 이후 사전적으로 예방적 접근법을 채택. 질병을 통제하고 근절하기 위한 적극적인 감시가 이루어짐. 위험에 처한 지역을 스캔하고 그 지역의 가금류 및 가금류 제품의 움직임을 통제. 태국은 일시적으로 감염된 주에서만 멕시코 가금류 수출을 금지	가금육

〈표 4-44〉 태국의 STC 관련 주요 내용(계속)

연번	STC 제기 상대국	관련 비관세조치	최초 제기일	최종 제기일	관련 내용	관련 상품
6	호주, 캐나다, EU, 미국	TBT	2007. 3. 21	2008. 11. 5	스낵류 표시 규정(ID159). 라벨링	스낵
7	대만, 일본, 한국	TBT	2009. 3. 18	2010. 3. 24	철강제품에 대한 필수 인증(ID230). 개정된 제품 인증 기준, 철강제품에 대한 요구사항 등	철강제품
8	아르헨티나, 호주, 캐나다, 칠레, EU, 멕시코, 뉴질랜드, 스위스, 미국	TBT	2010. 3. 24	2012. 3. 20	주류에 대한 건강 관련 경고(ID259). 주류에 그림 레이블 또는 경고문 중 하나를 사용해 최소 크기 이상의 경고를 표기해야 함. 20세 미만의 사람에게 주류 판매 금지. 위반 시 벌칙: 1년 이하의 징역 또는 20,000바트 벌금. 모든 주류에 대해 알코올이 건강을 향상시킬 수 있음을 나타내는 말과 기술 금지	주류
9	세네갈, 남아프리카공화국	SPS	2011. 10. 19	2012. 10. 18	포도, 사과 및 배에 대한 수입제한. 2011년 10월 남아프리카공화국은 태국의 새로운 식물검역법 3호에 따라 신선과일, 특히 포도, 사과 및 배의 수출이 중단되었다고 밝힘. 이 법은 질병위험분석(PRA)이 완료될 때까지 특정 신선 농산물의 수입을 금지하도록 하는 내용임. 경과조항으로 금지 이전에 태국에 수입된 제품은 예외적으로 허용. 남아프리카공화국은 이 조항을 발동해 사안별로 승인하고 질병위험분석이 완료될 때까지 최소한의 요구사항을 제안. 남아프리카공화국은 태국에 수출에 대한 임시 계약을 적용하고 질병위험분석으로 인해 영향을 받는 제품에 대한 무역을 재개할 것을 촉구. 태국은 질병위험분석을 완료할 때까지 특정 신선과일 및 식물 수입의 금지를 확인. 남아프리카공화국은 옥수수 수출에 대한 임시 면제를 받았지만 정해진 기한 내에 다른 농산물에 대해서는 면제를 요청하지 않음. 태국은 양국이 이 문제에 대해 상호 만족할 만한 해결책을 찾기 위한 방안을 제안. 2012년 10월 남아프리카공화국은 태국의 새로운 식물검역법(Plant Quarantine Act)의 결과로 신선과일, 특히 포도, 사과 및 배의 수출이 중단되었음을 상기. 예외를 인정받기 위한 신청이 기한 내에 제출되지 않았기 때문에 남아프리카공화국은 사례별로 승인절차를 거치는 것을 요청했으며 질병위험분석이 완료될 때까지 특정 최소 요건을 제안. 그럼에도 남아프리카공화국의 신선과일은 현재 태국 시장에서 제외. 남아프리카공화국이 질병위험분석을 수행하는 데 필요한 정보를 제공했음에도 불구하고 태국 당국은 질병위험분석이 언제 완료될 것인가를 명시하지 않음. 지난 4년 반 동안 태국에 대한 무역을 재개하기 위해 기술 및 외교적 차원의 협의가 진행. 남아프리카공화국은 신선 감귤의 태국 수출을 허용한 최근 협약을	과일

〈표 4-44〉 태국의 STC 관련 주요 내용(계속)

연번	STC 제기 상대국	관련 비관세조치	최초 제기일	최종 제기일	관련 내용	관련 상품
					환영했지만, 석류뿐만 아니라 포도, 사과 및 배에 대한 수입제한을 우려. 이 금지 조치는 성공적이고 안전한 과일 수출을 방해하고, 남아프리카공화국 생산자와 수출업자의 시장이 박탈되고 태국 소비자의 선택을 제한하게 됨. 남아프리카공화국은 태국이 금지령을 해제하도록 촉구하고 무역이 재개될 수 있도록 질병위험분석을 완료하도록 요구. 세네갈은 태국에 대해 포도와 사과의 수입금지에 대한 식물 위생상의 이유에 대해 정보를 요구	
10	EU, 일본	TBT	2013. 3. 6	2013. 3. 6	새로운 고무 공기압 타이어 수입에 관한 인증서 요구사항 및 행정 조치 BE 2555(2012)(ID369). 수입자는 (제품 수입 이전에) 대외무역부에 등록해야 함. 등록은 1년 동안 유효. 수입자의 신고의무. 수출국의 정부 부문에서 발행한 관할 인증기관(Certificate of Competent Authority, COCA) 또는 위에서 언급한 생산국 인증을 발급받을 수 있는 정부 또는 정부가 보증한 인증기관에 의해 발행된 인증서 필요. 이 서류는 수입절차 법령에 따라 세관에 적절하게 제시되어야 함. 수입자는 다른 종류의 제품과 별도로 새로운 고무 공기압 타이어를 보관해야 하며 타이어의 수입, 소유, 수출, 판매 및 유통 및 재고 등을 월별로 대외무역국에 보고해야 함.	타이어
11	EU	TBT	2013. 10. 30	2014. 6. 18	세라믹 타일 산업표준 초안(ID401). 태국 산업표준협회(TISI)는 바닥 타일, 세라믹 타일, 외벽용 세라믹 타일에 대한 세라믹 타일 필수 표준을 사용. 이 표준의 초안은 세라믹 타일이 압출 또는 프레싱을 통해 형성되는 것을 다룸. 바닥 및 벽 덮개에 일반적으로 사용되는 유약 및 초벌구이 세라믹 타일 및 부속품에 모두 적용	세라믹 타일
12	호주, 캐나다, 칠레, EU, 과테말라, 일본, 멕시코, 뉴질랜드, 남아프리카공화국, 미국	TBT	2014. 6. 18	2016. 11. 10	캐나다, EU, 멕시코 및 뉴질랜드는 BE(ID427)에 의거, 발행된 주류 통제 라벨의 규칙, 절차 및 조건에 대한 태국의 조치에 우려를 제기. 운동선수, 예술가, 가수 또는 만화의 이미지 사용, 스포츠 또는 음악 관련 메시지를 주류 라벨에 사용하는 것 등이 포함됨. 태국은 무역 제한적 대안을 고려하지 않았는지, 정책 목표를 달성하기 위해 금지된 이미지를 명확히 하도록 요청. 이들 국가는 시장에서 이미 판매되고 있는 상품 및 재고가 모두 소진될 때까지 판매할 수 있는 권한을 요청	주류

〈표 4-44〉 태국의 STC 관련 주요 내용(계속)

연번	STC 제기 상대국	관련 비관세조치	최초 제기일	최종 제기일	관련 내용	관련 상품
13	호주, EU, 뉴질랜드, 미국	TBT	2016. 3. 9	2016. 11. 10	이유식 및 어린이 식품 및 기타 관련 제품의 마케팅 촉진을 제어하는 것에 대한 법률 초안 BE(ID503)	영유아 식품

자료: WTO I-TIP Goods data base, https://i-tip.wto.org/goods/default.aspx?language=en, 저자 정리.

〈표 4-45〉 베트남의 STC 관련 주요 내용

연번	STC 제기 상대국	관련 비관세조치	최초 제기일	최종 제기일	관련 내용	관련 상품
1	호주, 칠레, EU, 멕시코, 미국	TBT	2010. 6. 23	2010. 11. 3	주류 가공용 주요 원료와 관련된 관리 및 기술 요구사항(ID267). 물 및 식용 알코올, 화학 및 미생물학적 매개변수, 중금속 및 식품 첨가물을 포함한 안전기준 및 라벨 요구사항	주류
2	호주, 캐나다, 칠레, EU, 뉴질랜드, 미국	SPS	2011. 3. 30	2013. 10. 16	호주는 베트남의 적색 내장 수입금지 철폐를 인정했으나 백색 내장 제품에 대해서도 고려해줄 것을 언급. 베트남은 공공안전에 대한 우려로 수입금지조치를 취했다고 언급. 새로운 수입조치는 농무부, 개발부 및 세관에 의해 고려되었으며 베트남은 이 과정에 이해가 있는 무역 파트너를 고려. 2013년 10월 EU는 베트남의 적색 내장 수입금지 철회를 환영했고 백색 내장 수입금지조치도 해제되었음을 보여주는 정보를 높이 평가. 그러나 베트남은 추가 등록요건과 수입처를 3개 도시로 제한하는 규정을 포함해 백색 내장에 대해 여러 가지 새로운 수입 조건을 부과. 베트남은 무역 상대국에 수입 조건의 변화에 대해 통보하지 않았고 EU는 이러한 규정이 과도하고 부담스럽다고 언급. 미국은 베트남의 무역제한조치 해제에 감사의 뜻을 표했지만 베트남이 특정 제품에 대해 요구할 수 있는 추가적인 조건에 우려. 미국은 베트남 수입 요건과 그 요구사항을 뒷받침하는 과학적 타당성에 대한 완전한 목록을 요구. 호주와 칠레는 EU와 미국이 표명한 우려를 공유하고 베트남이 과학적 원칙에 입각해 수입 조건을 수립하기 위해 무역상대국과 협력할 것을 촉구	육류

〈표 4-45〉 베트남의 STC 관련 주요 내용(계속)

연번	STC 제기 상대국	관련 비관세조치	최초 제기일	최종 제기일	관련 내용	관련 상품
3	호주, 캐나다, 칠레, EU, 뉴질랜드, 미국	TBT	2011. 6. 15	2012. 6. 13	주류, 화장품 및 휴대전화에 대한 적합성 평가절차(ID316). 알코올, 화장품 및 휴대전화의 밀수 및 위조를 효과적으로 통제해 소비자와 해외 수출에 도움이 되도록 하기 위한 지원 규정	주류, 휴대전화
4	호주, 캐나다, 칠레, EU, 멕시코, 뉴질랜드, 남아프리카공화국, 미국	TBT	2012. 6. 13	2012. 11. 27	주류 생산 및 무역에 관한 규정(ID349). 베트남에 수출하기 전에 해외 생산지에서 모든 알코올 제품 포장에 '수입 우표'가 부착되어야 함. 수입자는 등록된 수입 우표를 부착해야 할 책임이 있으며, 수입자와 수출자는 우표가 의도된 알코올 제품의 포장단위에 부착할 필요가 있음. 이 초안은 2008년 4월 7일자 법령 No 40/2008/ND-CP를 개정하고 대체하기 위한 것임.	주류
5	호주, 캐나다, 칠레, EU, 뉴질랜드, 미국	TBT	2012. 6. 13	2013. 6. 17	식품안전법(ID356) 일부 조항의 실행을 상세히 설명하는 법령 No 38. 기술규정 적합성 발표, 인체 건강 및 유전자 변형식품의 안전성, 인증기관의 대상이 아닌 제품, 식품안전 및 식품안전상태와 관련해 통제 없이 수입된 제품에 대한 적합성, 식품안전 및 검사관리에 대한 국가 통제	식품
6	칠레	SPS	2015. 10. 14	2015. 10. 14	과일파리로 인한 과일 수입제한. 2015년 10월 칠레는 과일파리로 인한 원예제품에 대한 베트남의 수입제한에 우려를 표명. 2015년 8월 베트남은 과일 수입 중단을 칠레에 통보. 칠레는 과일파리 청정지역으로 간주되지 않아 베트남이 질병위험분석을 수행할 수 있을 때까지 그 지위를 되찾지 못할 것이라고 설명. 칠레는 1980년부터 국가식물보호기구(NPPO)가 운영하는 과일파리 프로그램을 운영했으며 칠레는 지침에 따라 지중해 과일파리 피해로부터 자유롭다고 확인. 칠레는 각 지역의 과일파리를 근절. 현재 칠레에서 지중해 초파리병이 2건 발생해 적절한 시정조치가 시작됨. 과일파리 박멸을 위해 칠레는 해충 퇴치를 위한 조치를 취한 이후 해충 감염지역의 과일 수출은 없었으며 모든 과일 수출은 선적 전에 검사를 받았다고 밝힘. 이와 같이 칠레는 베트남의 조치가 과학적 근거 없이 불균형적으로 이루어지고 있다고 판단. 베트남이 SPS 협정, 특히 제2.2조, 제2.3조, 제3조, 제5.4조, 제5.5조, 제5.6조 및 제6조를 준수할 것을 촉구. 베트남은 지중해 초파리로 인한 수입 허가 발급의 일시 중단이 해충에 의해 발생하는 위험으로부터 베트남 식물의 건강을 보호하기 위한 것이라고 응답. 칠레는 2015년 3월부터 5월까지 지중해 초파리 피해를 입음. 2014년 10월 베트남 농무성 개발부는 과일파리가 한 번에 할당된 해충	과일

〈표 4-45〉 베트남의 STC 관련 주요 내용(계속)

연번	STC 제기 상대국	관련 비관세조치	최초 제기일	최종 제기일	관련 내용	관련 상품
					목록을 발표. 이와 관련된 내용은 WTO에 통보되었으며 베트남은 임시 수입 중단이 ISPM 11과 일치함을 추가로 지적. 베트남은 칠레에 질병위험분석 및 기타 규제검역절차를 수행하기 위해 발병에 대한 추가 정보를 요청하는 공식 서한을 보냈지만 아직 그 절차를 시작하기에 충분한 정보를 받지 못함. 베트남은 칠레가 베트남 관할 당국과 긴밀히 협의해 논의를 재개하도록 요청	
7	칠레	SPS	2015. 10. 14	2015. 10. 14	식물제품에 대한 수입제한. 2015년 10월 칠레는 키위, 사과, 버찌 및 포도 유입에 대한 베트남의 수입제한에 우려를 제기. 칠레는 수출제품에서 검출된 해충에 대한 통보를 한 번도 받지 못했다고 언급. 칠레는 2011년부터 베트남이 질병위험분석을 개발할 수 있도록 식물검역 정보를 제출. 2015년 2월 베트남은 칠레 과일제품에 대한 질병위험분석을 공유했으나 칠레는 몇 가지 부정확성을 지적. 칠레는 그 후 베트남이 의견에 대한 답변을 제공할 것을 요구했고, 네 가지 과일의 수출이 계속될 수 있다는 확인과 각 질병위험분석 및 양국 간 합의에 대한 확인을 요청. 이후 베트남 검사관은 칠레 과일제품의 생산 및 수출 시스템에 대한 검증을 수행하도록 요청 받음. 그러나 같은 달에 칠레는 베트남의 반응에 대해 60일 기한으로 의견을 피력. 특히 칠레는 베트남과의 다른 어떤 회원국에서도 요구되지 않았던 과일의 방사선 처리조치에 대해 우려. 칠레는 SPS 협정을 고려하도록 베트남에 요청. 정상 무역에 영향을 미치지 않으면서 적절한 식물 위생 안전을 제공할 새로운 조치에 합의하기 위해 양자 간 논의를 계속할 의향을 표명. 베트남은 국제 관행을 준수하기 위해 규정을 개정하고 있다고 응답. 규제 품목 목록 및 베트남으로 수입하기 전에 질병위험분석의 대상이 되는 규제 물품에 대해 회원국에 회람. 베트남은 기존에 수입되던 상품에 대해 수입허가가 계속 발급될 것이며 칠레의 채소 수출은 이 규정의 영향을 받지 않았다고 지적. 베트남은 질병위험분석이 이미 완료되었고 칠레의 반응을 기다리고 있다고 강조. 베트남은 새로운 규정의 시행으로 발생하는 모든 문제를 논의하고 해결려는 의지를 표명	과일

〈표 4-45〉 베트남의 STC 관련 주요 내용(계속)

연번	STC 제기 상대국	관련 비관세조치	최초 제기일	최종 제기일	관련 내용	관련 상품
8	칠레	SPS	2015. 10. 14	2015. 10. 14	유제품 및 육류 제품에 대한 베트남 승인절차의 부당한 지연. 2015년 10월 칠레는 육류 및 낙농 제품에 대한 베트남의 승인절차가 지나치게 지연되었다는 우려를 표명. 2009년부터 베트남의 관련 서비스에 대한 추가정보를 요구했지만 2011년에만 반응을 보였음. 칠레는 2012년 지정된 제품에 대한 위생 관련 수출증명서와 함께 필요한 모든 정보를 제출했다고 설명. 이로 인해 베트남은 2015년 2월 유제품에 대한 인증서를 승인. 칠레는 이 결과에 감사를 표시하면서도 낙농 부문의 수출을 허용하는 인증서 목록에 대한 승인을 아직 받지 못했다고 지적. 칠레는 육류 제품과 관련해 베트남이 2013년 10개의 육가공 시설에 대한 승인을 통보했음에도 불구하고 각국의 인증서에 대한 승인이 베트남에 의해 검토 중임을 위원회에 통보. 칠레는 최근 여러 가지 요청에 따라 2015년 7월과 같이 새로운 정보, 업데이트된 정보 및 이전에 제출된 정보를 베트남에 제공하기 위해 취한 다양한 조치를 설명. 칠레는 동물 건강 상태가 최적이며, 수출을 제한할 수 있는 주요 질병이 없고, 검역 서비스의 질이 이 상태를 보장한다고 단언함. 칠레는 베트남과의 양국 관계를 긍정적으로 평가했으며, SPS 협정 제2.2조, 제5조 및 제6조와 부속서 C(1a)에 따라 이 문제가 신속히 해결되기를 희망	육류

자료: WTO I-TIP Goods data base, https://i-tip.wto.org/goods/default.aspx?language=en, 저자 정리.

알 수 있다. 미국, EU, 호주, 캐나다, 뉴질랜드, 스위스, 멕시코, 브라질, 아르헨티나, 칠레, 한국, 대만, 일본, 남아프리카공화국, 세네갈, 과테말라 등이다. 물론 이 중 미국, EU, 호주 3개국이 제기한 STC가 8건으로 가장 많다. 이는 이들 국가가 태국의 무역에서 차지하는 비중이 가장 크다는 측면에서 자연스러운 현상일 것이다. 태국의 경우 인도네시아와는 상반되게 13건의 STC 중 3건만이 SPS에 대한 문제제기이고 나머지 10건은 모두 TBT에 대한 문제제기로 태국은 TBT의 비중이 큰 것을 알 수 있다. TBT는 라벨링, 표준 및 인증 기준 등에 대한 것으로 관련 상품도 의료기기, 철강제품, 스낵류, 주류, 타이어, 타일, 영유아식품 등 다양하다. 이는 태국이 아세안 중에서 선발국으로서 상대적으로 산업화 수준이 높고 주로 식품안전 및 검역 관련 이슈보다는 생산, 판매, 유통 과정에 있어서 기술적 요건에 관한 규정을 중요하게 다루고 있음을 반영한다고 할 수 있다.

또한 태국의 비관세조치에 대한 STC가 제기된 시기를 보면 최초 제기일 기준으로 글로벌 금융위기 이전인 1995~2008년까지는 6건이고 2009~2016년은 7건으로 글로벌 금융위기 이후 최근까지 STC가 상대적으로 많이 집중되어 있음을 알 수 있다. 태국도 다른 아세안과 같이 2009년 이후 STC가 집중되는 것은 그만큼 비관세조치의 영향 또는 상대 국가들의 민감도가 커지고 있음을 반영한다고 할 수 있다.

마지막으로 베트남의 경우 베트남의 194건의 비관세조치에 대해 제기된 STC는 총 8건이다. STC 제기 상대국을 살펴보면 다른 경우와 유사하게 미국, EU, 호주, 뉴질랜드, 멕시코, 칠레, 남아프리카공화국, 도미니카 등인데, 이 중 칠레가 8건의 STC에 다 포함되어 있는 것이 특징적이다. 또한 한국, 일본, 대만 등 동아시아 국가들의 STC 제기가 없는 것도 특징적이다. 이는 베트남의 STC가 제기된 비관세조치들이 주로 농축산물의 수입과 관련된 것으로 베트남으로 농축산물을 많이 수출하는 국가들에서 관련 비관세조치에 대한 STC 제기가 많이 이루어짐을 의미한다. 8건의 STC 제기건수 중 SPS가 4건, TBT가 4건으로 균형을 이루고 있다. 또한 최초 제기일을 기준으로 보면 8건 모두 글로벌 금융위기 이후에 제기된 것으로 베트남의 경우 2000년대 중반 이후 급속한 경제 개혁·개방과 더불어 통상 분야에서도 비관세조치의 증가 및 이에 대한 STC 제기가 증가한 것으로 볼 수 있다.

베트남에 제기된 STC의 내용 및 관련 상품을 살펴보면 대부분 식품안전을 위한 주류의 첨가물 안전기준 및 라벨링 요건, 육류 및 육가공품, 신선과일 등의 전염병 통제를 위한 수입제한 등이다. 또한 수출 상대국의 STC 제기 이유를 살펴보면 주로 비관세조치의 부과가 국제적 기준에 부합하지 않거나 수입을 과도하게 제한할 수 있다는 것, 비관세조치의 시행의 과학적이고 객관적인 근거와 데이터를 제공하지 않고 있는 것 등이다. 따라서 베트남의 경우 향후 급속한 시장개방과 경제성장 과정에서 나타날 수 있는 불필요한 비관세조치를 최소화하고 비관세조치 시행으로 인한 수출 상대국과의 무역분쟁을 방지하기 위해 더 객관적이고 과학적인 자료의 확보 및 이를 근거로 한 비관세조치의 시행이 필요하다고 할 수 있다.

위의 내용을 정리해보면 인도네시아와 말레이시아는 할랄제품(식품)과 관련된 기준의 적용과 관련된 비관세조치 시행 및 STC 제기가 주된 이슈가 되고 있다. 필리핀, 싱가포르, 태국의 경우는 비관세조치 시행건수에 비해 제기된 STC의 건수가 많지 않은데 이는 이들 선발국들의 통상 부문에 있어서의 상대적인 성숙도를 반영한다고도 할 수 있다. 태국의 경우에는 다른 국가들과 상이하게 식품안전 및 검역과 관련된 STC보다 상품의 표준 및 인증 기준과 관련된 STC가 주로 제기되고 있다. 이는 태국의 산업 특성을 반영한 것이라고 할 수 있다. 시기적으로 보면 주로 2008년 글로벌 금융위기 이후 제기된 STC가 그 이전 1995~2008년에 제기된 STC에 비해 월등히 많은데 이는 비관세 조치의 시행이 글로벌 금융위기 이후 증가한 것뿐만 아니라 이에 대한 수출 상대국의 피해에 대한 민감도가 그만큼 증가했음을 반영한다고 할 수 있다.

제5장

아세안의 WTO 분쟁 사례 분석

이 장은 「인도네시아 WTO 무역분쟁 연구: 통상정책 관련성을 중심으로」(『국제지역연구』 21권 3호, pp. 29-55)를 수정 보완한 것이다.

1. 개요

이 장에서는 2장에서 살펴본 아세안의 WTO 분쟁 추이와 그 특징 및 시사점 등에 이어 개별 사례를 살펴본다. 1995년 출범한 WTO는 빠르게 변화하는 국제통상환경에 부응하는 세계무역질서 형성을 위해 노력하고 있다. 한편 1994년 단순한 자유무역협정(FTA)의 형태로 시작된 아세안의 경제통합은 20여 년이 지난 2015년 12월, 한 차원 높은 수준의 경제통합을 지향하는 아세안경제공동체(AEC)의 출범으로 새로운 전기를 맞았다. 다자간무역질서의 대표인 WTO와 지역경제통합체인 아세안은 20여 년이라는 비슷한 역사에도 불구하고 연관성은 크지 않았다.

하지만 2000년대 들어서 아세안의 후발주자인 캄보디아, 라오스, 베트남 등이 WTO에 가입하게 되고 본격적으로 세계경제체제에 통합됨에 따라 아세안은 WTO의 다자간무역질서에 밀접하게 연결되게 되었다. 이는 아세안 개별국가 차원에서뿐만 아니라 아세안경제공동체를 중심으로 하는 경제통합 차원에서도 중요한 이슈가 될 것이다. 이 장에서는 이러한 WTO와 아세안의 교차점을 예상해 그동안 진행되어 온 아세안의 WTO 분쟁 사건을 분석하고자 한다. 이를 통해 향후 아세안이 개별국가 차원뿐만 아니라 역내 경제 전체 차원의 무역 이익을 담보하기 위한 시사점을 도출할 수 있을 것이다.

앞에서 살펴보았듯이 아세안은 1995년 WTO 출범 초기 WTO 분쟁해결절차의 활용에 비교적 적극적이었지만 2000년대 이후 소강상태를 보였다. 하지만 2010년 이후 특히 인도네시아와 베트남을 중심으로 다시 적극적으로 WTO에 제소하고 있다. 피소도 2010년대 이후 증가하고 있다. 글로벌 경제위기 이후 세계적 경기침체가 장기화되고 보호무역주의가 다시 대두되는 상황에서 개별국가들은 자국의 무역 이익을 최대한 담보하기 위해 WTO 분쟁해결절차를 적극적으로 활용할 가능성이 크다. 아세안도 이러한 세계적 추세에 대응한 개별국가 및 역내 경제 전체 차원의 대응방안이 필요할 것으로 보인다.

또한 아세안의 역내 무역이 증대됨에 따라 경제적 상호밀접도 및 상관성이 높아지고 있다. 이에 따라 WTO 분쟁이 발생할 경우 개별국가의 분쟁 사례에 대한 이해는 해당국가뿐 아니라 수직적·수평적 가치사슬로 묶여 있는 역내 국가들에도 유용하게 활용할 수 있다. 더 나아가 개별국가들이 처할 수 있는 유사한 WTO 분쟁 상황에서 비용을 최소화할 수 있는 적합한 무역정책을 수립하는 데 도움을 줄 수 있을 것이다. 마지막으로 보호무역의 색채가 강한 정책을 실시하고 있는 인도네시아가 2010년대 이후 WTO 제소 및 피소 대상 주요국이 되었다. 적절한 개혁과 개방을 통해 WTO 협정을 위반하지 않고 피소를 피함으로써 불필요한 분쟁으로 인한 비용을 줄일 필요가 있다.

아울러 이 장에서는 아세안 개별국가들의 사례를 활용해 아세안이 WTO 분쟁해결절차의 활용에 대한 구체적인 시사점을 도출하고자 했다. 예를 들어 베트남은 미국의 수입냉동새우에 부과한 반덤핑관세에 대해 두 차례에 걸쳐 WTO에 제소함으로써 결국 유리한 판정을 이끌어냈다. 두 번의 제소를 거치면서 미국의 반덤핑관세 부과에 대해 세밀하고 법리적인 이의를 제기할 수 있게 되었다. 2차 제소 시에는 1차 제소 때보다 여러 사항에서 유리한 판정을 이끌어냈다. 제소 상대국이 비록 선진국이라 하더라도 불공정무역행위에 대해서는 적극적이고 과감하게 WTO 분쟁해결절차를 활용할 필요성이 있다는 것을 알 수 있다. 또한 유사한 이해관계를 가진 역내 및 역외 국가들과의 협력과 공조를 통해 유리한 판정을 이끌어낼 수 있는 조건을 제공할 수 있을 것이다.

이 장의 연구를 기초로 분쟁의 본질적인 내용, 쟁점 및 당사국의 주장과 패널의 판정 등을 면밀하게 분석하고, 이를 통해 개별 분쟁 사건들에 대한 구체적인 분석과 시사점을 도출할 수 있을 것이다.

2. 인도네시아의 제소 사례 분석

이 절에서는 아세안의 WTO 분쟁 중 가장 비중이 높은 인도네시아의 사례를 분석하고자 한다. 1995~2017년 인도네시아와 관련된 WTO 분쟁은 총 25건으로 이 중 11건은 인도네시아가 제소한 것이다. 이를 제소 상대국별, 연도별, 품목 및 협정별, 판정결과 등 세부적으로 정리하면 〈표 5-1〉과 같다. 인도네시아가 WTO에 제소한 상대국으로는 아르헨티나 1건, 미국 3건, 한국 1건, 남아프리카공화국 1건, EU 2건, 호주 2건, 파키스탄 1건이다. 미국, EU 및 호주 등 주요 선진국에 대한 제소가 7건으로 총 제소건 중 63.6%지만 개도국도 4건인 것을 볼 수 있다. 이는 인도네시아가 풍부한 천연자원을 바탕으로 한 1차산품 및 저렴한 노동력을 활용한 경공업제품의 수출 비중이 크고, 개도국에도 상당 수준 수출되기 때문이라고 할 수 있다.[1]

인도네시아는 WTO 출범 이후 1998년 처음으로 아르헨티나를 상대로 한 제소를 시작으로 최근 2017년 호주를 상대로 한 제소까지 다른 아세안과 비교했을 때 적극적으로 WTO 분쟁해결절차를 활용해온 것을 볼 수 있다. 이를 10년 단위로 나누어 2005년 전후로 구분해보았을 때, 전기 3건, 후기 8건으로 후기에 상대적으로 많이 제기된 것을 알 수 있다. 이는 인도네시아의 첫 제소가 1997년 외환위기 이후 바로 제기되었다는 점과 후기 8건은 2008년 유럽의 금융위기 이후 지속적으로 증가했다는 점으로 보았을 때 세계경제의 침체가 인도네시아의 제소에 상당한 영향을 미치고 있는 것을 말해준다.

세부협정별 위반사항을 살펴보면 GATT 1994와 반덤핑 및 상계조치 등 상대국의 불공정무역행위에 대한 제소가 대부분이다. 이는 앞서 언급했듯이 GATT 1994는 WTO의 기본원칙과 관련된 것으로 세부협정 위반에 대한 제소 시 일반적으로 함께 제기된다고 볼 수 있기에 인도네시아의 제소는 주로 반덤핑 및 상계조치에 관한 것이라 볼 수 있다. 총 10건의 제소 중 7건이 상대국의 반덤핑협정 관련 위반으로 제기된 것으로 그 비중이 상당히 높다. 이와 더불어 미국 및 호주를 상대로 위생 및 검역조치(SPS) 협정 및 무역기술장벽(TBT) 협정 위반에도 제소하는 등 선진국의 비관세장벽에 대해 적극적으로 대응하고 있는 것을 알 수 있다.

상품 분야별로 보면 신발류 1건, 제지류 5건, 바이오디젤 1건, 담배류 2건 등으로 주로 경공업 위주의 제조업 관련 분야에 치중되어 있다. 특히 제지류에 대한 제소가 5건으로 전체 제소의 40% 이상을 차지

1 인도네시아의 주요 수출국으로는 일본, 중국, EU, 싱가포르, 미국, 인도, 한국, 호주 등이다. 주요 품목별 수출은 석탄이 전체 12.7%이며, 원유, 팜유 및 가공제품 등 천연자원 가공품목이 전체 수출의 약 39%다. 또한 섬유, 고무 및 가공제품, 야자유, 펄프 및 제지, 신발류 등 제조업 분야의 품목이 주를 이룬다(인도네시아 통계청, 2015; World Trade Atlas, 2015).

하는데 펄프 및 제지산업은 인도네시아의 풍부한 산림자원을 기반으로 가격경쟁력을 갖춘 주요 수출품목 중 하나로 이와 관련된 분쟁건수가 많은 것은 당연한 결과라고 볼 수 있다.

인도네시아가 제소한 사건의 분쟁절차 진행 현황을 살펴보면 총 11건 중 5건은 판정이 이루어졌으며 나머지 6건은 2019년 말 기준 협의 중이거나 진행 중이다. 판정이 이루어진 5건 중 2건은 승소, 1건은 상호 합의, 2건은 패소했다. 이 중 '상호 합의'의 경우 제소 당사국이 적어도 만족할 수준의 합의점에 이르러야 가능하다는 점을 고려해볼 때, 합의는 승소와 같이 분류할 수 있다. 이렇게 본다면 총 5건의 제소 중 승소 3건, 패소 2건으로 60%의 승소율을 보이고 있다. 인도네시아가 제소한 사건 중 유일하게 패소판정을 받은 분쟁은 인도네시아산 특정 종이에 한국이 반덤핑관세를 부과하자 인도네시아가 이를 WTO에 제소한 것이다. 이 사건은 유일하게 한국이 아세안과 분쟁해결절차의 최종단계까지 간 사례다. 승소판정을 받은 3건의 분쟁 상대국이 미국임을 감안할 때 다소 협상력이 떨어지고 전문 인력이 부족한 여타 아세안 국가들도 객관적인 규정에 기반한 WTO 분쟁해결절차에 적극적으로 참여해 공정경쟁 여건을 확보하고 부당한 피해를 받지 않도록 대응할 수 있음을 알 수 있다. 인도네시아가 WTO에 제소한 사례의 주요 쟁점 및 판정내용을 살펴보고 각 분쟁에서 인도네시아가 어떤 방식으로 WTO 분쟁해결제도를 활용했는지 심층적으로 분석하는 것은 의미 있다고 할 수 있다.[2]

2 인도네시아가 제기한 분쟁 중 2019년 말까지 종료된 사건은 4건이며 진행 중인 사건은 7건이다. WTO 분쟁해결기구에서 진행 중인 사건 중 5건은 2019년 말 기준 패널 설치가 이루어지지 않아 WTO에서 공식적으로 제공하는 자료가 아직 충분하지 않은 제약이 있다. 그러므로 이 글에서는 패널 또는 상소기구의 보고서가 채택되거나, 합의에 의해 종료한 사건과 패널이 설

〈표 5-1〉 인도네시아의 WTO 분쟁 제소 현황

사건 번호	제소 상대국	제소 연도	제목	관련 품목	관련 협정	결과
DS123	아르헨티나	1998. 4	신발 수입에 대한 세이프가드	신발	GATT 1994, 세이프가드	협의 중(실제로는 비공식 종료)
DS217	미국	2000. 12	2000년 덤핑 및 보조금 상쇄법	버드 수정법	GATT 1994, 반덤핑, SCM, WTO 설립을 위한 협정	승소(항소판정)
DS312	한국	2004. 6	인도네시아산 특정 종이 수입에 대한 반덤핑관세	제지	GATT 1994, 반덤핑	패소(패널판정)
DS374	남아프리카 공화국	2008. 5	코팅되지 않은 비목재 용지에 대한 반덤핑조치	제지	반덤핑	상호 합의
DS406	미국	2010. 4	정향담배의 생산 및 판매 관련 조치	담배	GATT 1994, SPS, TBT	승소(항소판정)
DS442	EU	2012. 7	인도네시아산 특정 주류 수입에 대한 반덤핑조치	지방 알코올	GATT 1994, 반덤핑	패널 설치
DS467	호주	2013. 10	담배제품 및 포장에 적용되는 상표, 지리적 표시 및 기타 일반 포장 요구사항에 관한 특정 조치	담배	GATT 1994, TBT, TRIPs	패널 구성
DS470	파키스탄	2013. 11	인도네시아산 특정 종이제품에 대한 반덤핑 및 상계관세를 위한 조사	제지	GATT 1994, 반덤핑, SCM	협의 중(실제로는 비공식 종료)
DS480	EU	2014. 6	인도네시아산 바이오디젤에 대한 반덤핑조치	바이오 디젤	GATT 1994, 반덤핑, WTO 설립을 위한 협정	패널 구성
DS491	미국	2015. 3	인도네시아산 특정 코팅지에 대한 반덤핑 및 상계조치	제지	GATT 1994, SCM, 반덤핑	패소(패널판정)
DS529	호주	2017. 9	인도네시아산 종이제품에 대한 반덤핑 및 상계조치	제지	GATT 1994, SCM, 반덤핑	패널 구성

자료: https://www.wto.org/english/tratop_e/dispu_e/dispu_by_country_e.htm, 저자 정리.

치된 제소 사건에 국한해 총 6개의 사례를 분석한다.

1) 미국-인도네시아/태국 버드수정법 사건(DS217)[3]

2000년 10월 미국이 버드(Byrd)수정법[4]이라 불리는 '지속적 덤핑과 보조금에 관한 상쇄법(Continues Dumping and Subsidy Offset Act of 2000)'을 발효하자 인도네시아와 태국은 외국 기업이 낸 반덤핑 및 상계관세 부과금을 미국 내 경쟁기업에 배분하는 것은 외국 기업에 대한 이중제재라며 2001년 7월 WTO에 제소했다(김승호, 2007). 이 법안의 요지는 미국 세관이 거둔 반덤핑 및 상계관세 부과금을 제조 설비 구입 및 연구개발비, 종업원 의료비 지원 및 연금 혜택 부여 등에 쓸 수 있도록 미국의 국내 생산자 등에게 배분하자는 것이다. 법안이 발효된 이후 미국 정부는 8억 달러에 달하는 반덤핑 및 상계관세 수입을 2002년 회계연도에 미국의 산업계에 배분했다.

패널은 동 사건에서 미국의 버드수정법이 반덤핑 및 보조금협정에서 허용하는 구체적인 조치에 해당하는지 여부, 이러한 법규가 미국 내 업체들에 재정적 유인 등을 제공함으로써 덤핑에 대한 부당한 조사 개시를 지지하게 하는지에 대한 여부, 인도와 인도네시아의 경우 반덤핑관세를 부과하기 전에 개도국에 대한 특별한 고려를 했는지 등 7개의 쟁점을 중점적으로 검토했다. 패널 및 상소 기구는 7개의 검토사항에서 4개 쟁점에서는 미국의 손을 들어주었으나, 실체적 주요 쟁점이

3 동 사건에는 인도네시아를 비롯한 한국, EU, 브라질, 캐나다, 인도, 일본, 칠레, 멕시코, 호주, 인도네시아, 태국 등도 참여했다. 동 사건에 관한 내용은 WTO, United States-Continued Dumping and Subsidy Offset Act of 2000, WT/DS217/R 참조.

4 이 법은 1930년 관세법에 지속적 덤핑과 보조금에 관한 상쇄조항 754조를 추가하자는 법안으로 법률의 제안자인 로버트 버드(Robert Byrd) 미 상원위원의 이름을 따 소위 버드수정법으로 일컬어진다.

되었던 앞의 두 사항에 대해서는 WTO 협정에 위배된다고 판정함으로써 실제적으로 미국은 패소했다.

패널은 버드수정법을 통한 미국 내 기업에 대한 관세수입 배분은 덤핑 및 보조금에 대해 반덤핑 및 상계관세 외에는 추가적인 제재를 하지 못하도록 규정한 반덤핑협정 18.1조 및 보조금협정 32.1조에 위배된다고 판정했다. 또한 수출기업에 반덤핑 및 상계관세를 부과하는 동시에 미국 내 경쟁기업에 관세수입을 배분해 경쟁력을 강화시키는 것은 수출기업에 대한 이중제재에 해당하며 WTO 협정 위반으로 판정했다. 패널은 관련 법률을 폐지하거나 WTO 협정에 합치하는 방식으로 변경할 것을 권고했고, 최종적으로 상소기구에서 버드수정법이 반덤핑협정과 보조금협정에 위반된다는 사실이 확인되어 미국은 동 법률의 폐지 및 수정 의무를 지게 되었다. 동 사건은 인도네시아가 처음으로 통상강국인 미국을 상대로 제소한 첫 번째 사례로 승소판정을 이끌어냈다는 점에서 의미가 크다. 이는 이후 인도네시아가 WTO 분쟁해결절차를 좀 더 적극적으로 활용하는 데 일조한 것으로 보인다. 동 사건의 내용을 정리하면 〈표 5-2〉와 같다.

〈표 5-2〉 DS17 사건 패널의 주요 판정 내용

	법적 쟁점(제소 근거 규정)	패널의 판정
1	덤핑(보조금)에 대한 구체적 조치 여부(반덤핑협정 18.1조, 보조금협정 32.1조)	위반
2	조사 개시 조건 무효효과 여부(반덤핑협정 5.4조, 보조금협정 11.4조)	위반
3	가격약속 수용 금지효과 여부(반덤핑협정 8.3조, 보조금협정 18.3조)	비위반
4	개도국에 대한 특별 고려 여부(반덤핑협정 15조)	비위반
5	조치 가능 보조금 해당 여부(보조금협정 5조 나호)	비위반
6	법규의 공정운영 위배 여부(GATT Ⅹ조 3항 a호)	비위반
7	이행방법 권고(분쟁해결양해 19.1조)	위반

자료: https://www.wto.org/english/tratop_e/dispu_e/cases_e/ds217_e.htm, 저자 정리.

2) 한국-인도네시아 특정 종이 반덤핑관세 사건(DS312)[5]

동 사건은 한국이 인도네시아산 인쇄용지와 정보용지에 대해 반덤핑관세를 부과하자 인도네시아가 이에 반발해 제소한 것이다. 펄프, 종이 등은 인도네시아의 주력 수출상품으로 이에 대한 반덤핑관세 부과는 인도네시아의 입장에서는 민감하고 중요한 통상 이슈일 수밖에 없다. 2003년 9월 한국 정부는 인도네시아 3개 제지회사 핀도델리(Pindo Deli), 트지위키미아(Tjiwi Kimia), 인다흐키아트(Indah Kiat)에 대해서는 사실상 시나르마스그룹(Sinar Mas Group)의 자회사들이므로 동일한 수출자로 판단, 8.22%의 반덤핑관세를, 에이프릴파인(April Fine) 및 기타 수출자에 대해서는 2.80%의 반덤핑관세를 부과했다. 한국무역위원회(Korea Trade Commission, 이하 KTC)는 덤핑마진 결정 시 필요한 정상가격 산정 등 일부분에 대해서는 인도네시아 측의 조사 비협조를 근거로 입수 가능한 사실(facts available)을 적용했다. 인도네시아는 한국의 이러한 조치가 반덤핑협정 제2조(덤핑마진 산정), 제3조(피해판정), 제6조(증거기준) 등에 광범위하게 저촉된다고 문제를 제기했다. 인도네시아는 2004년 6월 한국에 협의를 요청했으나 협의과정에서 합의에 이르지 못했고 결국 2004년 8월 패널이 설치되었다(공수진, 2005).

패널은 동 사건에서 인도네시아산 백상지에 대한 KTC의 조사 및 결정이 반덤핑협정과 일치했는지 여부를 검토했다. 특히 패널은 KTC가 반덤핑조사 과정에서 이용 가능한 자료의 사용, 조사대상 기업들에 대한 단일 수출자 대우, 동종 상품의 범위 결정, 피해 결정의 적절성, 이해당사자에 대한 통지 및 의견표명 기회 제공, 비밀정보 보호와

5 동 사건에 대한 내용은 https://www.wto.org/english/tratop_e/dispu_e/cases_e/ds312_e.htm 참조.

관련해 반덤핑협정의 관련 조문 위반 여부를 심리했다. 이를 위해 패널은 KTC의 덤핑 결정과 피해 결정에 관련해 인도네시아의 주장을 11개 쟁점을 중심으로 18개 세부쟁점에 대해 검토했다.

패널은 주요 실체적 쟁점 부분에서는 인도네시아의 주장을 거부했으나 구체적인 5개 세부쟁점에서 인도네시아의 주장을 받아들여 KTC의 조사가 반덤핑협정과 불일치하다는 결정을 내렸다. 따라서 패널은 인도네시아의 동 협정상의 이익이 침해 또는 무효되었으므로 한국이 당해 불일치한 5개 세부쟁점과 관련해 반덤핑협정과 일치시키도록 권고했다. 이에 대한 내용을 정리해보면 〈표 5-3〉과 같다. 동 사건은 한국과 인도네시아 간 최초의 WTO 분쟁으로 대부분의 쟁점에서 한국이 승소했으나 인도네시아는 5개 쟁점에서 유리한 판정을 이끌어 냄으로써 이후 인도네시아가 보다 적극적으로 상대국의 반덤핑관세 부과에 대응해 WTO 분쟁해결절차를 활용할 수 있는 계기가 되었다고 볼 수 있다.

3) 미국-인도네시아 정향담배 사건(DS406)[6]

2009년 미국은 청소년 흡연율을 줄이기 위한 방안으로 '가족흡연 예방 및 담배규제법(Family Smoking Prevention and Tobacco Control Act)'을 통과시켰고, 오바마 행정부는 이 법안 Section 907(a)(1)(A)에 따라 특정 맛(flavor)으로 특징화된 담배의 제조 및 판매를 금지하는 기술규정을 도입했다(Ballet, 2011). 그러나 미국 공중보건정책의 악영향 및 암거래 시장의 활성화 등의 이유로 박하향이 첨가된 담배는 본 규정 대상에

6 동 사건에 대한 내용은 https://www.wto.org/english/tratop_e/dispu_e/cases_e/ds406_e.htm 참조.

〈표 5-3〉 DS312 사건 패널의 주요 판정 내용

	법적 쟁점(제소 근거규정)		패널의 판정
1	미비한 자료를 제출한 인다흐키아트와 핀도델리의 정상가격 산정 시 이용 가능한 사실의 사용	① 합리적인 기간 내에 필요한 정보가 제출되었는지 여부(반덤핑협정 6.8조)	비위반
		② 제출된 자료의 배제 가능성 여부(반덤핑협정 6.8조, 부속서 II: 3항)	비위반
		③ 제출된 자료의 배제 사실 통지 및 의견표명 기회 제공 여부(반덤핑협정 6.8조, 부속서 II: 6항)	비위반
2	이용 가능한 사실에 근거한 인다흐키아트와 핀도델리의 정상가격 산정(반덤핑협정 2.2조)		비위반
3	인다흐키아트와 핀도델리의 정상가격 산정 시 2차 출처의 자료 사용에 대한 특별 산정(반덤핑협정 6.8조, 부속서 II: 7항)		위반
4	자료를 제출하지 아니한 트지위 키미아에 대한 덤핑마진 산정	① 덤핑 결정 시 이용 가능한 자료 사용(반덤핑협정 6.8조, 부속서 II: 7항)	위반
		② 의견표명 기회 제공 여부(반덤핑협정 6.8조, 부속서 II: 6항)	비위반
5	가격비교 가능성에 영향을 미치는 차이의 인정(반덤핑협정 2.4조)		비위반
6	대상기업들을 단일수출자로 대우(반덤핑협정 6.10조, 9.3조)		비위반
7	덤핑 관련 공개의무	① 현장실사의 결과에 대한 공개 여부(반덤핑협정 6.7조)	위반
		② 덤핑 관련 정보의 공개(반덤핑협정 6.4조)	비위반
8	동종 상품의 결정 및 피해 결정(반덤핑협정 2.6조, 3.1조, 3.2조, 3.4조, 3.5조, 3.7조)		비위반
9	피해 결정	① 국내 산업에 영향을 미치는 가격분석(반덤핑협정 3.1조, 3.2조, 3.4조)	비위반
		② 덤핑수입의 국내 산업에 대한 영향평가(반덤핑협정 3.4조)	위반
		③ 국내 산업의 수입을 덤핑수입에 포함(반덤핑협정 3.4조, 3.5조)	비위반
10	피해 관련 공개의무	① 동종 상품 관련 기술심사 및 소비자 조사 결과 자료(반덤핑협정 6.2조, 6.4조, 12.2조)	비위반
		② 공개 덤핑수입의 가격효과에 대한 결과 공개(반덤핑협정 6.4조, 6.9조)	비위반
11	신청서상의 특정 정보의 비공개 대우(반덤핑협정 6.5조)		위반

자료: https://www.wto.org/english/tratop_e/dispu_e/cases_e/ds312_e.htm, 저자 정리.

서 제외했다. 결과적으로 이러한 미국의 조치에 따라 박하향으로 특징화된 미국산 담배의 판매는 허용되는 반면 인도네시아산 정향(clove)담배는 판매가 금지되었다. 이에 당시 청소년에게 인기가 많았던 정향담배의 최대 생산국인 인도네시아는 미국 정부가 각종 향 담배의 판매를 규제하면서도 자국이 생산하는 박하향 담배 판매를 허용한 것은 인도네시아산 담배에 대해 차별적인 조치로 TBT 협정을 비롯한 WTO 협정에 위배된다고 주장했다.

이러한 인도네시아의 주장에 대해 미국은 박하향 담배의 주 소비층은 성인인 데 반해 인도네시아산 정향담배의 주 소비층은 청소년이기 때문에 정향담배의 수입금지는 청소년 건강 유지를 위해 필요한 조치라고 주장했다. 두 당사국 간 협의가 이루어지지 못하자 결국 2010년 7월 20일 패널이 설치되었다.

TBT 협정 제2조 1항은 GATT 협정 제3조 4항과 같이 내국민대우원칙을 서술하고 있다. 따라서 본 조항의 위반 여부를 다루기 위해서는 ① TBT 협정상의 기술규정에 해당하는가, ② 외국산 상품과 국내상품에 동종관계가 성립하는가, ③ 국내 상품과 동종인 외국산 상품에 대해 불리한 대우가 존재했는가를 밝혀야 한다. 본 사례에서 미국의 인도네시아 정향담배 수입금지 관련 조치가 TBT 협정 적용을 받는 기술규정인가에 대한 이의는 없었기 때문에 패널은 '동종상품'의 여부와 '불리한 대우 존재'에 대한 쟁점을 중점적으로 검토했다. 또한 TBT 협정 제2조 2항과 관련해 미국의 수입규제조치가 불필요한 무역장애금지원칙에 위반하는지 여부를 심리했다. 이를 위해 패널은 미국이 행한 기술규정조치가 ① 보호수준의 정도에 적합한가, ② 이를 통해 이루고자 하는 정당한 목적 달성에 기여하는가, ③ 이 외에 덜 무역제한적인 조치가 존재하는가를 세부적으로 검토했다. 이와 더불어 TBT 협정 제2조 12항과 관련해 기술규정조치의 공표와 발효 사이에 합리적인 기

〈표 5-4〉 DS406 사건 패널의 주요 판정 내용

	법적 쟁점(제소 근거규정)		패널의 판정
1	기술규정에 대한 내국민 대우원칙(TBT 협정 2.1조)	① 외국 상품과 국내 상품의 동종관계 성립 여부	위반
		② 외국 동종상품에 대한 불리한 대우	위반
2	불필요한 무역장애 금지원칙(TBT 협정 2.2조)	① 수입금지조치가 보호 수준의 정도에 적합한지 여부	비위반
		② 수입금지조치가 목적 달성에 기여하는지 여부	비위반
		③ 수입금지 이외에 덜 무역제한적인 조치의 존재 여부	비위반
3	합리적인 기간 공지원칙(TBT 협정 2.12조)		위반

자료: https://www.wto.org/english/tratop_e/dispu_e/cases_e/ds406_e.htm, 저자 정리.

간이 제공되었는지 등을 살펴보았다(오선영, 2014).

패널은 미국산 박하향 담배에 비해 인도네시아산 정향담배를 '불리하게 대우(less favourable treatment)'했으므로 인도네시아산 담배에 대해 '사실상의 차별(de facto discrimination)'을 구성하므로 TBT 협정 제2조 1항에 위배된다고 판정했다. 또한 미국이 당해 기술규정조치의 공표와 발효까지의 공백을 3개월로 둔 것은 제2조 12항에서 요구하는 '합리적인 기간(reasonable interval)'이라고 보기에는 상당히 짧은 기간이기 때문에 패널은 미국이 동 조항을 위반했음을 인정하며 인도네시아의 손을 들어주었다. 반면, 정향담배의 수입금지조치는 미국 정부가 달성하고자 했던 '청소년 흡연 예방'이라는 정당한 목적 수행에 필요한 이상으로 무역을 규제한 것은 아니었기에 제2조 2항의 위반은 아니라고 판정했다. 이에 대한 내용을 간략하게 정리하면 〈표 5-4〉와 같다.

4) 남아프리카공화국-인도네시아 A4 백상지 반덤핑 사건 (DS374)[7]

남아프리카공화국은 1999년 5월 인도네시아산 A4 백상지에 대해 반덤핑관세 부과를 확정하고 시행했다. 5년을 넘지 않는 기간 내에 반덤핑규제의 적정성에 대해 재검토해야 하는 일몰재심 의무조항에 따라 2004년 4월 남아프리카공화국은 반덤핑조치의 최종 결정에 대해 재심을 개시했다. 2005년 8월 남아프리카공화국은 반덤핑조치를 만료하는 것이 덤핑의 지속 또는 재발로 이어질 가능성은 없다고 결정을 내렸다. 그럼에도 남아프리카공화국은 일몰재심의 검토 기간 동안 인도네시아산 A4 백상지에 대해 지속적으로 반덤핑관세를 부과했다.

인도네시아는 이러한 남아프리카공화국의 반덤핑조치 중단에 대한 불이행은 반덤핑조치의 일몰재심 수행의 적합성에 관한 반덤핑협정 제11조 3항에 위반한 것이라고 제기했다. 또한 인도네시아는 반덤핑협정 제16조 4항에 근거한 남아프리카공화국의 반기 보고서에서 인도네시아산 A4 백상지에 대해 2004년 4월 시작한 일몰재심의 검토가 합리적인 기간 내에 종료되지 않고 계속 진행되었던 점을 지적하며, 이러한 검토가 보통 12개월 이내에 신속하게 종료되어야 한다는 반덤핑협정 제11조 4항을 위반한 것이라고 주장했다.

결국 2008년 5월 인도네시아는 남아프리카공화국의 인도네시아산 A4 백상지에 대한 지속적인 반덤핑조치 시행에 대해 협의를 요청하게 되었다. 이에 2008년 11월 남아프리카공화국이 관세 및 소비세에 관한 개정안을 공표하고, 2003년 11월 인도네시아산 A4 백상지에

7 동 사건에 대한 내용은 https://www.wto.org/english/tratop_e/dispu_e/cases_e/ds374_e.htm 참조.

부과된 반덤핑관세 환급을 소급 적용하기로 함에 따라 인도네시아는 분쟁해결기구(DSB)에 협의 요청을 철회한다고 통보하며 동 사건은 마무리되었다.

5) EU-인도네시아산 지방알코올 반덤핑 사건(DS442)[8]

EU는 2010년 인도네시아산 특정 지방알코올 및 혼합물에 대해 덤핑조사를 개시했고, 2011년 EU위원회 규정 No 1138/2011 및 No 446/2011에 따라 반덤핑관세를 확정하고, 잠정 반덤핑관세를 징수했다. 반덤핑관세 징수 기간은 2011년 11월부터 2016년 12월까지 5년간으로 인도네시아의 수출업자들은 큰 타격을 입게 되었다. 이에 인도네시아는 WTO에 동 사안에 대해 분쟁해결절차를 신청했다.

먼저 EU는 덤핑조사 과정 중 관련 인도네시아 수출업체 및 생산자에 대한 덤핑가격을 산정함에 있어 싱가포르에서 수출하는 인도네시아 업체들은 포함시키지 않았다. 이와 더불어 EU는 관련 싱가포르 판매처에서 지불된 수수료와 판매비용을 인도네시아 수출업체에 반영해 수출가격을 조정했다. 이에 인도네시아는 이러한 EU의 이중계산은 반덤핑협정 제2조 3항 및 4항(수출가격과 정상가격의 공정한 비교), 제3조 1항 및 5항(덤핑과 피해의 인과관계), 제5조 8항(덤핑마진의 최소허용 수준) 등의 조항에 광범위하게 저촉되며, EU가 관련 규정을 공평하고 합리적인 방식으로 시행하지 않았기 때문에 GATT 1994 제6조와 제10조 3항에 위반된다고 이의를 제기했다.

또한 EU는 국내 동종상품의 범위를 결정함에 있어 지방알코올 제

8 동 사건에 대한 내용은 https://www.wto.org/english/tratop_e/dispu_e/cases_e/ds442_e.htm 참조.

품에 대한 산정은 제외시켰다. 이에 인도네시아는 EU의 이러한 결정에 적절한 근거가 없고 국내 산업의 범위에 대한 합리적이고 충분한 자료와 설명을 제공하지 않았기 때문에 반덤핑협정 제2조, 제3조 및 제4조 등에 위반된다고 제기했다. 2012년 7월 인도네시아는 인도네시아산 지방알코올 수입에 대한 EU의 반덤핑관세 부과 확정과 잠정조치에 대해 EU와의 협의를 요청했으나 합의점을 찾는 데 실패했다.

결국 인도네시아는 2013년 5월 WTO에 패널 설치를 요청했으며 한국과 미국, 인도가 제3자 참여의 권리를 획득했고 이후 말레이시아, 태국, 터키의 제3자 참여가 결정되었다. 2014년 12월 인도네시아는 일반이사회 사무총장에게 패널 구성을 결정하도록 요청했고 동월, 패널이 구성되었다. 이후 2016년 12월 사실상 인도네시아의 패소(EU의 승소) 내용의 패널보고서가 회람되었다. 인도네시아는 2017년 2월 패널 판정에 법률적 오류가 있음을 제기하고 상소기구에 상소했다. 이에 상소기구는 2017년 9월 패널의 판단을 대부분 지지하는 상소보고서를 채택했다.

동 분쟁에서의 주요 이슈를 살펴보면 먼저 인도네시아는 인도네시아의 생산업체와 싱가포르에 있는 동 상품의 수출업체는 밀접하게 관련되어 있기 때문에 양자 간 거래에서 발생하는 비용은 반덤핑의 판정에 있어서 제외되어야 한다고 주장했다. 하지만 패널은 이러한 비용도 반덤핑 판정에 산입되어야 한다는 EU의 주장에 근거가 충분하다고 인정하고 인도네시아의 주장을 기각했다. 이러한 패널의 판정은 인도네시아의 지방알코올 상품의 수출가격 산정에 있어 인도네시아에서 직접 수출되지 않고 싱가포르와 같은 인근 제3국을 통해 수출되는 경우에 제3국을 경유하는 데 따르는 비용을 수출가격에서 제외함으로써 고의적인 수출가격의 왜곡을 방지하는 데 목적이 있는 것으로 본 것이다. 인도네시아의 경우 싱가포르에 관련 수출업체를 두고 수출하는 사례가 많은데 이것을 가격의 왜곡에 활용할 수 없도록 하는 판정이라고 할 수 있다.

6) 미국-인도네시아 특정 코팅지 제품에 대한 반덤핑 및 상계 조치 사건(DS491)[9]

2015년 3월 인도네시아는 인도네시아의 특정 코팅지 제품에 대한 미국의 반덤핑 및 상계조치 부과 및 해당 조치와 관련한 조사에 관해 미국과 협의를 요청했다. 인도네시아는 미국의 조치가 GATT 1994의 제6조, 반덤핑협정 제3조 5항, 7항, 8항 및 보조금 및 상계관세(SCM) 협정 제2조 1항, 1(c)항, 제10조, 제12조 7항, 제15조 5항, 7항 및 8항을 위반했다고 주장했다. 미국과 협의가 실패함에 따라 인도네시아는 2015년 8월 패널 설치를 요청했고 이에 따라 2015년 9월 분쟁해결기구는 패널을 구성했다. 제3자 자격으로 캐나다, 중국, EU, 한국, 터키가 참여했다. 2017년 12월 패널보고서가 회람되었다. 동 분쟁에서 제기된 사안은 다음과 같다.

우선 인도네시아는 미국이 상계관세율을 계산하기 위해 일반적으로 사용되는 수출국(인도네시아)의 국내 가격 대신 구성가격을 사용한 것이 SCM 협정 제14조 (d)를 위반했다고 주장했다. 쟁점이 된 것은 인도네시아의 두 가지 임업 조치인 정부에 의한 상시적인 목재공급 및 통나무 수출금지와 관련된 것이었다. 미국은 인도네시아의 이러한 정책이 적절한 국내 시장가격이 형성되는 것을 막았다고 주장했다. 패널은 인도네시아 목재시장의 특성과 정부의 시장점유율 등을 근거로 할

9 동 사건에 대한 내용은 https://www.wto.org/english/tratop_e/dispu_e/cases_e/ds491_e.htm 참조.

때 인도네시아의 목재정책으로 인해 목재시장에서 정부가 실제로 공급자로서 주도적 역할을 하고 있다는 것을 인정하고 시장가격이 의미가 없다고 결론지었다. 따라서 패널은 미국의 상계관세율 산정 시 구성가격을 사용한 것이 SCM 협정에 위반된다는 인도네시아의 주장을 기각했다.

또한 패널은 인도네시아의 통나무 수출금지조치로 결국 외국에서의 수입량이 최소화되었고, 인도네시아 목재시장에서 실제적으로 정부의 재정지원을 받지 않는 경우는 거의 없다고 판단했다. 따라서 패널은 SCM 협정 제14조 (d)에 의거해 인도네시아의 청구를 기각했다.

결국 패널의 결정은 미국이 인도네시아에서 수입하는 특정 코팅지 제품에 대한 반덤핑 및 상계조치가 WTO 협정에 위반되지 않았음을 의미한다고 할 수 있다. 이는 다시 말해 인도네시아의 목재시장에 대한 공급자로서의 역할 및 통나무의 수출제한조치가 WTO의 자유무역 기조와 배치된다는 것을 의미한다고 할 수 있다. 이 외에 인도네시아는 미국의 보조금 관련 조사절차의 문제점, 인도네시아의 조치로 인한 미국 시장의 피해 여부의 불확실성 등에 문제를 제기했으나 패널은 이를 모두 기각했다. 결국 동 분쟁은 인도네시아의 완전한 패소로 판정되었다.

3. 베트남의 제소 사례 분석

위에서는 인도네시아의 WTO 제소 사례를 분석했다. 아세안이 향후 좀 더 적극적이고 효율적으로 WTO 분쟁해결절차를 활용할 필요성 및 방안을 제기하기 위해 이 절에서는 베트남의 최근 제소 사례를 구체적으로 살펴보고자 한다. WTO 분쟁은 당사국들의 국가적 역량, 대상 상품, 대외 협상력 등 다양한 변수에 의해 그 결과가 달라질 수 있다. 따라서 불리한 여건이라 하더라도 국가 차원의 관심과 열의를 가지고 분쟁에 참여한다면 불공정무역행위로 인한 불이익을 최소화할 수 있다. 베트남은 2006년에서야 WTO에 가입했고 WTO 분쟁 경험도 전무한 불리한 여건에도 불구하고 미국의 베트남산 수입냉동새우의 반덤핑관세에 대한 두 번의 제소에서 모두 승소판정을 이끌어냈다.

베트남과 미국 간 WTO 분쟁은 2009년 미국이 베트남산 수입냉동새우에 대해 반덤핑관세 부과를 연장한다고 발표하면서 촉발되었다. 미국은 베트남의 새우 수출량의 절반 이상을 차지하는 가장 큰 시장으로 베트남은 반덤핑관세로 인한 피해가 클 수밖에 없다. 베트남은 이전부터 미국의 반덤핑조치에 반발해왔다. 하지만 WTO 가입 이전에는 양자 간 협상 외에는 뚜렷한 해결방안을 찾지 못한 채 반덤핑관세를 감수할 수밖에 없었지만, 2006년 WTO 가입 후 다자적 차원의 WTO 분쟁해결절차의 활용이 가능해지자 미국의 반덤핑조치에 대해 적극적으로 대응하기 시작한 것으로 보인다. 베트남은 아직 시장경제국 지위조차 인정받지 못한 개발도상국으로 베트남산 수입새우에 대해 징벌적 성격의 반덤핑관세를 부과하기로 한 결정은 전형적인 보호무역조치라고 비난했다.

2009년 미국 상무부(United States Department of Commerce)가 발표한 반덤핑관세는 베트남, 브라질, 중국, 에콰도르, 인도 그리고 태국에서 수입된 새우가 시장가격 이하로 팔리고 있다고 남부새우생산자연합회(SSA) 등을 비롯한 미국 내 새우양식업자들이 불만을 제기한 이후 결정되었다.[10] 남부새우생산자연합회는 베트남, 중국, 태국 등 6개국에서

10 미국의 수입냉동새우에 대한 반덤핑 조사 및 반덤핑관세 부과는 이미 2000년대 초부터 시작되었지만 베트남이 WTO에 가입하지 않고 있었기 때문에

생산되어 미국에 수입되는 새우가 정상적인 시장가격보다 현저히 낮은 가격에 유통되기 때문에 국내 회원사들이 도산위기에 있다고 주장하고 수입새우에 대해 30~267%의 수입관세를 부과해줄 것을 요청했다.

이에 따라 미국 상무부는 2010년부터 베트남산 수입냉동새우에 대해 4.13~25.76%의 새로운 반덤핑관세율을 적용하고 향후 5년간 한 차례 더 반덤핑관세 부과를 연장한다고 발표했다. 이에 베트남 정부는 2010년 2월 미국이 WTO 반덤핑협정과 GATT 규정을 위반했다고 WTO에 제소(1차 제소)했다. 이후 3개월 동안 미국과의 합의에 실패하자 2010년 5월 WTO 분쟁해결절차 규정에 의거 WTO 분쟁해결기구에 3명의 위원으로 구성된 패널이 설치되어 동 사건을 심리하게 되었다. 그리고 2011년 7월 베트남이 미국의 반덤핑관세 부과에 대해 WTO 협정 위반이라고 제기한 5가지 제소사항 중 4개에 베트남의 주장이 받아들여짐으로써 실질적으로 베트남이 승소했다. WTO는 패널 보고서를 통해 미국이 적용한 반덤핑관세는 WTO 반덤핑협정 규정을 위반한 것이라고 판정했다. 이에 대해 미국은 상소를 포기하고 이행절차에 들어갔다.

세부적으로 그 내용을 살펴보면 패널은 미국이 반덤핑관세율 산정 시 소위 제로잉(zeroing) 방식을 적용한 것은 WTO의 반덤핑협정 규정을 위반한 것이라고 판단했다. 또한 패널은 미국이 덤핑률을 산정할 때 동일한 품목이라도 덤핑 판정을 받은 품목의 평균치만을 반영하는 방식은 문제가 있다고 판정했다. 즉 이러한 산정 방식은 WTO 반덤핑

이에 대한 구제 방안이 마땅히 없는 상태가 지속되었다고 할 수 있다. 미국의 8개주 연합회인 남부새우생산자연합회의 지원 아래 새우양식업자들은 값싼 수입새우가 미국 새우업계에 심각한 타격을 입혀 많은 사람들이 일자리를 잃게 되었고, 생산금액도 크게 감소했다고 주장했다.

협정에 따라 "비교 가능한 모든 상품" 가격의 평균값을 채택하라는 규정을 위반한 것이다. 이에 따라 패널은 미국은 WTO 반덤핑협정과 부합하는 해결방안을 제시해야 한다고 권고했다. 하지만 동 판정은 미국이 이전 2차, 3차 반덤핑조사 시 제로잉 방식을 적용했다는 베트남의 주장을 받아들인 결과로서 4차 이후의 반덤핑조사에 대한 판단은 패널의 권한 밖이라고 판정했다.

1차 제소에서는 실질적으로 베트남이 승소했고 미국은 패널판정을 인정하고 양국은 이행을 위한 합의에 들어갔다. 하지만 그 이행이 점차 불투명해지고 미국이 새로운 반덤핑조사를 개시하자 베트남은 2년 후인 2012년 2월 추가로 미국의 베트남산 수입냉동새우에 대한 반덤핑관세조치에 대해 제소한다. 베트남의 미국에 대한 위의 제소 2건은 그 대상 상품과 위반대상 협정이 동일하다고 할 수 있다. 하지만 베트남이 2차로 제소를 할 수 있었던 것은 베트남이 1차 제소에서 승소하고 제로잉이 WTO 협정 위반이라는 패널판정을 이끌어낸 성과에 힘입은 바 크다. 베트남은 1차 제소에 대한 패널판정 이후 2차 제소에서는 좀 더 적극적이고 공세적으로 위반사항에 대해 세부적인 법리적 판정을 요구했다. 예를 들어 1차 제소에서는 제로잉에 대한 것을 중심으로 5가지 위반사항에 대해서 이의를 제기했던 데 반해 2차 제소에서는 GATT 1994, 반덤핑협정 등을 포함한 WTO 협정 위반과 관련한 8개 사항에 이의를 제기했다.

WTO 분쟁해결절차에 따라 2차 제소에 대해 양국 간 합의가 실패함에 따라 2013년 2월 패널이 설치되어 심의에 들어갔다. 2014년 11월 패널은 베트남이 제기한 이의사항 8개 중 6개 사항에 대해 베트남에 유리한 판정을 내렸다. 따라서 베트남은 1차 제소에 이어 2차 제소에서도 실질적으로 승소했다. 더 나아가 베트남은 2015년 1월 패널판정이 베트남에 유리한 결정이었음에도 불구하고 그 패널판정에 만족할 수 없음을 표명하고 패널판정의 WTO 협정과의 법률적 합치성에 대해 상소기구에 상소했다. 베트남이 상소기구에 상소한 것은 WTO 가입 이후 처음으로 그만큼 미국의 반덤핑관세 부과에 대해 강력하게 대처하려는 의지를 보인 것이라고 할 수 있다.

상소기구는 패널의 판정을 그대로 지지하고 2015년 4월 상소보고서를 채택했다. 이렇게 베트남의 미국에 대한 2차 제소가 실질적인 베트남의 승소로 귀결됨에 따라 베트남과 미국은 WTO 협정에 위배되는 반덤핑조치에 대한 양국 간 조정 일정에 합의했다. 양국은 2015년 3월부터 2016년 3월까지 조정을 위한 이행 기간으로 설정했으나 이후 다시 2016년 8월로 연장했다. 또한 2015년 12월 중재기구가 설치되어 합리적 이행을 위한 중재가 이루어졌다. 2차 제소에서는 1차 제소와는 다르게 최종적으로 상소기구의 판정까지 이르렀다는 점에서 미국이 1차 제소 때처럼 합의와 이행에 있어서 그 시행을 미루거나 미온적으로 대처하기에는 한계가 있다.

이와 관련해 〈표 5-5〉와 〈표 5-6〉은 1차, 2차 제소를 비교한 것이다. 〈표 5-5〉는 1차, 2차 제소의 개요를 정리한 것이고, 〈표 5-6〉은 1차, 2차 제소 시 베트남이 미국의 반덤핑관세 부과에 대해 WTO 협정을 위반한 사항이라고 이의를 제기한 협정의 목록을 나타낸 것이다. 1차 제소에 비해 2차 제소에서는 1차에서 제기한 위반사항들에 덧붙여서 GATT 1994 제10조 3(a), 반덤핑협정 제17조 6(i), 그리고 분쟁해결절차협정의 제3조 7항, 제19조 1항, 제21조 1항, 3항, 5항 등에 대한 위반을 추가로 제기했다. 2차 제소는 1차 제소에 대한 패널 결정이 이미 이루어지고 위반사항에 대한 결론이 이루어진 후에 다시 제기되었다는 점에서 특징적이다. 이는 미국이 1차 제소 시 이루어진 패널판정을 제대로 이행하지 않고 미온적인 태도를 취함에 따라 베트남이 다시 동 위반사항을 포함한 2차 제소를 제기한 데 따른 것이다.

〈표 5-5〉 베트남의 對미국 1차, 2차 제소 개요

구분	1차 제소(DS404)	2차 제소(DS429)
상대국 및 제목	미국, 베트남산 수입냉동새우에 대한 반덤핑관세 부과	미국, 베트남산 수입냉동새우에 대한 반덤핑관세 부과
제소일자	2010. 2. 1	2012. 2. 20
패널구성	2010. 7. 26	2013. 7. 12
패널보고서	2011. 7. 11	2014. 11. 17
상소	-	2015. 1. 6
상소보고서	-	2015. 4. 7
이행합의 (이행기간)	2011. 10. 31 (2012. 7. 2 종료)	2015. 12. 15 (2016. 8. 31 종료)

〈표 5-6〉 1차, 2차 제소에서 제기된 WTO 협정 위반사항

1차 제소(DS404)	2차 제소(DS429)
Articles I, II, VI: 1 and VI: 2 of the GATT 1994	Articles I: 1, VI: 1, VI: 2 and X: 3(a) of the GATT 1994
Art. 1, 2.1, 2.4, 2.4.2, 5.8, 6.8, 6.10, 9, 9.1, 9.3, 9.4, 11, 11.1, 11.2, 11.3, 18.1, 18.3, 18.4, Annex II of the Anti-dumping Agreement	Articles 1, 2.1, 2.4, 2.4.2, 6, 9, 11, 17.6(i) and Annex II of the Anti-Dumping Agreement
Article XVI: 4 of the WTO Agreement	Article XVI: 4 of the WTO Agreement
Vietnam's Protocol of Accession	Articles 3.7, 19.1, 21.1, 21.3 and 21.5 of the DSU
	Vietnam's Protocol of Accession

〈표 5-7〉과 〈표 5-8〉은 각각 1차, 2차 제소에 대한 패널 및 상소기구(2차 제소만 해당)의 주요 판정내용을 정리한 것이다. 1차 제소 시의 판정내용과 2차 제소 시의 판정내용을 비교해보면 비록 동일한 제목의 제소지만 1차 제소에 비해 2차 제소에서는 그 위반사항에 대해서 좀 더 다각적이고 세부적으로 이의를 제기했다. 1차 제소에서는 5개의

〈표 5-7〉 1차 제소 주요 판정 정리

제기된 위반사항	주요 이슈	위반 여부
반덤핑협정 2.4	반덤핑관세율 산정 시 제로잉 사용	○
반덤핑협정 2.4, GATT 1994 VI: 2	미국 상무부의 반덤핑관세율 산정 시 그동안 유지해온 제로잉 산정 방식 그 자체	○
반덤핑협정 6.10, 6.10.2, 9.3, 11.1, 11.3	반덤핑관세율 산정을 위한 상대국 관련 업체의 수를 임의로 제한하거나 자발적 답변을 제한	×
반덤핑협정 9.4	제로잉 사용으로 인해 반덤핑 관련 자료를 제출하지 못한 다른 모든 기업에 대한 반덤핑관세율 적용 타당성	○
반덤핑협정 9.4, 6.8	베트남 국영기업 등에 대한 다른 모든 기업에 대한 반덤핑관세율 적용 타당성	○

〈표 5-8〉 2차 제소 주요 판정 정리

제기된 위반사항	주요 이슈	위반 여부
반덤핑협정 9.3, GATT 1994 VI: 2	미국 상무부의 반덤핑관세율 산정 시 8차의 행정 검토까지 유지해온 제로잉 산정 방식 그 자체	×
반덤핑협정 9.3, GATT 1994 VI: 2	반덤핑관세율 산정을 위해 1~3차 행정 검토 시 사용한 제로잉 산정 방식	○
반덤핑협정 6.10, 9.2	베트남 기업들에 대해 비시장경제국 지위를 적용해 획일적인 반덤핑관세율 산정 및 부과	○
반덤핑협정 6.8, 9.4, Annex II	제로잉 사용으로 인해 반덤핑 관련 자료를 제출하지 못한 다른 모든 기업에 대한 반덤핑관세율 적용 타당성	○
반덤핑협정 11.3	반덤핑관세 부과 일몰 여부에 대한 행정 검토 시 반덤핑협정 규정에 위배되는 기존의 반덤핑관세율 적용	○
반덤핑협정 11.2	반덤핑관세 부과 후 해당 개별기업의 정확한 정보의 제공 등을 통한 반덤핑 철회에 대해 적절한 조치를 취하지 않음	○
반덤핑협정 11.2	제로잉 방식의 반덤핑관세 부과로 해당 개별기업의 정확한 정보의 제공 등이 반영되지 않음	○
분쟁해결절차	미국 URAA 129(C)(1)이 WTO 분쟁해결절차 규정 위반	×

주요 이의사항에 대해 4개 사항에서 베트남에 유리한 판정이 나왔다. 2차 제소에서는 이보다 많은 8개의 주요 이의사항이 제기되었고, 이 중 6개 사항에서 베트남에 유리한 판정이 나왔다. 또한 2차 제소에서는 실질적으로 패소한 미국이 상소기구에 상소를 하지 않은 반면 오히려 승소를 한 베트남이 상소했다. 상소기구에서는 베트남의 이의를 받아들이지 않고 패널의 판정을 최종 지지했지만 베트남은 자국에 유리한 패널의 판정에 대해서 그 법리적 근거를 공고히 하기 위해 오히려 이의를 제기하는 등 WTO 분쟁해결절차를 공세적이고 적극적으로 활용했다.

위에서 베트남의 두 차례에 걸친 베트남산 수입냉동새우에 부과한 미국의 반덤핑관세에 대한 WTO의 제소 진행 경과와 그 패널 및 상소 기구의 판정을 살펴보았다. 이를 통해 향후 아세안이 WTO 분쟁해결절차의 활용에 있어서 다음의 몇 가지 시사점을 도출할 수 있다.

우선 베트남과 미국 간 WTO 분쟁은 새우라는 동일한 품목과 반덤핑협정 위반이라는 동일한 제소사항에 대해 이례적으로 두 차례의 제소를 연이어 제기함으로써 제소 당사국인 베트남의 협상력을 극대화하고 유리한 결과를 이끌어낼 수 있다는 가능성을 보여주었다. 이는 1차 제소 시 간과하거나 누락되었던 협정 위반사항에 대해 사후에 보완해 이의를 제기할 수 있다는 점을 보여준다. 따라서 2차 제소에서는 1차 제소에 비해 좀 더 세부적으로 그 법리적 위반 가능성에 대한 문제점을 제기할 수 있는 이점이 있다. 동일한 품목 및 협정 위반에 대해 복수(複數)의 제소는 드문 사례라고 할 수 있지만 WTO 분쟁해결절차의 규정상 동일한 품목 및 위반이라도 제소국이 제기하는 이의사항이 다르면 추가로 제소할 수 있다는 점에서 베트남의 1차, 2차 제소는 유사한 상황이더라도 법리적 다툼을 다양하게 제기할 수 있다는 점을 제시했다.

둘째, 제소 시 승소 가능성에 대한 사전 분석이 중요하다는 것을 알 수 있다. 제로잉은 미국이 유일하게 시행하고 있는 덤핑관세율 산정 방식으로 베트남의 제소 전에도 이미 다른 나라들과 20여 건이 넘는 제로잉 관련 WTO 제소가 진행되어왔다. WTO 패널 및 상소기구의 판정은 지속적으로 미국의 제로잉 관행은 WTO 반덤핑협정 위반이라고 판정했다. 따라서 제로잉은 WTO 협정 위반이고 이를 제소했을 때 승소 가능성이 상당히 높다는 것이 알려져 있는 상황이었다. 베트남의 입장에서는 미국을 상대로 제소 자체가 부담스러울 수 있을 것이다. 하지만 제로잉 방식의 반덤핑관세 부과로 인한 국내 산업의 경제적 불이익이 크고 승소 가능성이 크다는 점에서 WTO 제소를 통해 그 불이익을 최소화할 수 있는 충분한 여지가 있다. 따라서 아세안은 그동안 축적된 다양한 WTO 분쟁과 분쟁해결 사례를 면밀히 분석하고 그 활용 및 승소 가능성을 객관적인 측면에서 검토해볼 필요가 있다. 아세안은 이러한 WTO 분쟁과 관련된 정보 및 데이터가 질적·양적으로 구축됨으로써 현재 또는 미래의 유사한 분쟁 사례에 대해 WTO 분쟁해결절차를 활용한 효율적이고 적절한 대응이 가능할 것이다. 패널이나 상소 기구는 원칙적으로 사안에 적용 가능한 모든 쟁점을 심리하는 것이 아니라 제소 당사국이 심리에 회부한 쟁점에 대해서만 판단한다. 따라서 제소국은 위반사항 또는 쟁점사항과 관련해 이를 입증할 충분한 사실근거와 법리적 검토를 전제로 제소에 만전을 기할 필요가 있다.

셋째, 아세안은 WTO 분쟁 시 비슷한 이해관계에 있는 다른 국가들과의 협력이 필요하다. 동 제소 사건은 비록 베트남이 제소하는 형식을 취하기는 했지만 실제로 베트남과 이해를 같이하는 다수의 이해당사국들이 제3자로 참여하는 형식을 취했다는 점에서 특징적이다.

1차 제소 시에는 제3자 자격으로 중국, EU, 인도, 일본, 한국, 멕시코, 태국이 참여했고, 2차 제소 시에는 중국, 에콰도르, EU, 일본, 노르웨이, 태국 등이 참여해 높은 관심을 보였다. 이를 통해 베트남은 미국과의 협상력에서 우위를 점하고 또 패널 및 상소 기구의 판정에서도 유리한 조건을 형성할 수 있었다. 특히 제로잉의 경우 중국, 인도 등 개도국들의 관심이 큰 사항으로 이들 주요 개도국의 참여는 WTO 분쟁에서 유리한 판정을 가져오는 데 적지 않은 역할을 할 수 있다. 따라서 아세안은 분쟁 발생 시 비슷한 이해관계를 가진 다른 회원국들과의 협력을 통해 상대국에 대한 협상력을 증대시킬 수 있고 패널 및 상소 기구의 판정 시 좀 더 유리한 조건을 형성할 수 있을 것이다.

마지막으로 아세안은 2015년 말 아세안경제공동체의 출범 등 향후 역내 경제통합이 가속화되고 역내의 생산공정 및 분업화가 더욱 진전되어 역내의 가치사슬이 보다 정교하고 공고하게 연결되어갈 것으로 보인다. 따라서 WTO 분쟁의 경우에도 개별국가가 제소 및 피소될 경우 그 영향이 당사국으로 한정되는 것이 아니라 지역 전체 차원에서 영향을 미칠 가능성이 커지고 있다. 예를 들어 위에서 살펴본 베트남의 새우와 관련된 제소의 경우에도 아세안 중 새우 수출 비중이 큰 태국, 캄보디아 등에는 중요한 통상 이슈가 될 것이다. 따라서 아세안 국가 간의 긴밀한 협력 및 정보공유, 공동연구 등의 필요성이 증대할 것으로 보인다. 이에 대한 역내 차원의 정책적 지원과 관심이 요구된다고 할 것이다.

4. 기타 아세안의 WTO 분쟁 제소 사례

1) 미국-말레이시아/태국 새우 및 새우제품 수입제한 사건 (DS58)[11]

1996년 10월 인도, 말레이시아, 파키스탄, 태국 등은 미국이 법령 101-162의 609항에 의거해 미국이 정한 그물 기준에 부합하지 않는 조업 방식으로 잡은 새우 및 새우제품의 수입제한에 대해 GATT 1994 제1조, 제11조 및 제13조를 위반했다고 주장하며 미국과의 협의를 요청했다. 협의 실패로 말레이시아의 요청에 따라 1997년 2월 패널이 설치되었다. 동 분쟁에는 콜롬비아, 코스타리카, 에콰도르, EU, 과테말라, 홍콩, 인도, 일본, 멕시코, 나이지리아, 필리핀, 세네갈, 싱가포르 및 스리랑카 등이 제3자 자격으로 참여했다.

이후 1998년 5월 패널보고서가 회람되었다. 패널은 미국이 적용한 새우 및 새우제품의 수입제한이 GATT 1994 제11조와 일치하지 않으며 또한 예외조항을 규정하고 있는 제20조에 의해서도 정당화될 수 없음을 지적했다. 이에 따라 미국은 1998년 7월 패널의 법률 해석에 대해 이의를 제기하고 상소기구에 상소했다. 1998년 11월 GATT 1994 제20조의 개별조항에 대한 판단을 먼저 하고, 두문(chapeau)과의 일치성을 해석해야 한다는 것 외에는 패널의 기존 판정을 대부분 지지하는 상소보고서가 채택되었다. 이후 이행기간을 거쳐 WTO 분쟁해결기구는 2001년 11월 미국이 GATT 1994 제20조 (g)에 따라 국내 법규의 수정이 완료된 것으로 판단했다.

11 동 사건에 대한 내용은 https://www.wto.org/english/tratop_e/dispu_e/cases_e/ds58_e.htm 참조.

동 분쟁에서 쟁점이 된 사안은 수입제한의 예외로서 규정하고 있는 GATT 1994 제20조 (g)의 천연자원의 보호에 대한 해석 문제다. 패널과 상소기구의 판단은 새우가 고갈 가능한 천연자원이지만 새우 수출국에 대해 미국이 개별국가 차원에서 설정하고 있는 조업기준(그물의 종류)에 부합하지 않는 방식으로 조업했다고 해서 수입을 제한하는 것은 수량제한을 금지하는 GATT 1994 제11조를 위배한다는 것이다. 다시 말해 천연자원의 보호를 위한 수입제한은 그 타당성과 근거에 있어 엄격하게 적용되어야 하고 최혜국대우원칙에 입각해 적용되어야 한다고 해석했다. 미국의 말레이시아산 새우수입 제한으로 인한 분쟁은 이후 새우수입을 둘러싼 태국, 필리핀, 베트남과 미국 간의 무역분쟁과도 연결해 생각해볼 수 있다.

2) 브라질-필리핀 건조 코코넛 및 코코넛 밀크 수입제한 사건 (DS22)[12]

1995년 11월 필리핀은 건조 코코넛 및 코코넛 밀크에 대한 브라질의 상계관세 부과가 GATT 제6조 상계관세 관련 조항과 농업협정 제13조의 기한제한 조항과 일치하지 않는다고 주장했다. 필리핀의 요청으로 1996년 4월 패널이 설치되었다. 동 분쟁에는 캐나다, EU, 인도네시아, 스리랑카, 미국이 제3자 자격으로 참여했다. 이후 1996년 10월 패널보고서가 회람되었다. 패널은 브라질의 상계관세 부과는 WTO 출범 이후지만 상계관세 부과에 대한 조사는 출범 이전인 1994년 6월에 개시했으므로 1995년 이후로 제한하고 있는 사실관계 확인에 대한 법적 효력이 없

12 동 사건에 대한 내용은 https://www.wto.org/english/tratop_e/dispu_e/cases_e/ds22_e.htm 참조.

음을 확인하고 동 분쟁은 WTO 분쟁해결절차에 적용되지 않는다고 판단했다. 필리핀은 이에 법률 해석에 이의를 제기하고 1996년 12월 상소기구에 상소했다. 상소기구는 1997년 2월 패널의 판단을 지지하는 상소보고서를 회람하고 1997년 3월 패널 및 상소 보고서를 채택했다.

3) 태국-필리핀 담배 관세평가 및 내국민대우원칙 관련 사건 (DS371)[13]

동 분쟁은 태국의 피소건과 동일하므로 아래 내용과 동일하다.

4) EU-태국 EU산 설탕 수출보조금 관련 사건(DS283)[14]

동 분쟁은 EU의 설탕 수출보조금에 대한 호주, 브라질의 제소와 함께 다루어졌다. 태국은 EU가 농업협정 제3조 3항, 8항 및 제9조 1(c)에서 규정하고 있는 보조금 한도를 초과하는 보조금을 일부 설탕에 지급함으로써 WTO 협정을 위반했다고 이의를 제기했다. 다시 말해 EU는 세계시장 가격보다 높은 설탕 수출가격임에도 보조금을 지급해 수출이 가능할 수 있도록 했고 이는 보조금 한도를 초과했다는 것이다. 또한 EU는 EU산 설탕에 대한 보조금 지급을 통해 수입 설탕에 대한 GATT 1994 제3조 4항의 내국민대우원칙을 위반했다고 주장했다. 동 분쟁에는 같은 내용으로 호주, 브라질이 분쟁을 제기한 것 외에 바베

13 동 사건에 대한 내용은 https://www.wto.org/english/tratop_e/dispu_e/cases_e/ds371_e.htm 참조.

14 동 사건에 대한 내용은 https://www.wto.org/english/tratop_e/dispu_e/cases_e/ds283_e.htm 참조.

이도스, 벨리즈, 캐나다, 중국, 콜롬비아, 쿠바, 피지, 가이아나, 인도, 자메이카, 케냐, 마다가스카르, 말라위, 모리셔스, 뉴질랜드, 파라과이, 세인트키츠 네비스, 스와질란드, 탄자니아, 트리니다드 토바고, 미국, 코트디부아르 등 다수의 국가가 제3자 자격으로 참여했다.

EU와의 협의가 실패함에 따라 2003년 12월 호주, 브라질, 태국의 요청에 따라 패널이 설치되었다. 2004년 10월 호주, 브라질, 태국이 제기한 각각의 분쟁 사건(DS 265, 266, 283)에 대한 별도의 하지만 동일한 패널보고서를 회람했다. 패널은 위에서 언급했듯이 EU의 EU산 설탕에 대해 EU에 허용된 보조금 한도를 초과하는 수출보조금을 제공함으로써 농업협정 제3조 3항과 제8조를 위배했다고 판단했다. 이에 EU는 패널보고서에서 제시하고 있는 법적 해석에 이의를 제기하고 2005년 1월 상소기구에 상소했다. 상소기구는 2005년 4월 패널보고서의 판정을 대부분 지지하는 상소보고서를 회람했다. 2006년 6월 호주, 브라질 및 태국은 2006년 6월 EU의 이행 기간을 거쳐 보조금 지급에 대한 합의에 도달했다고 WTO에 통보했다.

5) EU-태국 뼈 없는 닭고기 수입관세 사건(DS286)[15]

동 분쟁은 2002년 10월 브라질이 제기한 분쟁내용(DS269)과 동일한 것으로 태국은 EU가 기존 냉동닭고기 수입 시 소금에 절인 닭고기(HS 02.10)로 분류해 관세를 부과하던 것을 관세율이 더 높은 절단 냉동닭고기(HS 02.07)로 변경해 관세를 부과한 데 대해 GATT 1994 제2조 및 제21조의 의무를 위반했다고 주장했다. EU의 이러한 조치로 인해 태

15 동 사건에 대한 내용은 https://www.wto.org/english/tratop_e/dispu_e/cases_e/ds286_e.htm 참조.

국은 제23조 1(1)항의 의미 내에서 GATT 1994에 의거해 직접적 또는 간접적으로 발생하는 무역의 이익을 상실한다고 주장했다. 이에 2004년 6월 패널이 설치되었다. 동 분쟁에는 중국과 미국이 제3자 자격으로 참여했다. 이후 2005년 5월 패널보고서가 회람되었다.

패널은 수입관세 부과에 있어서 EU의 조치가 GATT 1994 제2조 1항의 양허표상의 내용과 일치하지 않고 또한 관세율 변경이 일반적으로 준수해야 하는 국제법인 비엔나협약(Vienna Convention on the Law of Treaties)과도 부합하지 않는다고 판단했다.

이에 EU는 2005년 6월 패널보고서에서 제시하고 있는 법적 해석에 이의를 제기하고 상소기구에 상소했다. 2005년 9월 상소보고서가 회람되었다. 상소기구는 EU의 조치가 WTO의 규정과 일치하지 않음을 확인하고 패널의 판정을 지지했다. 이에 따라 2005년 9월 패널보고서와 상소보고서가 채택되었다. 이행기간과 중재절차를 거쳐 2006년 7월 EU는 분쟁해결기구의 권고 및 판정을 완전히 이행했다고 밝혔다.

6) 미국-태국 새우 반덤핑관세 사건(DS343)[16]

2006년 4월 태국은 미국의 태국산 수입냉동새우에 대한 반덤핑관세 부과조치와 관련해 미국과의 협의를 요청했다. 태국은 미국이 음(-)의 덤핑마진의 경우 0(zero)로 처리하는 작위적 방식으로 왜곡된 반덤핑관세율을 산출하는 관행이 반덤핑협정 및 GATT 1994 제2조, 제3조, 제6조 1항 및 2항을 위반한다고 주장했다.

또한 태국은 수입냉동새우에 대한 미국의 지속적인 담보금부과제

16 동 사건에 대한 내용은 https://www.wto.org/english/tratop_e/dispu_e/cases_e/ds343_e.htm 참조.

도(Enhanced Continuous Bond Requirement, EBR)에 대한 협의를 요청하고 동 제도가 GATT 1994 제1조, 제2조, 제3조, 제11조 1항 및 제13조의 내용과 일치하지 않는다고 주장했다. 동 분쟁에는 브라질, 칠레, 중국, EU, 한국, 일본, 멕시코, 베트남 등이 제3자 자격으로 참여했다.

협의의 실패로 태국의 요청으로 2007년 1월 패널이 설치되었다. 이후 2008년 2월 패널보고서가 회람되었다. 패널은 미국의 담보금부과제도 적용이 반덤핑협정 제18조 1항 및 주석의 내용에 일치하지 않는다고 판단했다. 담보금부과제도의 적용은 GATT 제20조 (d)에 의거해 정당화될 수 있다고 한 미국의 주장은 기각되었다. 또한 패널은 미국의 제로잉은 반덤핑협정 제2조 4(2)항과 불일치한다고 판단하고 태국의 주장을 지지했다. 패널은 미국이 반덤핑협정과 GATT 1994의 의무를 준수할 것을 권고했다.

이에 미국은 패널의 법률해석에 이의를 제기하고 2008년 4월 상소기구에 상소했다. 상소기구는 2008년 7월 상소보고서를 회람했다. 상소기구는 패널의 기존 판정을 대부분 지지했고 이에 따라 2008년 8월 패널보고서와 상소보고서가 채택되었다. 미국은 2009년 4월 WTO 분쟁해결기구의 권고와 판정을 이행하기 위한 조치를 완료했다는 사실을 통보했다.

7) 미국-태국 폴리에틸렌 소매용 캐리어 가방 반덤핑관세 사건 (DS383)[17]

2008년 11월 태국은 태국산 폴리에틸렌 소매용 캐리어 가방에 대한

17 동 사건에 대한 내용은 https://www.wto.org/english/tratop_e/dispu_e/cases_e/d383_e.htm 참조.

미국의 반덤핑 마진 결정 시 활용된 제로잉 관행에 대해 미국과의 협의를 요청했다. 협의의 실패로 태국은 패널 설치를 요청했고 2009년 8월 패널이 설치되었다. 동 분쟁에는 아르헨티나, EU, 일본, 한국, 대만 등이 제3자 자격으로 참여했다. 이후 2010년 1월 패널보고서가 회람되었다.

패널은 미국이 반덤핑 마진율 산출을 위한 최종 결정에서 제로잉을 사용함으로써 반덤핑협정 제2조 4(2)항을 위반했다고 판단했다. 또한 패널은 미국이 마진율 산정 시 태국의 수출업체들에 대한 개별적인 조사가 시행되었지만 이용 가능한 전체 사실에 근거하지 않았다고 판단했다. 이에 따라 분쟁해결기구는 미국에 대해 반덤핑협정에 따른 의무를 이행하도록 조치를 취할 것을 권고했다. 미국의 상소 포기로 2010년 2월 패널보고서가 채택되었다. 이후 이행기간을 거쳐 미국은 2010년 8월 분쟁해결기구의 권고와 판정을 이행했음을 통보했다.

5. 인도네시아의 피소 사례 분석

인도네시아가 무역상대국으로부터 피소된 사건은 총 14건으로 이를 국가별, 연도별, 협정별, 상품 분야별, 판정결과 등으로 정리하면 〈표 5-9〉와 같다. 인도네시아를 피소한 국가는 EU 2건, 일본 2건, 미국 4건, 뉴질랜드 2건 등 선진국으로부터 피소된 분쟁 수는 총 10건으로 71.4%다. 이 외에 브라질 2건, 베트남, 대만으로부터 각 1건씩 피소되었다. 인도네시아의 주요 교역상대국이 일본, 미국, EU 등 선진국이라는 점을 감안한다면 선진국의 피소가 다수인 점은 자연스러운 결과다.

연도별 피소 추이를 보면 1996년 4건 이후 전무하다가 2013년부터 10건으로 급증한 것을 볼 수 있다. 또한 이러한 피소가 1996년 일본, EU, 미국이 각각 제소한 4건을 비롯해 2013년 미국, 뉴질랜드로부터 제기된 5건, 2014년, 2016년 브라질로부터 제기된 2건까지 비슷한 시기에 동일한 품목의 동일한 협정 위반에 대해 연속적으로 이루어진 것을 알 수 있다. 세부협정별 위반사항을 살펴보면 GATT 1994 위반을 제외하면 농산물협정, 수입허가, 선적전 검사, 무역 관련 투자협정 등의 비중이 높아 앞서 살펴본 제소와는 다소 차이가 있음을 알 수 있다. 제소의 경우 반덤핑, 상계관세 등 소위 불공정무역조치에 대한 제소가 다수인 것에 비해, 피소의 경우에는 일반적으로 개도국이 주로 비관세장벽으로 사용하는 수입허가, 선적전 검사, 무역 관련 투자 등이 다수다.

인도네시아가 피소된 상품 분야로는 자동차산업 관련 4건, 농축산물 관련 7건, 철강제품 관련 2건, 담배상품 관련 1건으로 자동차, 농축산물, 철강제품 등이 주다. 자동차 및 철강제품의 경우 무역 관련 투자조치, 상계조치, 세이프가드 협정 위반에 대한 상대국의 제소가 있었다. 이는 인도네시아의 자동차산업 및 철강산업의 발전으로 인한 자동차부품과 철강제품의 수입이 증가한 것과 관련 있어 보인다. 또한 농축산품과 관련해 선적전 검사, 수입허가, TBT, SPS 등을 위반해 피소되었는데 이는 인도네시아가 관련 국내 산업 보호를 위해 비관세장벽조치를 활용하고 있는 것과 관련되어 있다.

한편 인도네시아가 피소된 사건에 대한 WTO의 판정 현황을 살펴보면 총 14건의 피소사건 중 5건에 대한 분쟁해결절차가 최종적으로 마무리되었으며 나머지 9건은 2019년 말 기준 진행 중이거나 보류된 사건이다. 최종 판정된 5건 중 승소한 사건은 없고 4건이 패소했으며 1건은 합의로 해결되었다. 피소국의 입장에서 합의는 패소의 성격이 짙기에 이 경우 패소로 분류할 수 있다. 따라서 인도네시아는 앞서 살펴본 제소의 판정결과와는 달리 5건의 피소 판정 중 모든 사건에서 패소했다. 이는 그만큼 인도네시아가 국내 산업과 천연자원에 대한 보호무역조치를 실시해왔고 이러한 조치가 WTO 협정에 위반되거나 상충되었다는 것을 반증하는 것이기도 하다. 아래에서는 인도네시아가 WTO에 피소된 사례와 관련해 분쟁의 실제적 쟁점과 주요 판정내용 등을 구체적으로 살펴보고자 한다.

앞서 언급했듯이 인도네시아가 피소된 사례 중 2016년 말까지 종료된 사건은 5건이며 인도네시아가 패소 판정을 받은 4건은 모두 EU, 일본, 미국 등 선진국이 제소한 사건이다. 4건 모두 인도네시아의 자동차산업에 관한 분쟁으로 우리나라가 자동차 관련 분쟁에 대비해 관련 핵심사항을 충분히 인식하고 있어야 할 필요가 있다. 특히 동 사건은 제3자 자격으로 우리나라와 인도가 분쟁에 참여했고 국내 자동차산업 보호라는 관점에서 우리나라가 그 결과에 상당한 관심을 가지고 사건의 추이를 지켜보았던 사안이다. 이와 더불어 패널이 설치된 1건, 합의로 종료된 1건을 분석하고자 한다. 이 중 2012년 패널 설치가 이루어진 미국-인도네시아의 농산물 관련 분쟁은 뉴질랜드, 브라질로부터 비슷한 양상으로 총 7건이나 제기되었기 때문에 좀 더 구체적으로 분석해볼 필요가 있다.

1) 인도네시아-국민차 육성책 조치 사건(DS 54, 55, 59, 64)[18]

동 사건은 EC(현재의 EU), 일본, 미국이 인도네시아가 자국의 자동차 산업 육성을 위해 시행한 일련의 조치가 최혜국대우, 내국민대우 원칙의 위반이며 보조금협정 등과도 부합되지 않는다고 제소한 사건이다.

18 동 사건에 대한 내용은 https://www.wto.org/english/tratop_e/dispu_e/cases_e/ds54_e.htm 참조.

〈표 5-9〉 인도네시아의 WTO 분쟁 피소 현황

사건 번호	피소 상대국	피소 연도	제목	관련 품목	관련 협정	결과
DS54	EU	1996. 10	자동차산업 관련 특정 조치	자동차	GATT 1994, SCM, TRIMs	패소 (항소 판정)
DS55	일본	1996. 10	자동차산업 관련 특정 조치	자동차	GATT 1994, SCM, TRIMs	패소 (항소 판정)
DS59	미국	1996. 10	자동차산업 관련 특정 조치	자동차	GATT 1994, SCM, TRIMs, TRIPs	패소 (항소 판정)
DS64	일본	1996. 11	자동차산업 관련 특정 조치	자동차	GATT 1994, SCM, TRIMs	패소 (항소 판정)
DS455	미국	2013. 1	원예제품, 동물 및 동물제품의 수입	농축산물	GATT 1994, 농산물협정, 수입허가	패널 설치
DS465	미국	2013. 8	원예제품, 동물 및 동물제품의 수입	농축산물	GATT 1994, 농산물협정, 수입허가, 선적전 검사	협의 중 (절차 진행 중지)
DS466	뉴질랜드	2013. 8	원예제품, 동물 및 동물제품의 수입	농축산물	GATT 1994, 농산물협정, 수입허가, 선적전 검사	협의 중 (절차 진행 중지)
DS477	뉴질랜드	2014. 5	원예제품, 동물 및 동물제품의 수입	농축산물	GATT 1994, 농산물협정, 수입허가, 선적전 검사	패널 구성
DS478	미국	2014. 5	원예제품, 동물 및 동물제품의 수입	농축산물	GATT 1994, 농산물협정, 수입허가, 선적전 검사	패널 구성
DS481	EU	2014. 6	분쟁해결양해 제22.2조 관련 미국-클로브 담배 분쟁	담배	분쟁해결양해	합의

〈표 5-9〉 인도네시아의 WTO 분쟁 피소 현황 (계속)

사건 번호	피소 상대국	피소 연도	제목	관련 품목	관련 협정	결과
DS484	브라질	2014. 10	닭고기 및 닭고기제품 수입 관련 조치	가금류	GATT 1994, SPS, TBT, 농산물협정, 수입허가, 선적전 검사	패널 구성
DS490	대만	2015. 2	철 또는 철강제품 세이프가드	철강	GATT 1994, 세이프가드	패널 구성
DS496	베트남	2015. 6	철 또는 철강제품 세이프가드	철강	GATT 1994, 세이프가드	패널 구성
DS506	브라질	2016. 4	소고기 수입 관련 조치	가금류	GATT 1994, 농산물협정, 수입허가, TBT, SPS	협의 중 (절차 진행 중지)

자료: https://www.wto.org/english/tratop_e/dispu_e/dispu_by_country_e.htm, 저자 정리.

인도네시아는 자국의 자동차산업을 발전시키기 위해 1993년 자동차산업 육성책(1993 car programme)과 국내 자동차산업 육성책(National car programme) 등 두 가지 형태의 자동차산업 육성책을 시행했다. 우선, 인도네시아는 1993년 자동차산업 육성책을 통해 인도네시아산 부품을 일정 비율 이상 사용하는 자동차 제작에 소요되는 수입부품에 대해서는 그 자동차의 국산화율(local content rate)에 비례해 수입관세를 경감하거나 면제해주었으며 지정된 국산화율을 초과하는 자동차에 대해서는 사치세(luxury sale tax)를 경감해주었다.

이와 더불어 1996년 국내 자동차산업 육성책을 통해 인도네시아 자동차회사가 자국 기업이 소유하는 생산시설에서 자동차를 국내 생산하고, 자국민이 소유한 브랜드를 부착할 경우 국민차(national motor vehicle) 회사라는 지위를 부여하고 동 자동차 제작에 소요되는 외국산 부품에 대해서는 수입관세를, 자동차에 대해서는 사치세를 면제해주었다. 국민차 회사 지위를 유지하기 위해서는 3년에 걸쳐 국산화율을 증가시켜나가게 했다(February 1996 car programme).[19] 또한 인도네시아 국민이 외국에서 제작하고 국산화율을 충족한 차량에 대해서는 국내에서 제작된 것과 동일하게 취급했다. 단 해외 생산자가 동 자동차 가격의 25%에 해당하는 인도네시아산 부품을 구매할 경우 20%의 국산화율을 충족한 것으로 간주했다(June 1996 car programme). 아울러 인도네시아 정부는 국민차 회사 지정 요건을 유일하게 충족하는 인도네시아 자동차회사 티모르 푸트라 나시오날(Timor Putra Nasional, TPN)사에 6억 9천만 달러의 여신을 제공했다.

19 국내 자동차산업 육성책(National car programme)은 다시 법령 개정과 세부적인 육성책(February 1996 car programme 및 June 1996 car programme)으로 추진되었다.

EC, 일본, 미국은 이러한 조치가 GATT 제1조 1항, 제3조 2항, 무역에 관한 투자(TRIMs) 협정 제2조 1항, 보조금 및 상계관세(SCM) 협정 제5조, 제6조, 제28조 및 무역에 관한 지식재산권(TRIPs) 협정 제3조 등에 위반된다고 주장하고 패널 설치를 요청했고 1997년 7월 구성된 단일 패널이 각 사건을 병합 심리했다. 인도네시아 TPN사가 생산하는 자동차가 우리나라 기아자동차 세피아를 기본 모델로 했던 관계로 우리나라가 인도와 함께 제3당사국으로 참여했다. 동 사건과 관련해 제소국과 피제소국 간의 주요 쟁점사항은 크게 6가지로 구분할 수 있다. 특히 패널은 주요 쟁점으로 인도네시아의 국내 자동차산업 육성책에 따른 특정 보조금의 사용, SCM 협정 및 TRIMs 협정 등에 위반되는지를 중점적으로 심리했다. 또한 각 협정 간의 관계 및 협정 위배 여부를 검토했다.

패널은 인도네시아의 자동차산업 육성을 위한 조치와 관련한 일본, EC, 미국이 제기한 주장을 받아들여 인도네시아가 대부분의 주요 쟁점사항을 위반했다고 판시했다. 그러나 SCM 협정 및 TRIPs 협정의 두 가지 세부쟁점에 대한 제소국의 주장에 대해서는 이를 입증할 증거가 충분치 않다고 기각했다. 패널은 인도네시아가 대부분의 주요 쟁점 협정상의 규정들을 위반한 만큼 제소국들의 협정상의 이익을 무효화하거나 침해했다고 보고 인도네시아의 조치들을 WTO 협정상의 의무에 합치되게 하도록 권고했다. 이에 대한 세부 내용을 정리해보면 〈표 5-10〉과 같다.

동 사건에서 인도네시아는 대부분의 사안에서 WTO 협정을 위반했다는 판정을 받음으로써 실질적으로 패소했다. 인도네시아의 특정 산업에 대한 지원 및 육성은 WTO 협정을 위반할 여지가 많고 이에 따른 피소 가능성이 큰 만큼 장기적인 관점에서 무역분쟁 전문가의 양성 및 관련 시스템 개발을 통해 관련 협정에 대한 면밀한 분석과 적

〈표 5-10〉 DS 54, 55, 59, 64 사건 패널의 주요 판정 내용

	법적 쟁점(제소 근거규정)		패널의 판정
1	자국산 부품 의무 구입에 대한 무역 관련 특정 투자조치에 해당 여부 (TRIMs 협정 2.1조, GATT 3.4조)		위반
2	외국 동종 상품에 대한 조세 차별(GATT 3.2조)		위반
3	특정 외국 동종 상품에 대한 특혜 여부(GATT 1.1조)		위반
4	GATT 3조와 SCM 협정의 상호 배타적 적용(GATT 16조)		위반
5	상표 사용에 관한 내외국인의 차별(TRIPs 협정 3조, 19조, 20조)		비위반
6	조세 및 관세 면제의 보조금협정 위반 여부	① 보조금의 특정성 여부(SCM 협정 2.3조)	위반
		② 동종 상품의 수입을 배제 또는 방해 (SCM 협정 6.3조)	비위반
		③ 가격인하로 인한 심각한 손상(SCM 협정 5조)	위반

자료: https://www.wto.org/english/tratop_e/dispu_e/cases_e/ds54_e.htm, 저자 정리.

극적인 대응방안의 도출이 필요하다고 할 수 있다. 또한 인도네시아는 국내 산업을 보호하기 위한 관련 국내 법규가 WTO 협정에 위반되는지를 사전에 검토하고 이를 수정, 보완해 향후 불필요한 분쟁 발생의 여지를 줄여나갈 필요가 있다.

2) 미국/뉴질랜드-인도네시아 농산물수입규제 사건 (DS 455, 465, 466, 477, 478)[20]

인도네시아 정부는 2012년 농업부장관령 제15호를 시행하며 이 규정에 따라 과실, 채소 같은 신선농산물 수입 시 인도네시아어로 번역된 원산지 및 경유지 표기와 검역증명서가 동반되어야 수입을 허가했다.

20 동 사건에 대한 내용은 https://www.wto.org/english/tratop_e/dispu_e/cases_e/ds455_e.htm 참조.

또한 수입통관 지역을 기존의 8곳에서 마카사르항, 수라바야항, 메단항, 자카르타 국제공항 네 곳으로 축소하고 방역을 위해 모종 형태의 원예작물 수입을 금지했다. 또한 인도네시아 정부는 2011년 농업부장관령 제24호를 시행해 수입 축산품에 대해 검역소 외에도 농업부 산하 축산보건협회의 승인 및 추천을 받아야 수입을 허가했다.

인도네시아는 쇠고기 수입을 금지하고 오직 인도네시아에서 도축된 소를 살 경우에만 제한적으로 수입을 허가했고 이 역시 수량과 최저가격을 엄격히 제한했다. 그뿐만 아니라 생우와 식육 수입에 대한 관리도 엄격해서 무역부와 농산부로부터 각각 관련 인증 및 추천을 받아야 하며, 허가를 얻기까지 3개월이 소요되고 그 허가 역시 제한된 기간에만 허용했다. 인도네시아 정부는 수입인증을 받기 위해 상당히 까다로운 절차와 불투명한 허가제시스템을 운영함으로써 사실상 관련 상품에 대한 수입이 불가능하게 했다. 이에 미국은 인도네시아의 허가제 등으로 관련 제품의 수출이 차질을 빚고 있으며, 이는 WTO의 농산물협정 제19조 및 수입허가 절차에 관한 협정 제6조 등 통관관련협정에 위반되는 것이라고 주장했다. 미국은 인도네시아가 자국의 농산품 및 축산품 수입에 부과한 특정 조치와 관련해 2013년 1월 10일 인도네시아 정부에 협의를 요청했다. 협의에 대한 별다른 진전이 없자 미국은 2013년 3월 WTO에 패널 설치를 요청했으며 2013년 4월 패널이 설치되었다. 호주, 캐나다, EU, 중국 등 11개국은[21] 제3자 당사국으로서 분쟁에 참여하는 것을 요청했고 이에 대한 권리를 확보했다.

동 사건과 관련해 패널은 인도네시아가 실시한 수입규제가 공평하고 합리적인 방식으로 시행되었는지(GATT 1994 제10조 3항), 수입허

21 호주, 중국, 캐나다, EU, 일본, 한국, 대만, 파라과이, 태국, 아르헨티나, 뉴질랜드.

가제도가 관세 및 세금 등의 수입금지와 제한의 효과를 초래하는지 여부(GATT 1994 제11조 1항), 농산물 수입품에 대해 관세가 아닌 다른 조치를 무역장벽으로 활용했는지 여부(농업협정 제4조 2항), 비자동 수입허가제도가 무역의 흐름을 왜곡하고 불필요한 장애를 유발하는 조치인지 여부(수입허가절차협정 제3조 2항), 수입허가제도에 대한 충분한 정보를 제공했는지 여부(수입허가절차협정 제3조 3항)를 심리했다.

2013년 8월 미국 및 뉴질랜드는 앞서 미국이 제소한 인도네시아의 농산물 및 축산물 수입규제와 관련해 선적전 검사협정 제2조 1항 및 제2조 15항 위반을 추가로 제기하며 인도네시아에 협의를 요청했다. 협의가 이루어지지 않자 미국과 뉴질랜드는 각각 2015년 9월 패널 구성을 요청했고 10월 패널이 구성되었다. 미국 및 뉴질랜드는 오래전부터 인도네시아의 수입금지조치와 수출을 제한하는 허가제 등에 불만을 표출해왔고 인도네시아 정부와 협의를 진행했으나 별다른 진전이 없었다. 결국 인도네시아는 미국과 뉴질랜드로부터 연속적으로 수차례 피소되었다. 2014년 브라질 또한 가금류에 대한 인도네시아의 수입규제에 대해 앞서 뉴질랜드와 미국이 제소한 사건과 비슷한 맥락으로 WTO에 패널 설치를 요청했으며, 연이어 2016년 4월 브라질은 가금류에 대한 수입규제조치에 대해 TBT 협정 제2조 및 제5조, SPS 협정 제2조, 제3조, 제5조, 제6조 등의 위반을 추가로 제기해 인도네시아에 협의를 요청했다.

이처럼 인도네시아가 시행한 농산물 및 축산물 관련 수입규제에 대해 다수의 제소국들로부터 피소되는 것은 그만큼 인도네시아가 농축산물에 대해 보호무역적 규제를 강력하게 시행하고 있음을 반증하는 것이다. 인도네시아는 미국, 뉴질랜드 및 브라질로부터 연속적으로 협의 요청을 받아왔고, 10개국 이상이 제3자 참여를 하는 등 WTO 회원국들의 압박에도 불구하고 농산물 및 축산물 관련 국내 규정을 지속적으로 시행하고 있다. 향후 WTO의 판정이 어떻게 이루어질지 그 추이가 주목되는 가운데 판정 여부를 떠나 인도네시아는 관련 국내 법규를 자유무역 흐름에 저해되지 않는 방향으로 수정·변경해 불필요한 손해를 입지 않도록 해야 한다는 요구가 높아지고 있다.

3) EU-인도네시아 정향담배 사건(DS481)[22]

2014년 6월 13일 EU는 미국의 정향담배 사건(DS406)의 제3자 참여국의 권리에 있어서 EU를 제외시킨 인도네시아의 결정에 대해 분쟁해결양해(DSU) 제22조 2항에 의거해 협의를 요청했다. 앞서 제소 사건에서 살펴보았듯이 미국의 정향담배 사건에 대해 패널 및 상소 기구는 미국의 인도네시아산 정향담배에 대한 수입금지조치가 TBT 협정에 위반된다고 판시하고 관련 법규의 폐지 및 수정을 권고했다. 이러한 패널 및 상소 기구의 권고사항에 대해 인도네시아가 만족할 만한 수준의 의무를 미국이 합리적인 기간(15개월 이내) 내에 이행하지 않자, 인도네시아는 이에 대해 중재 요청을 했다.

문제는 인도네시아가 미국의 권고사항 불이행에 대한 중재 요청을 할 당시 동 사건에서 제3의 당사국으로 참여했던 EU를 배제하면서 발생했다. EU는 인도네시아의 조치가 중재절차에 대한 제3자 참여국의 권리를 인정해야 함을 규정하고 있는 분쟁해결양해 제22조에 위반된다고 이의를 제기했다. 이와 더불어 인도네시아가 중재절차상에서 불합리적으로 EU를 배제한 것은 동 사건과 관련해 이해관계에 있는 회원국을 고려해야 하는 의무에 대해 규정하고 있는 분쟁해결양해 제

22 동 사건에 대한 내용은 https://www.wto.org/english/tratop_e/dispu_e/cases_e/ds481_e.htm 참조.

10조 1항에 위반되었고 EU가 중재절차에 관심이 높았음에도 불구하고 중재에 대한 설명이나 EU의 입장을 서면으로 제출할 수 있는 기회를 주지 않은 것은 분쟁해결양해 제10조 2항에 위반되는 것이라고 주장했다. 또한 EU의 입장을 서면으로 제출하지 못했기 때문에 분쟁 당사국에 대한 중재 현황을 받아볼 수 없기에 분쟁해결양해 제10조 3항에 근거해 이의를 제기했다. 2015년 5월 6일 EU와 인도네시아는 미국 정향담배 사건에서 인도네시아와 미국이 상호 합의한 점을 고려해 EU가 협의 요청을 철회했다고 분쟁해결기구에 통보해 동 사건은 종결되었다.

4) 미국/뉴질랜드-인도네시아 원예제품, 동물 및 동물제품 수입제한 사건(DS 477, 478)[23]

2014년 5월 8일 뉴질랜드는 원예제품, 동물 및 동물제품 수입에 부과된 인도네시아의 18개 수입면허 관련 특정조치가 GATT 1994의 제10조 1항 및 제11조 1(x), 농업협정의 제4조 2항, 수입허가절차협정의 제1조 2항, 5항, 6항, 제2조 2항, 제3조 2항, 3항, 제5조 1항 및 2항과 선적전 검사에 관한 협약의 제2조 1항 및 15항을 위반했다고 협의를 요청했다. 이와 관련해 2014년 5월 20일 미국이 같은 내용(DS478)으로 협의에 참여할 것을 요청했다. 동 분쟁건과 관련해 협의가 불발되었고 뉴질랜드의 패널 설치 요청에 따라 2015년 10월 8일 패널이 설치되었다. 이 분쟁은 제3자 자격으로 동 상품의 수출과 관련되어 있는 호주, 브라질, 캐나다, 중국, EU, 인도, 일본, 노르웨이, 파라과이, 싱가포르,

23 동 사건에 대한 내용은 https://www.wto.org/english/tratop_e/dispu_e/cases_e/ds477_e.htm 참조.

대만, 아르헨티나, 한국 및 태국이 참여했다.

동 분쟁에 대한 패널보고서는 2016년 12월 22일 회람되었는데 제기된 18건의 수입제한조치에 관한 모든 사안에 대해 인도네시아의 협정 위반이 인정되어 사실상 인도네시아는 패소했다. 이에 인도네시아는 패널 판정에 불복하고 2017년 2월 상소기구에 상소했다. 이에 상소기구의 상소심이 진행되었고 2017년 11월 9일 상소보고서가 회원국에 회람되었다. 상소보고서에서도 패널의 판정을 지지했고 이에 따라 인도네시아의 WTO 협정 위반에 대해 인도네시아의 패소로 WTO의 사법적 결정이 확정되었다. 동 패널과 상소기구의 보고서는 DS477 및 DS478의 분쟁에 동시에 적용된다. 인도네시아는 2018년부터 다시 미국과 뉴질랜드로부터 관련 수입을 재개했다.

동 분쟁의 패널 및 상소 기구의 판정은 공식적으로는 DS477, DS478에 대해 국한된 판정이지만 실제로는 2013년 1월 이후 미국과 뉴질랜드로부터 동일한 내용으로 제기된 DS455(미국), DS465(미국), DS466(뉴질랜드) 분쟁 건도 포함하는 것으로 2013년 이후 5년 가까이 지속되었던 인도네시아와 미국, 뉴질랜드 간의 원예작물, 동물 및 동물제품의 수입제한조치의 위반 여부에 대한 최종판정의 성격을 갖고 있다. 또한 인도네시아가 시행하고 있는 관련 제품에 대한 18개의 수입제한조치의 WTO 협정 위반이 확정됨에 따른 인도네시아의 이행조치와 국내 차원의 법령 및 규범 등의 조정이 불가피하게 되었다. 또한 동 분쟁의 판정은 국내 산업 보호를 위해 상당부분 비관세조치를 통한 수입규제 또는 제한에 의지해왔던 인도네시아의 통상정책의 재검토가 불가피함을 의미하기도 한다. 향후 인도네시아 정부가 이행조치를 어떻게 진행할 것인지 주목할 부분이기도 하지만 보호무역적 성격이 강한 인도네시아의 통상정책에 상당히 큰 영향을 줄 것임은 분명하다. 아래에서는 동 분쟁의 내용을 좀 더 구체적으로 살펴보고 그 의미와 정책적 시사점을 생각해보고자 한다.

동 분쟁(DS 477, 478)에서 쟁점이 된 내용을 살펴보면 우선 미국과 뉴질랜드는 인도네시아에 대한 원예작물, 동물 및 동물제품의 수입에 대해 인도네시아 정부가 부과한 18가지 수입면허 관련 조치에 대해 WTO 협정에서 허용하고 있는 수입제한의 예외조항을 벗어난 소위 '가장된 수입제한'으로 WTO 협정을 위반한 것이라고 주장했다. 이에 인도네시아는 문제가 되는 18가지 비관세조치가 WTO 협정에서 허용하고 있는 수입제한조치의 예외사항에 적용된다고 주장했다. 18가지 모두 원예작물 및 동물 및 동물제품에 대한 인도네시아의 수입허가제도와 관련된 것이었다.

미국과 뉴질랜드가 문제를 삼고 있는 인도네시아의 가장 중대한 WTO 협정 위반사항은 GATT 1994 제1조 1항의 양적제한의 일반적인 제거와 농업협정 제4조 2항에서 규정하고 있는 양적수입제한의 금지와 일반관세로의 전환에 대한 조항이다. 이 외에도 GATT 1994 제3조 4항에 따른 내국민대우 의무와 수입면허 관련 협정의 제3조 2항에 따른 비자동수입면허에 대한 요건을 위반했다고 주장했다.

이에 대해 인도네시아는 GATT 1994 제20조 (a)에 의거 할랄을 인도네시아의 공공도덕으로 간주해야 하고 또한 제20조 (b)에 의거 식품의 안전과 식량 확보를 보장함으로써 인간의 생명이나 건강을 보호해야 한다고 주장했다. 또한 제20조 (d)에 의거 동 조치들은 인도네시아 관세와 관련된 법규를 준수하기 위해 필요하다고 주장했고 동 협정 제11조 2(c)(ii)에 의거해 국내 생산량의 일시적인 잉여를 제거하기 위해 수입제한규정을 면제해야 한다고 주장했다.

이러한 양측의 논쟁에 대해 패널은 쟁점이 되는 18개 수입면허조치가 GATT 1994 제1조의 최혜국대우원칙, 제3조의 내국민대우원칙, 제11조의 수량제한금지원칙에 부합하지 않는 것으로 판단하고 인도네시아의 주장을 받아들이지 않았다. 또한 패널은 인도네시아의 조치가 수량제한의 예외로서 인정받기 위해서는 이에 대한 합리적 근거를 인도네시아가 제공해야 함에도 불구하고 인도네시아는 이러한 근거를 제공하지 못했다고 판단했다. GATT 1994 제11조 2(c)(ii)에 대해서도 동 규정의 적용이 농업협정 제4조 2항에 귀속됨에 따라 이미 그 효력을 상실했다고 판단했다.

인도네시아의 상소에 따른 상소심에서는 상소심의 특성에 따라 사실관계를 다시 판단하는 것이 아닌 법적 해석의 논쟁에 초점이 맞추어지는데, 우선 인도네시아는 농업협정 제4조 2항이 농산물 수입제한을 구체적으로 규정하고 있기 때문에 GATT 1994 제11조 1항의 해석에 의거한 패널의 결정은 정확한 해석의 순서를 따르지 않았고, 따라서 수입제한에 대한 해석에 있어서 GATT 1994 제11조 1항은 제외되고 적용해야 한다고 주장했다.

이에 상소기구는 농업협정 제4조 2항 및 GATT 1994 제11조 1항이 문제가 되는 조치에 적용되는 한도 내에서는 실질적으로 동일한 의무를 포함하는 것으로 해석하고 누적적으로 적용된다고 간주했다. 또한 이 분쟁에서 제4조 2항과 GATT 1994 제11조 1항 사이에는 의무적으로 따라야 하는 해석의 순서가 없음을 확인했다. 이에 따라 상소기구는 GATT 1994 제11조의 검토를 시작으로 심리를 진행한 패널의 결정을 지지했다.

또한 상소기구는 인도네시아가 주장하고 있는 GATT 1994 제20조의 일반적인 예외조항 적용의 경우 피소국인 인도네시아가 그 적용의 합리적 근거를 제공해야 하는 부담이 있다는 패널의 판정을 지지했다. 이는 WTO의 분쟁해결 사례들에서 수입제한의 경우 그 합리적 근거를 제공하지 않았을 경우 패소 가능성이 높아지는 것과도 무관하지 않은 것으로 보인다. 자유무역의 확대를 목적으로 하는 WTO의 특성상 무역분쟁이 발생할 경우 그 판단에 있어 수입제한에 대해서 점차 더욱 엄격한 판단기준을 적용하는 경향이 있음을 부정할 수 없다.

인도네시아는 GATT 1994 제11조 2항의 예외조항의 적용을 주장했다. 하지만 상소기구는 농업협정 제4조 2항에 따른 수량제한의 금지가 GATT 1994의 제11조 2(c)에서 언급된 조치의 종류로 확대될 수 있음을 확인했다. 상소기구는 GATT 1994의 조항이 "농업협정의 조항에 따라 적용되어야 한다"고 규정한 농업협정 제21조 1항에 따라 GATT 1994 제11조 2(c)를 의지할 수 없음을 확인했다. 따라서 상소기구는 GATT 1994 제11조 2항의 예외조항들은 GATT 1994의 조항들은 농업협정 규정에 의거해 적용된다는 농업협정 제21조 1항에 의거할 때 수입제한의 예외적 사항을 인정하고 있는 농업협정 제4조 2항으로 인해 효력을 상실했다는 패널의 판정을 지지했다.

마지막으로 인도네시아는 GATT 1994 제20조에 따라 패널이 적용한 심의절차에 오류가 있음을 주장했는데 패널이 제20조 개별 항에 따라 수입제한조치가 정당화되었는지를 먼저 검토하지 않고 제20조의 두문(chapeau)을 적용해 평가했다고 문제를 제기했다. 이에 상소기구는 수입제한 예외 적용에 있어 제20조의 예외사항 항목들에 속하는지에 대한 평가와 그 조치가 제20조 두문을 충족하는지에 대한 평가 순서는 특정된 것이 아니라 사건의 특수한 상황에 따라 적용될 수 있음을 확인했다. 따라서 패널이 상소기구가 권장하는 일반적인 분석절차를 따르지 않는다 하더라도 그 판단은 법적 오류를 범하는 것은 아니라고 인정했다.

따라서 상소기구는 비록 인도네시아의 요청에 동의한다 하더라도 GATT 1994 제11조 1항에 따른 패널의 결과는 그대로 유지될 것이라고 판단했다. 따라서 상소기구는 인도네시아의 주장을 기각하고 인도네시아의 수입제한조치가 GATT 1994 제20조에 의거할 때 WTO 협정을 위배하고 있다는 패널의 판정을 지지했다. 결국 상소보고서의 주요 판정내용을 통해 볼 때 인도네시아가 제기한 상소의 주요 내용은 받아들여지지 않았고, 인도네시아의 수입제한조치가 WTO 규정에 위배된다는 패널의 기존 판정이 그대로 확정되었다.

5) 브라질-인도네시아 닭고기 제품 수입제한 사건(DS484)[24]

브라질은 인도네시아의 과도한 수입자격조건으로 인해 2006년 및 2009년 인도네시아로의 닭고기 및 닭고기 제품 수출이 사실상 거의 0에 가까웠으며 이후에도 개선되지 않고 있다고 주장했다. 이에 브라질은 2014년 10월 인도네시아가 브라질산 닭고기 제품에 대한 동물검역증명서 승인 지연 등 인도네시아가 시행한 수입제한조치에 대해 WTO에 협의를 신청했고 불만을 제기했다. 협의를 통한 분쟁해결의 실패로 2016년 3월 패널이 설치되었고 2017년 10월 동 분쟁에 대한 패널보고서가 회람되었다. 동 분쟁에는 인도, 일본, 한국, 뉴질랜드, 노르웨이, 오만, 파라과이, 카타르, 러시아, 태국, 대만, 베트남 등이 제3자의 자격으로 참여했다. 동 분쟁에 대해 패널은 허용된 수입목록에서 닭고기 제품을 제외하는 것은 GATT 1994에 위배된다고 판정했다.

논쟁이 된 사안을 좀 더 구체적으로 살펴보면 브라질은 다음의 두 가지 범주의 조치가 WTO의 SPS 협정, 농업협정, 수입허가절차협정, 선적전 검사협정, GATT 1994의 제10조 및 제11조 등의 규범을 위반했다고 주장했다.

24 동 사건에 대한 내용은 https://www.wto.org/english/tratop_e/dispu_e/cases_e/ds484_e.htm 참조.

i) 여러 가지 요소로 구성된 무역제한조치

ii) 다음과 관련된 개별 무역제한조치

a. 특정 닭고기 제품을 수입가능 목록에서 제외

b. 특정 용도에 쓰이는 닭고기 및 닭고기 제품의 수입제한

c. 브라질산 닭고기 제품에 대한 검역증명서 승인의 과도한 지연

d. 인도네시아의 수입허가제도의 특성

e. 여타 다른 인도네시아 규정에 의한 닭고기 및 닭고기 제품에 대한 할랄식 도축 및 라벨 부착 시행

f. 인도네시아의 수입선(entry points)까지 직접 운송

이러한 브라질의 제소에 대해 인도네시아는 식품안전과 할랄 요건 및 소비자 보호의 시행과 관련해 GATT 1994 제20조에서 제시하고 있는 면제조항들에 의거 동 조치들이 허용된다고 주장했다.

패널은 인도네시아가 수입제품 목록에 특정 계육제품을 포함시키지 않은 것은 GATT 1994 제11조를 위배하는 것으로 인도네시아가 주장하는 제20조 (d)에 의거해서도 정당화되지 않는다고 판정했다. 다음으로 특정 용도의 닭고기 및 닭고기 제품의 수입제한도 GATT 1994 제11조에 배치되는 것으로 제20조의 예외조항에 따라 정당화되지 않는다고 판정했다. 또한 닭고기 판매 조건에서 냉장보관을 의무화한 것은 수입제품에 대한 경쟁상의 불이익을 초래하기 때문에 GATT 1994 제3조 4항의 내국민대우원칙을 위반했다고 판단했다. 이는 GATT 1994 제20조 (b)에 의거해서도 정당화되지 않는다고 확인했다.

한편 브라질은 인도네시아의 수입허가제도의 특정 측면, 즉 신청 창구 및 유효기간과 관련된 사항, 특정 항구로의 수입제한 및 수량제한, 자유재량적인 수입면허제도 등이 GATT 1994 제11조, 농업협정 제4조 2항 및 수입허가절차협정 제3조 2항을 위반했다고 의견을 제시

했다. 이에 대해 패널은 자유재량적인 수입면허제도의 위법성에 대해 브라질이 확실한 증거로 삼을만한 사안(prima facie case)을 제시하지 않았다는 이유로 브라질의 주장을 받아들이지 않은 것을 제외하면 인도네시아의 WTO 협정 위반을 인정했다.

또한 패널은 인도네시아가 부당하게 검역증명서의 승인을 연기하고 있다는 브라질의 주장에 대해 SPS와 관련이 없는 사안을 가지고 승인절차를 연기할 수 없다고 판단했다. 인도네시아는 SPS와 관련성이 없는 할랄 보증과 관련된 정보의 미제출 문제로 동물검역증명서의 승인을 연기하는 것은 SPS 협정 제8조 및 Annex C(1)(a)를 위반한다고 판정했다. 하지만 패널은 브라질이 주장한 대로 상이한 인도네시아 규정에 따른 수입 닭고기 및 닭고기 제품에 대한 할랄 도축 및 표시 요구사항의 감독 및 시행에 관한 조치와 관련해 인도네시아가 신선한 국내 닭고기와 브라질산 냉동닭고기 사이에 차별처우를 했음을 증명하지 못했다고 확인했다. 또한 수송과 관련해 패널은 인도네시아가 다른 법률 및 규정을 통해 실제로는 환적을 허용하고 있음을 인지했고, 브라질이 그 위반에 대한 법률적 구성을 제공하지 못했다고 판정했다.

마지막으로 패널은 브라질이 제기한 명문화되지 않은 일반적인 수입금지의 존재에 대한 근거를 제공하지 못했음을 인정했다. 또한 브라질이 주장한 인도네시아의 자급자족정책(self-sufficiency)의 목표와 인도네시아가 시행하고 있는 특정무역제한조치 또는 향후 그 목표를 달성하기 위한 무역제한조치의 연관성을 충분히 입증하지 못했다고 판단했다.

6) 대만/베트남-인도네시아 철강제품에 대한 세이프가드 사건 (DS 490, 496)[25]

베트남은 2015년 6월 아연도금강판(HS 7210.61.11.00.) 등 철강제품의 수입에 대한 인도네시아의 세이프가드조치와 이와 관련된 조사 및 결정에 대해 인도네시아와 협의를 요청했다. 베트남은 인도네시아의 동 세이프가드조치가 GATT 1994 제1조 최혜국대우원칙, 제19조 1항 및 2항의 긴급수입제한조치 관련 조항, 세이프가드협정 제2조, 제3조, 제4조, 제12조 등과 불일치한다고 주장했다. 협의 실패로 2015년 12월 동일한 사안에 대해 대만과 베트남의 요청으로 패널이 설치되었고 2018년 8월 패널보고서가 회람되었다. 사실상 인도네시아는 패소했고 패널 판정에 불복, 2018년 9월 인도네시아는 상소기구에 상소했다. 동 분쟁에는 미국, EU, 인도, 한국, 러시아, 중국, 칠레, 호주, 일본 등이 제3자 자격으로 참여했다.

동 분쟁은 인도네시아가 일부 국가에서 수입하는 아연도금강판 등 철강제품에 대한 특정관세의 부과와 관련된 것으로 인도네시아 국내 법령에 따른 조사와 판정에 따라 2014년 7월부터 3년간 시행되도록 했다.

패널은 인도네시아의 동 철강제품에 대한 양허관세율을 책정하지 않았기 때문에 국내 산업의 보호를 위해 실행관세율의 인상이 제한없이 가능하기 때문에 세이프가드조치를 통한 특정관세의 부과는 세이프가드협정 제1조에서 규정하고 있는 긴급수입제한조치에 해당되지 않는다고 판단했다. 또한 패널은 기존의 패널 및 상소 보고서를 바

25 동 사건에 대한 내용은 https://www.wto.org/english/tratop_e/dispu_e/cases_e/ds490_e.htm 참조.

탕으로 세이프가드조치의 특징 중 하나는 세이프가드조치를 부과하기 위한 모든 조건이 충족되는 것을 전제로 할 때 해당국의 양허 정지, 철회 또는 수정이 가능하다고 판단했다. 이를 근거로 패널은 인도네시아의 세이프가드조치가 세이프가드협정에서 규정하고 있는 사전적 조건을 모두 만족시키지 못하기 때문에 특정관세 부과가 양허의 정지, 철회 또는 수정을 허용하지 않는다고 판단했다.

인도네시아는 GATT 1994 제24조에 의거 아세안자유무역지대 10%, 한-아세안 FTA 12% 등 지역무역협정(RTA)의 양허안을 준수하기 위해 특정관세를 부과하지 못하기 때문에 세이프가드조치를 통한 특정관세의 부과가 가능하다고 주장했다. 하지만 패널은 GATT 1994 제24조가 인도네시아에 FTA 대상국들에 양허관세를 허용하지 않는 의무를 부과하지 않고 있다고 판단하고 인도네시아의 주장을 기각했다.

다음으로 인도네시아는 세이프가드협정 제9조 1항에서 규정하고 있는 개발도상국에 대한 배려를 위해 개발도상국 120개국에 대해서는 세이프가드조치를 적용하지 않아도 되고, 이는 GATT 1994 제1조 최혜국대우원칙을 위반하지 않는다고 주장했다. 하지만 패널은 인도네시아의 특정관세 부과가 세이프가드조치로서 인정받지 않는다고 판단했고, 이에 따라 최혜국대우원칙 적용의 예외는 해당되지 않는다고 판정했다. 또한 인도네시아가 6개 선진국도 특정관세 부과의 예외로 했기 때문에 최혜국대우원칙에서 벗어났다고 확인했다.

다음으로 인도네시아의 국내 세이프가드 관련 법령에 따라 조사 및 특정관세의 부과는 국내 차원의 법률로 국한해서는 안 되고 WTO 세이프가드협정에서 규정하고 있는 세이프가드조치를 위한 모든 조건을 만족하는지가 전제되어야 한다고 판단했다. 예를 들어 인도네시아는 국내 정책과 관련되어 세이프가드조치를 시행하는 것에 우선해

WTO의 규범을 준수하는 것이 필요함을 언급했고, 세이프가드조치 시행을 위해 필요한 이러한 조건을 모두 만족시키지 못하고 있다고 확인했다.

최종적으로 패널은 인도네시아의 세이프가드조치를 위한 특정관세 부과는 세이프가드협정에서 규정하고 있는 세이프가드조치로 구성되지 못한다는 것과 최혜국대우원칙을 위반한다고 판정했다.

6. 기타 아세안의 WTO 분쟁 피소 사례

1) 미국/EU-필리핀 증류주 과세에 대한 사건(DS 396, 403)[26]

2009년 7월 EU는 필리핀과 협상을 통해 1997년부터 시행된 증류주에 대한 필리핀의 현재 소비세 제도에 관해 협의했다. EU는 필리핀산 증류주에 비해 수입 증류주에 대해 높은 세율을 부과하는 것은 GATT 1994 제3조 2항 내국민대우원칙의 위반임을 주장했다. 협의의 실패로 2010년 1월 패널이 설치되었고 미국이 제기한 동일한 내용의 제소인 DS403과 통합해 다루기로 결정했다. 동 분쟁에는 호주, 중국, 콜롬비아, 인도, 멕시코, 태국, 대만 등이 제3자 자격으로 참여했다. 이후 2011년 8월 패널보고서가 회람되었다.

패널보고서의 내용은 수입 증류주와 국내산 증류주가 직접적으로 대체 가능하고 경쟁적인 유사 제품이기 때문에 필리핀이 수입 증류주에 대해서 국내산 증류주에 비해 높은 세율을 부과한 것은 내국민대우

26 동 사건에 대한 내용은 https://www.wto.org/english/tratop_e/dispu_e/cases_e/ds396_e.htm 참조.

원칙에 위배됨을 인정했다. 사실상 패소한 필리핀은 2011년 9월 상소했고 2011년 12월 대부분 패널보고서의 내용을 지지하는 상소보고서가 회원국들에 회람되었다. 이후 필리핀은 2012년 12월 '알코올 및 담배 제품에 대한 소비세 개정법안'을 의회에서 통과시키고 대통령이 승인함으로써 WTO 분쟁해결기구의 권고 및 판정의 이행을 완료했다.

논쟁이 된 사안을 좀 더 구체적으로 살펴보면 필리핀은 증류주에 대한 세율 부과 기준을 증류주를 제조하는 데 들어가는 주요 원자재로 정하고 상이한 세율을 부과했다. 패널과 상소기구는 문제가 되는 지정된 원자재로 생산한 증류주의 종류로는 진, 브랜디, 럼, 보드카, 위스키 및 테킬라 또는 테킬라 맛의 주류와 같은 특정 유형의 주류가 포함되는데, 수입산 증류주는 그 제품의 특성과 맛 등에서 지정되지 않은 원재료로 만든 것은 국내산 증류주와 본질적으로 다르지 않은 상품, 즉 GATT 1994 제3조 2항에서 규정하고 있는 직접적인 경쟁관계 및 대체관계에 있는 유사상품이라고 판단했다. 따라서 수입 증류주와 국내산 증류주에 대해 차별적인 세율을 부과하는 것은 GATT 1994 제3조 2항 내국민대우원칙 위반이라고 판단했다.

2) 폴란드/태국-H빔 등 일부 철강제품에 대한 반덤핑관세 부과 사건(DS122)[27]

1998년 4월 폴란드는 H빔(H-Beam) 등 일부 철강제품에 대한 태국의 최종 반덤핑관세 부과와 관련해 태국과 협의를 요청했다. 폴란드는 1996년 12월 이미 태국으로부터 잠정 반덤핑관세가 부과되었으며

27 동 사건에 대한 내용은 https://www.wto.org/english/tratop_e/dispu_e/cases_e/ds122_e.htm 참조.

1997년 5월 태국은 폴란드의 생산자 또는 수출업자에 의해 생산되거나 수출된 관련 제품의 운임보험료 포함(CIF) 가격의 27.78%의 최종반덤핑관세를 부과했다. 이에 폴란드는 태국의 이러한 반덤핑관세 부과는 반덤핑협정 제2조, 제3조, 제5조 및 제6조를 위반한다고 주장했다. 이에 1999년 10월 폴란드는 패널 설치를 요청했고 1999년 12월 패널이 설치되었다. 동 분쟁에는 EU(당시 EC), 일본 및 미국 등이 제3자 자격으로 참여했다. 이후 2000년 9월 패널보고서가 회원국에 회람되었다. 패널보고서는 중요한 사안에 대해 태국이 반덤핑협정을 위반했다고 판단했다. 이에 태국은 2000년 10월 상소기구에 상소했고 상소기구는 2001년 3월 패널보고서의 내용 대부분을 지지하는 상소보고서를 회람했다. 태국의 실질적인 패소로 태국과 폴란드는 WTO 결정의 이행을 위한 합의에 들어갔고 양측은 2002년 1월 최종적인 분쟁해결을 선언했다.

분쟁의 쟁점이 된 사안을 구체적으로 살펴보면 폴란드는 태국이 관련 철강제품의 구성가격을 산정함에 있어 이윤의 산정에 오류가 있었고 이는 반덤핑협정 제2조와 GATT 1994 제6조에 규정되어 있는 규정을 준수하지 않았다고 주장했지만 패널은 이 부분에 대해서는 폴란드의 주장을 받아들이지 않았다. 하지만 특히 H빔에 대해서는 폴란드가 제기한 다른 사안인 태국이 반덤핑협정 제3조에서 규정하고 있는 덤핑으로 인한 가격의 변화를 고려함에 있어 드러난 사실에 입각해 "객관적인 분석"과 "확실한 증거"를 전제로 해야 한다는 요건을 위배했다는 부분에 대해서는 폴란드의 주장을 인정했다.

패널은 태국은 반덤핑협정 제3조 1항 및 4항에 규정되어 있듯이 덤핑으로 인한 국내 산업의 피해를 산정하는 데 있어 그 피해액의 산정에 대한 적절한 설명이 없었고 요건들을 충족하지 못했다고 판단했다. 또한 패널은 반덤핑협정 제3조 1항 및 5항에서 규정하고 있는 덤핑과 국내 산업 피해의 인과관계에 대해서도 태국의 반덤핑조치가 일치하지 않는다고 판단했다.

상소기구는 패널의 반덤핑관세 부과의 검토에 있어 알려진 사실과 해당국이 제공한 증거만을 대상으로 제한하는 것은 반덤핑협정 제3조 1항 및 제17조 6항에 근거하지 않는다고 한 부분을 제외하면 태국의 반덤핑협정 위반에 대한 패널 판정을 대부분 지지했다.

3) 필리핀/태국-담배 관세평가 및 과세 관련 사건(DS371)[28]

2008년 2월 필리핀은 필리핀산 담배 수입에 대한 태국의 관세평가 관행 및 수입담배 소매판매에 있어 내국민대우원칙과 관련해 협의를 요청했다. 필리핀은 태국이 관세평가협정 제1조 1항, 제2조 2(a)항 및 제16조, GATT 1994 제3조 2항, 제3조 4항 및 제10조 등의 규정을 위반했다고 주장했다.

협의 실패로 2009년 2월 패널이 설치되었다. 동 분쟁에는 호주, 중국, EU, 인도, 대만, 미국 등이 제3자 자격으로 참여했다. 이후 2010년 11월 패널보고서가 회람되었다. 사실상 태국의 패소로 태국은 2011년 2월 패널보고서에서 다룬 특정문제와 법률해석에 대해 상소기구에 상소했다. 2011년 6월 상소보고서가 회람되었고 7월 동 보고서가 채택되었다. 상소보고서는 기존 패널의 판정을 대부분 지지했다. 이에 태국은 필리핀과 합의해 WTO의 권고와 결정에 합치하도록 이행절차에 들어갔지만 그 이행에 있어 필리핀은 동의하지 못했고 이행절차에 대한 판정을 위한 패널이 2016년 12월 설치되었다.

28 동 사건에 대한 내용은 https://www.wto.org/english/tratop_e/dispu_e/cases_e/ds371_e.htm 참조.

동 분쟁의 주요 사안에 대해 구체적으로 살펴보면 필리핀산 담배에 대한 관세평가에 있어 태국은 관세평가협정 제1조 1항 및 2항에서 규정하고 있듯이 당사자 간 거래에서 수입자가 신고한 거래가의 수용가능성을 결정할 때 세관당국은 (i) 수입자가 제공한 정보를 기초로 (ii) 그 관계가 가격에 미칠 영향을 예비적으로 고려해 수입자에게 통보해야 하고 (iii) 수입자가 추가정보를 제출할 수 있도록 수입업자에게 합당한 기회를 제공해야 한다. 하지만 패널은 태국의 관세평가 과정이 위 규정과 일치하지 않음을 발견했다. 또한 관세평가협정 제16조에 따르면 관세평가 시 수입자의 요청이 있을 때 세관당국은 동 수입품에 대한 관세평가 결정방법과 관련한 세부사항을 명확하게 제공해야 한다. 하지만 패널은 태국 세관의 조치가 이를 충족하지 못했다고 판단했다.

또한 패널은 GATT 1994 제3조 2항(세금 및 수수료 부과에 있어 내국민대우원칙)과 관련해서 태국의 법령은 수입담배 소매상이 부가가치세 관련 세액공제를 받기 위해서는 몇 가지 조건을 충족해야 하도록 하고 있는데 이는 국산 담배 소매상보다 엄격한 조건으로 내국민대우원칙을 위반하는 것으로 판단했다. 패널은 GATT 1994 제3조 4항(국내법 및 규정에 있어서의 내국민대우원칙)과 관련해서 태국의 수입담배 소매상에 대해 국산 담배 소매상보다 추가적인 행정적 조치를 부과하는 것은 내국민대우원칙을 위배한다고 판단했다. 상소기구는 이러한 패널의 판단을 대부분 지지했다.

제6장

아세안의 역내 분쟁해결메커니즘

1. 분쟁해결메커니즘에 관한 2004년 아세안 개정의정서(EDSM2004) 개요

이 장에서는 아세안의 역내 분쟁해결메커니즘에 대해 알아보고 그 문제점과 개선 방안을 논의하고자 한다. 이를 위해서는 우선 아세안의 역내 분쟁해결메커니즘의 기초가 되고 있는 '분쟁해결메커니즘에 관한 2004년 아세안 개정의정서(ASEAN Protocol on Enhanced Dispute Settlement Mechanism of 2004, 이하 EDSM)'에 대한 이해가 필요하다.[1] EDSM은 2004년 발효되었는데 이는 1996년 채택되었던 분쟁해결메커니즘에 관한 1996년 의정서(DSM1996)[2]의 내용을 제도적·사법적 차원에서 실제적인 활용이 가능하도록 보완, 대체한 것이다. EDSM은 현재까지도 아세안 역내 분쟁해결을 위한 국가 간(inter-state)의 사법적·제도적 메커니즘의 중요한 근거가 되고 있다.

1 http://asean.org/?static_post=asean-protocol-on-enhanced-dispute-settlement-mechanism 참조.

2 http://asean.org/?static_post=the-1996-protocol-on-dispute-settlement-mechanism 참조.

이전의 아세안의 분쟁해결메커니즘(DSM1996)은 1995년 제정된 WTO의 분쟁해결메커니즘을 아세안 차원에서 단순히 모방하는 성격이 강했고 무역분쟁 발생 시 이를 해결하기 위한 실제적인 활용이라는 측면보다는 아세안자유무역지대 형성을 지원하는 법제적 구성이라는 형식적인 목적이 더 컸다고 할 수 있다. 이에 반해 EDSM은 1999년 캄보디아가 아세안에 가입함으로써 아세안이 명실상부하게 아세안 10개국을 대표하는 지역공동체로 자리 잡게 되면서 아세안의 무역분쟁 발생 시 이를 공식적인 차원에서 해결할 수 있는 실제적인 사법적 메커니즘의 필요성이 커짐에 따라 확립되었다고 할 수 있다. 또한 EDSM과 관련해서 2015년 12월 아세안경제공동체(AEC)의 출범과 더불어 무역분쟁의 효과적인 해결과 이를 통한 역내 경제공동체의 발전을 위해 그 실제적인 활용과 실효성, 그리고 그 발전방안에 대한 논의의 필요성이 커지고 있다.

EDSM에서 제시하고 있는 기본적인 분쟁해결절차는 아세안 회원국의 대표들로 이루어진 고위경제당국자회의(Senior Economic Officers Meeting, SEOM)의 통제하에 관리되고 이행된다. 고위경제당국자회의는 우선 아세안 회원국 간 무역분쟁이 발생할 경우 분쟁해결 및 판정을 위한 패널 구성, 패널보고서 채택 및 그 결정의 승인, 그리고 그 결정의 이행을 위한 절차를 진행한다. EDSM은 패널절차뿐만 아니라 WTO의 분쟁해결메커니즘과 유사하게 상소기구를 통한 상소절차도 규정하고 있다. 상소기구는 아세안경제장관회의(ASEAN Economic Ministers, AEM)가 합의한 7명으로 구성된다. 상소기구는 분쟁당사국이 패널 결정에 불복할 경우 패널 결정의 법적 적합성에 대해 판단하고 패널 결정에 대해 최종 판단을 내리게 된다.

좀 더 구체적으로 살펴보면 EDSM하에서 분쟁해결절차는 아세안 회원국에 의한 협의(consultation) 요청에 의해 시작된다. 이러한 협의는 당사자들이 소송절차에 들어가기 전에 분쟁과 관련된 문제를 논의하고 상호 인정되는 해결책을 도출하기 위한 필수적인 단계다. 협의를 통한 분쟁해결절차는 요청 접수 후 60일 이내에 완료되도록 하고 있다. 하지만 동 기간 내에 협의를 통해 분쟁을 해결하지 못하면 제소국은 고위경제당국자회의에 분쟁해결을 위한 패널 설립을 요청하게 된다. 고위경제당국자회의는 아세안 회원국의 합의(consensus)를 통한 반대를 제외하면 패널을 설치해야 한다. 한 가지 주목할 수 있는 것은 패널절차가 진행되는 동안에도 분쟁당사국들은 분쟁해결을 위한 알선, 화해 및 중재와 같은 비공식적이고 자발적인 방법도 동시에 진행할 수 있다.

패널은 분쟁당사국 소속이 아닌 3명 또는 5명의 전문가들로 구성된다. 패널은 설립 후 60일 이내에, 예외적인 경우 10일을 추가해 패널보고서를 제출해야 한다. 고위경제당국자회의에 제출된 패널보고서는 분쟁당사국이 항소하지 않거나 고위경제당국자회의가 아세안 회원국의 합의에 의해 보고서를 채택하지 않기로 결정하지 않는 한 제출 후 30일 이내에 고위경제당국자회의에 의해 채택된다. 만일 분쟁당사국이 패널 결정에 불복할 경우 당사국은 아세안경제장관회의에서 지정한 상소기구에 상소할 수 있다. 상소는 패널 판정일로부터 30일 이내에 제기해야 한다. 상소는 패널보고서에서 다루는 법적 문제와 패널이 확인한 해석에 국한된다. 상소기구는 상소 제기 후 60일 이내에 결정을 내려야 한다. 고위경제당국자회의는 패널보고서와 마찬가지로 회원국들의 역(逆)총의를 제외하면 상소기구의 보고서를 채택하고 이를 당사국들에 회람함으로써 상소절차가 완결된다.

의정서에 따르면 원칙적으로 분쟁당사국(패소국)은 상소보고서를 무조건 채택할 의무가 있으며 30일 이내에 동 결정을 준수, 이행하기 위한 절차를 마무리해야 한다. 고위경제당국자회의는 분쟁당사국이 결정을 준수하는지 여부를 감독하는데 분쟁당사국이 동 결정을 준수하지 않거나 이행에 필요한 절차를 취하지 않을 경우에는 일반적으로 보상 또는 협약의 중단이라는 형태로 제재를 받게 된다. 하지만 이러한 사법적 절차와 함께 분쟁당사국이 제재에 대해 불복하거나 고위경제당국자회의의 결정을 준수하지 않을 경우 해당 사안은 아세안 헌장 제27조 2항에 의거, 아세안정상회의에 회부될 수 있도록 하고 있다.[3]

요약하면, 아세안의 분쟁해결메커니즘에 의거한 분쟁해결절차는 다음과 같은 다섯 단계로 구성된다. 첫째, 분쟁당사국 간의 협의, 둘째, 고위경제당국자회의로의 분쟁 제소, 셋째, 아세안경제장관회의에서 지정한 상소기구에 상소, 넷째, 패널 또는 상소기구 결정의 이행 및 집행, 마지막으로 아세안정상회의로의 회부 등이다. 이렇게 볼 때 아세안의 EDSM을 통한 분쟁해결절차는 WTO 분쟁해결절차와 유사하다고 할 수 있다.

하지만 두 절차의 결정적인 차이는 WTO의 경우 패널 또는 상소기구의 결정이 최종적이고 사법적인 구속력을 갖는 반면, 아세안의 경우에는 그 상위개념으로 아세안정상회의에 그 결정권을 두고 있다는 점이다. 아세안은 WTO와 달리 사법적 분쟁해결을 회피하고 정치적·외교적인 또는 아세안 방식(ASEAN Way)에 따른 합의에 그 최종 권위를 두고 있다고 할 수 있다. 〈표 6-1〉은 위에서 설명한 아세안의 분쟁해결절차를 정리한 것이다.

3 http://asean.org/asean/asean-charter/ 참조.

〈표 6-1〉 아세안의 분쟁해결절차 흐름도

<table>
<tr><td>1</td><td colspan="3">아세안 분쟁당사국 간의 협의(Consultation) 개시</td></tr>
<tr><td>2</td><td colspan="3">아세안 분쟁당사국 간의 협의 의무기간 경과(60일)</td></tr>
<tr><td>3</td><td colspan="2">제소국의 패널 설치 요청</td><td>알선(Good Office), 조정(Consultation), 중재(Mediation) 등의 비사법적 방법을 통한 분쟁해결 개시, 패널절차와 동시에 진행 가능</td></tr>
<tr><td>4</td><td colspan="2">고위경제당국자회의의 관리하에 3~5명의 전문가로 구성된 패널 설치를 위한 절차 진행</td><td rowspan="6">분쟁당사국 상호간 합의를 통해 분쟁해결</td></tr>
<tr><td>5</td><td colspan="2">패널 설치 및 심의 진행</td></tr>
<tr><td>6</td><td colspan="2">고위경제당국자회의에 패널보고서 제출(패널 설치 후 60일 이내 예외적으로 10일 추가 가능)</td></tr>
<tr><td>7</td><td>고위경제당국자회의의 패널 보고서 채택(패널보고서 제출 이후 30일 이내)</td><td>분쟁당사국 불복 및 상소</td></tr>
<tr><td>8</td><td></td><td>상소기구 설치</td></tr>
<tr><td>9</td><td></td><td>상소보고서 제출 (60~90일 이내)</td></tr>
</table>

2. 아세안 분쟁해결메커니즘 관련 쟁점[4]

아세안의 분쟁해결절차와 관련해 그 활용 및 법적 실효성을 저해할 수 있는 몇 가지 쟁점이 제기되었다. 우선 아세안의 EDSM은 아세안 회

4 2~4절의 내용은 아세안의 분쟁해결메커니즘과 관련한 논문인 "Problems with the ASEAN Free Trade Area Dispute Settlement Mechanism and Solutions for the ASEAN Economic Community"(Villalta Puig Gonzalo and Tsun Tat, Lee, 2015)와 "Dispute Settlement Mechanisms for ASEAN Community: Experiences, Challenges and Way Forward(Krit Kraichitti, 2015)의 주요 내용을 정리 소개한 것이다.

원국이 분쟁절차의 어느 단계에서든 분쟁을 해결하기 위해 역외의 다른 분쟁해결절차를 사용할 수 있도록 하고 있다. 이는 아세안 스스로 EDSM의 사법적 결정에 대한 독점적 권한을 포기하는 것과 같은 것으로 EDSM의 사법적 실효성의 상실을 가져오는 원인으로 작용하고 있다고 할 수 있다. 분쟁당사국이 자국에 유리한 판정을 내릴 수 있는 분쟁해결절차를 찾아 분쟁을 제소할 수 있는 것, 즉 포럼 쇼핑(forum shopping)은 분쟁당사국에 재량권을 허용한다는 차원에서는 이점이 있지만 아세안 EDSM의 관할권을 약화시키고 사법적 실효성이 상실되는 문제가 있다.

다음으로 생각해볼 수 있는 것은 아세안의 전통적이고 일반적인 의사결정 방식인 아세안 방식을 적용하는 데서 생기는 문제점이다. 아세안의 분쟁해결절차는 WTO 분쟁해결절차를 모방하고 있지만 그 핵심 사안에서는 공식적인 사법 절차와 수단보다는 비공식적인 타협과 인내에 의존하고 있다. 이는 아세안의 분쟁해결절차가 아세안의 일반적이고 전통적인 의사결정 방식인 아세안 방식에서 자유롭지 못함을 의미한다. 아세안 방식은 규칙 기반의 사법적 수단보다는 정치적·외교적 관계 기반의 수단을 사용해 국가 간 분쟁을 예방하고 해결하는 방식이다. 예를 들어 아세안 회원국의 국내 문제에 대해서는 불간섭원칙을 적용하고 있다. 따라서 아세안의 모든 의사결정과정은 정치적·외교적인 성격을 갖고 있다. 이러한 특성은 아세안이 가지고 있는 역사적 기원과 맥을 같이한다.

주지하다시피 아세안은 1967년 8월 8일 방콕 선언에 따라 인도네시아, 말레이시아, 필리핀, 싱가포르, 태국 등 아세안 5개국을 회원국으로 창립되었다. 이후 30여 년에 걸쳐 브루나이, 베트남, 라오스, 미얀마, 캄보디아가 차례로 아세안 회원국에 가입함으로써 명실상부한 아세안의 지역공동체로 발전했다. 2015년 12월 아세안은 아세안공동체

(ASEAN Community)를 출범시킴으로써 그동안의 단순한 역내 국가 간 협력 차원을 넘어 실제적인 지역공동체로서 한 단계 높은 통합을 위해 노력하고 있다. 아세안공동체는 정치·안보협력, 경제협력, 사회·문화 협력의 세 가지 핵심영역(아세안공동체의 세 가지 기둥)으로 나누어 구체적인 통합 프로젝트를 시행하고 있다.

하지만 과연 아세안이 개별국가의 주권을 넘어서는 초국가적 기관 또는 권력의 지배를 받는 지역공동체로 변화할 수 있을지는 아직까지도 회의적이다. 태국을 제외한 아세안 모두 식민지 경험을 통해 민족국가로서의 주권에 대한 깊은 애착과 정서를 가지고 있다는 측면으로부터 시작해 일인당 국민소득 수준이 50배 가까이 차이가 나는 국가 간 경제 격차에 이르기까지 그 경제적 통합에 있어서 선행되고 해결되어야 할 문제와 이슈들이 산적해 있기 때문이다.

이러한 아세안의 역사적 특성이나 국가 간 격차는 아세안의 의사결정과정에서도 중요한 영향을 미쳤고 현재도 그렇다고 할 수 있다. 이러한 이유로 아세안은 초기 단계부터 현실적으로 가능하지 않은 유럽의 통합 접근 방식을 거부하고 법과 제도를 통한 통합이 아닌, 아세안 내부의 자체적인 아세안 방식을 지역 연대 또는 통합의 주된 원칙으로 채택했다. 아세안 방식은 사법적 제도와 적용을 통한 통합의 반대 개념으로 불간섭, 비공식, 협의 및 합의를 토대로 한 점진적이고 느슨한 협력과 통합을 전제로 한다고 할 수 있다.

이러한 아세안 의사결정 방식의 특성은 아세안의 분쟁해결절차에도 적용되고 있다고 할 수 있다. 하지만 이러한 분쟁해결절차에 대한 아세안 방식의 적용은 향후 아세안경제공동체의 발전과 경제적 통합의 심화와 더불어 국가 간 무역분쟁이 많아지고 다양해질수록 분쟁해결절차의 실효성을 침해하는 요인으로 작용할 가능성이 크다.[5] 이러한 차원에서 아세안의 분쟁해결절차에 있어 기존의 아세안 방식에 의존하는 방식은 사법적 절차의 적용과 발전에 걸림돌로 작용하고 여러 가지 한계와 문제점을 드러내고 있다고 볼 수 있다.

셋째, 아세안의 분쟁해결절차의 문제점으로 EDSM의 비현실적 요소를 들 수 있다. 우선 의정서에서 규정하고 있는 분쟁해결절차와 관련된 시한이 현실적으로 너무 짧게 책정되어 실제로 이러한 규정을 충족하는 것은 매우 어렵다는 점이다. 예를 들어 패널이 보고서를 제출하는 데 소요되는 60일의 기간은 분쟁해결을 위한 실제적인 기간을 고려해볼 때 비현실적이라고 할 수 있다. 일반적으로 패널은 설립 이후 분쟁당사국들로부터의 서면보고서 제출 및 검토, 당사국들과의 청문회, 결정문에 대한 패널 구성원 간 심의, 고위경제당국자회의에 제출하기 전 보고서 초안 작성 등 여러 절차와 단계를 거쳐야 한다. 또한 패널은 관련 분쟁 사건에 대한 전문가의 조언과 의견을 구할 수도 있는데, 이러한 절차들이 충족되기 위해서는 더 많은 시간이 소요될 수 있다. WTO도 패널 설치 이후 이러한 절차를 진행하고 패널보고서 제출까지 최대 14개월이 소요되고 있음을 볼 때 아세안의 EDSM의 규정은 현실적이지 않다고 할 수 있다.

5 아세안은 1990년대 초 유럽경제공동체(European Economic Community, EEC)의 유럽연합(Economic Union, EU)으로의 전환, 북미자유무역지대(NAFTA)의 설립 및 우루과이라운드의 타결 및 WTO의 출범은 아세안의 지역경제 협력과 통합을 더욱 진전시키는 데 영향을 미쳤다. 이에 따라 1992년 1월 제4차 아세안정상회의에서 아세안 정상들은 아세안자유무역지대(ASEAN Free Trade Area, AFTA)의 창설을 합의했다. 아세안자유무역지대는 외국인 투자의 유치와 회원국 간 관세 및 비관세장벽을 제거해 경제성장 및 역내 무역을 활성화하는 데 주요한 역할을 했다고 할 수 있다. 이렇듯 아세안은 단순한 지역 차원의 자유무역지대에서 상품, 서비스, 자본, 노동력, 기술 등이 역내에서 자유롭게 이동하는 경제통합체로 성장하기 위한 변화의 기로에 있다고 볼 수 있다.

넷째, 아세안 헌장(ASEAN Charter) 제26조에 따라 EDSM은 아세안의 분쟁해결절차의 적용 후에도 해결되지 않은 분쟁은 아세안정상회의(ASEAN Summit)에 회부할 수 있도록 하고 있다. 또한 아세안 헌장 제27조에 따라 아세안 분쟁해결절차에서 나온 판정결과, 권고 또는 결정에 대한 미준수로 인해 그에 상응하는 보복을 받을 수 있는 분쟁당사국(피소국)은 정치적 해결을 위해 아세안정상회의에 동 분쟁을 의제로 상정할 수 있다. 아세안정상회의는 연 2회 개최되는 아세안의 최고의사결정기구라고 할 수 있지만, 실제적으로 최종 결정은 아세안 10개국 정상들의 합의에 의해 이루어지기 때문에 아세안정상회의에 회부된 분쟁이 사법적 차원에서 해결되는 것이 아니라 정치, 외교적 차원에서 다루어질 가능성이 크다.

또한 아세안정상회의에서 분쟁해결의 기회가 주어질 경우 분쟁을 검토하기 위한 시간과 절차가 필요하기 때문에 EDSM에서 제시하고 있는 시한은 무의미해지고 분쟁을 위한 절차는 더욱 늦춰질 것이다. 더욱이 아세안정상회의는 단기간에 진행되기 때문에 회의기간 동안 복잡하고 민감한 무역분쟁과 관련된 문제를 고려하기가 어렵다. 이렇듯 아세안 분쟁해결절차는 사법적 결정 및 강제적 이행을 회피할 수 있는 장치를 열어놓고 있기 때문에 그 실효성에 한계가 있다고 할 수 있다. 상소기구의 경우에도 패널보고서상의 법적 문제의 해석에 관한 문제만 고려할 수 있고 분쟁 관련 사실(fact)에 관한 문제는 고려할 수 없다. 따라서 분쟁당사국이 상소절차에 따른 이의제기는 제한적일 수 밖에 없다.

이렇듯 아세안의 분쟁해결절차가 최종적으로 제시하고 있는 분쟁해결방안은 아세안정상회의에서의 합의인데 이는 무역분쟁해결을 위한 항구적이고 효과적인 메커니즘이 될 수 있는 법률적 요소가 결여되어 있다. 자유무역지대의 구성과 무역장벽의 제거는 대부분 법적 절차로 사법적 차원의 분쟁해결과 강제적 이행절차가 필수적이라고 할 수 있다. 아세안자유무역지대와 아세안경제공동체의 경우에도 이러한 사법적 절차와 적용은 필수적이라고 할 수 있고, 이러한 법적 제도화가 전제되지 않는다면 경제공동체는 허상이거나 언제든지 무너질 수 있는 사상누각에 불과하다. 따라서 적절한 분쟁해결메커니즘은 아세안 지역경제의 통합과 발전, 더 나아가 아세안경제공동체의 완성을 위해 필수적인 요건이다. 아세안 회원국은 이러한 아세안 분쟁해결절차에 대한 전향적인 관점의 변화와 선택이라는 문제에 직면했다고 할 수 있다. 향후 아세안자유무역지대와 아세안경제공동체의 성패를 가늠할 수 있는 가장 중요한 잣대로서 활용될 수 있는 것은 분쟁해결절차가 실제로 사법적 시스템하에서 적용되는지의 여부 그리고 이를 아세안 회원국들이 적극적으로 수용하는지가 될 것이다.

다섯째, 이러한 쟁점들 외에 또 하나의 문제는 아세안 회원국이 단 한 번도 아세안의 분쟁해결메커니즘을 활용한 사례가 없다는 것에서 확연히 드러난다. 이는 아세안 회원국들이 아세안의 분쟁해결메커니즘을 현실에서 활용 가능한 것으로 간주하고 있지 않다는 것을 의미한다. 그동안 농업, 자동차, 석유화학 등과 같은 다양한 분야에서 아세안 회원국 간 중대한 분쟁이 야기되었지만 아세안의 분쟁해결메커니즘에 분쟁을 제기한 국가는 없다. 그 이유는 다음의 몇 가지 측면에서 생각해볼 수 있다.

우선 가장 주요한 이유로 들 수 있는 것은 아세안 회원국 간에 분쟁이 발생할 경우 이를 아세안의 분쟁해결메커니즘에 의존하는 것보다는 WTO 등 외부의 분쟁해결메커니즘에 제소하는 것이 가능하다는 점이다. EDSM 제1조 3항에서는 회원국이 다른 회원국과 관련된 분쟁을 해결하기 위해 다른 분쟁해결기구에 의존할 권리를 침해하지 아니한다고 명시하고 있다. 다시 말해 분쟁 당사국은 고위경제당국자회의에 패널을 설립하도록 요청하기 전에 또한 그 결정이 나오기 전에 어떤 단계에서든 다른 분쟁해결절차에 제소할 수 있다. 이러한 중복 제소 가능성은 아세안 회원국이 굳이 그 법리적 완결성 측면에서 다른 국제기구의 분쟁해결메커니즘에 비해 떨어지는 아세안의 분쟁해결메커니즘에 의지할 유인을 현저히 감소시킨다.

예를 들어 현재 10개 아세안 회원국은 동시에 WTO 회원국이다. 따라서 아세안 회원국은 역내에서 회원국 간 발생한 무역분쟁을 아세안의 분쟁해결메커니즘(이하 ASEAN EDSM) 또는 WTO의 분쟁해결메커니즘(이하 WTO DSM)에 중복 제기할 수 있다. 두 분쟁해결 시스템 간의 중복은 ASEAN EDSM과 WTO DSM이 시간의 경과와 판정의 축적에 따라 서로 다른 판례법 체계를 갖게 되는 법리해석의 충돌로 이어질 수 있다. 예를 들어 아세안자유무역지대와 WTO는 동일한 조항에 대해 해석이 상충될 수 있다. ASEAN EDSM에 의한 판례법은 원칙적으로는 선례로 사용되지는 않으며 후속 사례를 구속하지 않지만 패널이나 상소기구의 판정을 위한 설득력 있는 가치를 지니고 있을 수밖에 없다.

법적 문제에 대한 일관성 없는 법리적 해석은 아세안자유무역지대의 분쟁해결 시 그 예측 가능성을 약화시킬 수 있다. 예측 가능성은 투자자와 기업 등 실질적인 분쟁당사자들에게 매우 중요하다. 왜냐하면 분쟁당사자들이 분쟁의 제기 및 승소와 패소의 가능성에 대한 예측 가능성이 커질수록 분쟁해결절차 완료 이후의 무역 조건을 정확하게 예측할 수 있고, 이에 근거해 경제적 자원을 가장 효율적으로 배분할 수 있기 때문이다. 따라서 분쟁해결절차 간 판례법의 불일치는 분쟁당사자가 유리한 결정을 내릴 가능성이 가장 큰 분쟁해결메커니즘에 자신의 소송을 제기하는 소위 '포럼 쇼핑'으로 이어질 수 있는 여지를 크게 한다.

또한 ASEAN EDSM의 이러한 중복 제소 허용은 분쟁당사자들이 각자에게 유리한 판정이 나올 가능성이 큰 분쟁해결절차에 제소하려고 하기 때문에 분쟁 자체가 더는 진행되지 못하는 교착 상태에 처할 수 있다. 이는 결국 분쟁당사국의 분쟁해결을 지연시키고 기업, 개인 등 분쟁당사자들은 더 많은 비용을 부담하게 될 것이다. 따라서 ASEAN EDSM이 법적 효력의 독점력을 갖기 위해서는 분쟁제소 중복을 허용하는 현재의 규정을 제한적으로 허용하거나 폐지하는 방향으로 개선할 필요가 있다.

둘째, ASEAN EDSM과 WTO DSM의 유사점은 서로를 대체할 수 있게 한다. ASEAN EDSM의 패널 및 상소 절차와 보고서 채택 등의 과정은 WTO DSM에서 많은 것을 차용해온 것으로 두 분쟁절차는 대부분 그 내용이 일치한다. 따라서 ASEAN EDSM은 단지 WTO DSM을 차용해온 것이라는 인식이 강하고 ASEAN EDSM은 WTO DSM에 비해 열위에 있다고 인식할 수 있다. 이는 아세안 회원국이 무역분쟁 발생 시 그다지 큰 매력이나 차이가 없는 ASEAN EDSM에 의지하기보다 WTO DSM에 제소하는 것이 효율적이라고 인식하는 이유가 된다고 할 수 있다. WTO DSM은 이미 많은 사례와 판례를 축적해왔고 법적 집행이나 구속력에 있어 신뢰도가 높은 반면 ASEAN EDSM은 그 사례와 판례가 전무하고 WTO DSM에 비해 사법적 구속력이 현실적으로 한계가 있기 때문에 아세안 회원국은 분쟁해결을 위해 WTO를 선택한다고 할 수 있다.

예를 들어 2008년 필리핀은 태국이 필리핀산 담배에 대해 내국민대우원칙을 위반하고 있다는 이유로 WTO에 제소했다. 필리핀은 동 무역분쟁(DS371)에 있어 ASEAN EDSM 대신 WTO DSM을 선택했다. 2008년 제소된 동 무역분쟁과 관련해 2008년 11월에 패널이 설치되었고 이후 2010년 11월 패널보고서가 제출되기까지 2년 정도의 기간이,

또한 태국의 상소로 상소기구의 상소보고서가 2011년 7월 채택되기까지 총 3년 정도의 기간이 소요되었다. 만약 ASEAN EDSM이 충분한 법적 신뢰성이 확립되어 있었다면 필리핀이 동 무역분쟁을 ASEAN EDSM에 제소할 수 있었을 것이고, WTO에 제소한 것에 비해 좀 더 빠른 기간 내에 또 쉽게 태국의 담배에 대한 관세 및 재정 조치를 해결할 수 있었을 것이다. 3년 이상의 오랜 기간 동안 필리핀은 태국의 조치로 인해 적지 않은 손실을 입었다고 할 수 있다.

셋째, WTO DSM과 달리 ASEAN EDSM은 개발도상국 회원국을 위한 특별 규정이나 절차를 포함하지 않는다. 이러한 고려는 WTO 차원에서는 아세안 회원국 대부분이 개발도상국 또는 저개발국가로 인정되고 있는 것과 상반된다. 아세안 회원국 중 브루나이와 싱가포르를 제외하면 대부분의 회원국이 개발도상국(인도네시아, 말레이시아, 태국, 베트남) 또는 저개발국가(캄보디아, 라오스, 미얀마)로 인정되어 WTO 차원의 예외 내지는 특혜를 받을 수 있는 경우와 다르다. 따라서 아세안 회원국이 분쟁해결을 위해 ASEAN EDSM을 WTO DSM에 비해 불리하다고 인식할 수 있는 개발도상국, 저개발국에 대한 배려 측면에서 그 규정이 정교하지 않다고 인식할 수 있다.

개발도상국, 저개발국은 분쟁해결시스템을 효과적으로 활용하기 위한 재정, 제도 및 인적 자원이 부족한 경우가 많다. 이러한 이유로 WTO DSM은 개발도상국이 직면한 불이익을 되도록 완화하기 위한 조치를 취하고 있다. 예를 들어 WTO 협정의 분쟁해결양해(DSU) 제12조 10항 분쟁해결을 위한 규칙 및 절차에 대한 이해에서는 개발도상국의 경우 패널 설치 전 협의를 위한 시간을 연장할 수 있고, 분쟁이 패널로 갈 경우에도 심의를 위해 개발도상국의 패널에 제출하는 보고서의 마감 기한도 연장할 수 있다. 따라서 개발도상국의 입장에서는 좀 더 유리한 조건을 가지게 된다. 이에 비해 ASEAN EDSM은 개발도상국 회원국의 이익을 보호하기 위한 WTO와 같은 절차를 포함하지 않는다. 따라서 ASEAN EDSM하에서 선발국 회원국은 경제력과 정치력 등에서 열위에 있는 저개발국 회원국과의 분쟁에서 유리할 수 있고 이러한 비대칭성으로 인해 ASEAN EDSM의 활용성은 저해될 수 있다.

향후 아세안 내 개발도상국 또는 저개발국 회원국의 이해관계를 적극적으로 고려해 분쟁해결절차에서 발생할 수 있는 비대칭성을 완화하기 위한 특별한 절차가 없다면 ASEAN EDSM의 활용은 제한적일 수밖에 없을 것이다. ASEAN EDSM은 우선 저개발국 회원국의 이익을 보호하기 위한 특별한 절차를 허용해야 할 필요가 있으며, 아세안 통합에 가장 큰 걸림돌로 작용하고 있는 역내 개발 및 경제적 격차를 좁히려는 노력을 해야 할 것이다. 이는 ASEAN EDSM을 아세안 모든 회원국에게 공정한 기회로 활용할 수 있는 방안이 될 수 있을 것이다.

결국 아세안의 역내 분쟁해결제도가 활성화되기 위해서는 ASEAN EDSM은 WTO DSM과의 중복 문제를 다루기 위한 새로운 조항과 지침을 필요로 한다. 아세안 회원국 모두가 아니더라도 대부분의 회원국이 ASEAN EDSM을 WTO DSM보다 열등하다고 간주하기 때문에 ASEAN EDSM은 우선 신뢰성을 확보하기 위해 아세안 역내 개발 격차를 고려해야 하며, 현재의 분쟁해결절차의 중복 허용을 제한하고 독점적 관할 조항을 도입해야 할 것이다.

3. 아세안 분쟁해결메커니즘 개선 방안

1) 개인 또는 기업의 분쟁당사자로서의 참여

ASEAN EDSM은 정부 간 분쟁해결절차만을 허용하고 있다. 하지만 무역분쟁 대부분은 상대국 정부의 조치에 대한 개인 또는 기업 등의 민간 차원의 경제주체들의 분쟁이라는 점에서 ASEAN EDSM의 활성화를 위해 민간 당사자들과의 분쟁해결메커니즘에 대한 접근을 좀 더 확대하는 방향을 고려해볼 수 있다. 현재의 분쟁해결메커니즘하에서는 상대국 조치로 인해 무역의 손실을 입은 민간 당사자들은 자국 정부에 이를 호소하고 정부가 자신을 대신해 분쟁해결절차를 진행하는 것만 인정된다. 결국 민간 당사자들은 자국 정부에 온전히 의지해야 하는 상황이다. 이러한 상황은 몇 가지 불합리한 결과를 낳게 된다.

첫째, 민간 당사자는 실제적인 분쟁당사자지만 정부가 이를 대신하기 때문에 분쟁절차와 관련된 모든 진행과정에서 직접적으로 자신의 이해를 관철시킬 수 없는 한계가 있고, 정부가 대리인으로서 역할을 하는 과정에서 불필요한 시간과 비용이 발생할 수 있다. 사적 당사자가 분쟁절차에서 직접적인 분쟁당사자로서 참여할 수 있다면 자신의 이익을 극대화할 수 있는 가장 효율적이고 합리적인 협상결과를 도출할 가능성이 커진다고 할 수 있다.

둘째, 사적 당사자가 분쟁절차의 당사자로 참여할 수 있다면 국가적 차원의 분쟁으로 격화되거나 과대 포장되지 않을 수 있어 불필요한 정치적 영향에서 벗어날 수 있는 이점도 존재한다. 그뿐만 아니라 개인이나 기업의 영업 비밀 등과 관련된 보안이 필요한 사안들도 외부에 노출되거나 누설될 염려가 줄어들게 된다. 현재의 분쟁절차는 국가 간 분쟁으로 보이기 때문에 여론의 이목을 받을 수밖에 없다. 당사국 정부는 이러한 여론의 관심에서 자유로울 수 없기 때문에 가급적 사법적 절차를 통한 해결보다는 비공식적인 타협이나 합의를 통해 분쟁을 해결하고자 하는 유인이 커질 수밖에 없을 것이다. 또한 비공식적인 합의가 어려울 경우 ASEAN EDSM보다는 WTO DSM을 의지할 유인이 커지게 된다고 할 수 있다.

셋째, 국가 간 분쟁은 패소에 대한 부담이 크고 판정의 결과와 이행을 최대한 연장하려는 경향이 있기 때문에 비효율성과 불확실성이 발생할 가능성이 크다. 하지만 사적 당사자가 분쟁절차에 직접 참여할 경우 최대한 분쟁과정에서 발생하는 비효율성과 불확실성을 해소하기 위해 노력할 것이고 이러한 비용은 감소할 것으로 보인다.

이렇듯 사적 당사자들의 분쟁해결절차에의 참여는 주인-대리인 문제(principal-agent problem)를 완화할 수 있고, 경제적 이해와 관련된 분쟁의 성격에서 결정되어야 할 사안이 정치적·외교적 사안들과 함께 고려됨으로써 발생하는 분쟁해결 결과의 왜곡과 불합리성을 줄일 수 있다. 또한 불필요한 비용과 시간을 줄일 수 있어 기업 등 사적 당사자들이 가장 꺼리는 미래의 불확실성을 줄일 수 있을 것으로 기대한다.

2) 아세안 방식의 배제

위에서 언급한 아세안 방식은 아세안의 의사결정 방식을 규정하는 특징이라고 할 수 있다. 하지만 이는 법적·제도적 규범을 우선시하고 국가의 주권을 제약하거나 초월하는 초국가적 기구를 수용하는 EU 등 서구의 의사결정 방식, 특히 경제통합 등과 관련된 지역통합 접근법과는 상당히 구별된다. 이 방식은 내정 불간섭, 법적·제도적 강제성의 최소화, 비공식, 협의 및 합의, 무력 사용의 지양 등 다양한 원칙을 포함한다.

1967년 아세안의 출범 이후 지난 수 십년 간 아세안 방식은 아세안 역내 문제와 갈등을 관리하는 방식으로 발전되어왔다. 아세안 방식의 기본 아이디어는 회원국이 협의를 통해 논쟁이 되는 문제에 대한 합의에 도달할 수 있도록 하는 데 초점을 맞추는 데 있다. 만약 합의에 도달할 수 없다면 문제의 해결은 일단 논의의 대상에서 제외하고 우선적으로 그 외의 다른 상호 관심 분야에서 계속 협조해야 한다는 것이다. 지금까지 아세안 방식이 회원국 간 격차가 크고 정치적·경제적 특성이 상이한 아세안 지역의 안정과 연대를 효과적으로 유지하는 데 일정부분 중요한 역할을 해왔고 또 앞으로도 그럴 것임은 부인할 수 없다. 하지만 아세안 방식이 지금까지 그랬듯이 앞으로도 아세안의 분쟁해결절차에서도 핵심적이고 중요한 역할로서 작동해야 하는지에 대한 논의는 의미가 다르다.

1996년 의정서를 대체하기 위한 EDSM의 제정은 아세안이 보다 신뢰성 있는 법적·제도적 분쟁해결메커니즘을 창출하기로 한 결정이었다. 하지만 그 내용에서 ASEAN EDSM은 WTO DSM과 매우 흡사하지만 여전히 아세안 방식 원칙이 작동하도록 하고 있다. 예를 들어 패널 절차의 초기 단계(의무적인 협의)와 절차의 최종 단계(아세안정상회의로의 회부)는 모두 분쟁을 사법적 차원에서 해결하기보다는 정치적·외교적 수단에 의존하고 있음을 보여주는 것이다. 즉, ASEAN EDSM은 WTO DSM의 일부 법률적 요소를 빌려오고 합의절차를 용이하도록 시한을 두는 등 법적·제도적 분쟁해결절차의 성격뿐만 아니라 분쟁해결의 최종 단계에 아세안 방식을 통합한 이중적 성격을 갖고 있다고 할 수 있다. 따라서 그 분쟁해결절차는 겉보기에는 명확해 보이지만 실제로는 혼란스럽고, 명확한 목표 또는 접근법이 없거나 혼재한 프레임으로 변질되었다고 할 수 있다. 향후 아세안의 분쟁해결절차는 이러한 아세안 방식을 어떻게 통제하고 더 나아가 제거할 수 있는가에 그 성패가 달려 있다고 할 수 있다. 아세안 방식의 문제점을 들어보면, 첫째, 아세안 방식은 그 원칙 중 많은 부분이 분쟁해결을 위한 법적 틀과 배치된다. 비공식적, 타협을 통한 분쟁해결원칙과 법과 제도에 의한 해결원칙은 상호 배타적인 개념이다. 규범을 기반으로 한 분쟁해결 메커니즘이 적절하게 작동하기 위해서는 참여국이 무역분쟁을 포함한 통상 분야에서 주권적 권리를 스스로 양도해야 한다. 따라서 현재의 주권적 권리를 포기하지 않는 것을 전제로 하는 아세안 방식은 향후 아세안 경제통합에서 불가피하게 요구되는 주권의 제약과 배치될 수 밖에 없다. 경제적 분쟁은 제소국과 피소국 간의 제로섬(zero-sum) 게임이 되는 경우가 대부분으로 제로섬 게임을 회피하는 아세안 방식은 이와 배치된다. 합의와 타협과 같은 개념은 대결의 성격이 강한 분쟁해결메커니즘의 본질과도 배치된다. 일반적으로 분쟁해결절차는 법적인 측면만을 고려하지만 현재의 ASEAN EDSM는 아세안 방식을 포함한 정치적인 고려사항도 허용하고 있기 때문에 이에 배치된다. 따라서 이러한 아세안의 분쟁해결절차의 아세안 방식의 적용이라는 절충은 겉으로는 그럴 듯해 보이지만 결국 아세안 회원국이 ASEAN EDSM을 굳이 활용하지 않도록 하는 요소로 작용하고 있다.

둘째, 아세안은 아세안 방식에 따라 최종적인 분쟁해결을 아세안 정상회의에 회부할 수 있도록 하고 있다. 아래의 아세안 헌장 제26조 및 제27조 2항에서와 같이 분쟁이 해결되지 않을 때 이 분쟁은 아세안 정상회의에 회부되어야 한다고 규정하고 있다. 따라서 아세안 분쟁해결메커니즘으로 인한 결과, 권고 또는 결정을 따르지 않거나 이를 준수하지 않아 영향을 받는 회원국은 이 문제를 아세안정상회의에 회부할 수 있고 아세안정상회의는 이에 대한 결정을 내릴 수 있다.

제26조는 당사국이 분쟁해결 결정을 수용하기를 거부하면 분쟁은 아세안 회원국의 연례회의인 아세안정상회의로 회부될 것을 제안

한다. 다시 말해 아세안정상회의는 ASEAN EDSM의 최고의사결정 기구 역할을 하게 되는 것이다. 이러한 의사결정구조는 결국 ASEAN EDSM의 법적 확실성과 의사결정의 최종성을 약화시키는 요인으로 작용한다. 이는 WTO의 분쟁해결절차와는 달리 패널이나 상소기구의 결정을 추가로 검토할 수 있는 가능성을 열어놓는 것으로 사법적 판단에 대한 최종적 권위를 인정하지 않는 것과 마찬가지로 결국 분쟁해결 메커니즘을 무력화하는 것이다.

> Articles 26 and 27(2) of the ASEAN Charter state:
>
> When a dispute remains unresolved, ... this dispute shall be referred to the ASEAN Summit, for its decision. ...
> Any Member State affected by non-compliance with the findings, recommendations or decisions resulting from an ASEAN dispute settlement mechanism, may refer the matter to the ASEAN Summit for a decision.
>
> 아세안 헌장 조항 26 및 27(2):
>
> 분쟁이 해결되지 않을 때, 이 분쟁은 아세안정상회의에 회부되어야 한다. … 아세안 분쟁해결메커니즘으로 인한 결과, 권고 또는 결정을 준수하지 않아 영향을 받은 회원국은 이 문제를 아세안정상회의에 회부해 결정을 내릴 수 있다.

특히 아세안정상회의가 외교적 채널임을 감안할 때 이 분쟁에 대한 추가 검토는 아세안 회원국 간의 정치적 고려사항을 중심으로 이루어질 가능성이 있다. 이러한 제도적 취약성에 비추어볼 때, 회원국 참가자들은 ASEAN EDSM을 규범에 기반한 시스템이라고 인식하기보다는 외교적 차원의 갈등 해소를 위한 시스템, 다시 말해 기존의 다른 의사결정 방식과 마찬가지로 아세안의 분쟁해결메커니즘에도 아세안 방식이 적용되는 것으로 인식할 가능성이 크다.

요약하자면 아세안 방식은 아세안 회원국의 식민지 역사 경험과 이에 따른 서구의 의사결정 방식에 대한 전반적인 불신을 전제로 아세안 회원국 간의 격차를 수용하는 현실적인 방안으로 채택되고 확대, 발전되어왔다. 하지만 이러한 아세안 방식을 통한 의사결정 방식은 현실적으로 세계화의 급속한 진전과 글로벌 차원의 경제통합 현상이 심화되고 있는 최근의 상황과 요구에 부합하지 않는 속성이 있다. 더욱이 아세안은 2015년 아세안경제공동체를 출범시키고 한 단계 높은 경제통합체로 발전하기 위한 프로세스를 진행하고 있다는 측면에서 아세안 방식에 대한 논란은 더욱 증폭될 가능성이 있다.

이러한 상황에서 향후 더욱 많아지고 다양해질 아세안 국가 간 무역분쟁의 해결을 기존의 아세안 방식에 의존할 수만은 없고 또 그렇게 할 수도 없게 될 것이다. 시대적 변화에 부응하기 위해서는 아세안 방식을 맹목적으로 고집할 필요도 없다. 아세안 방식은 정치적 분쟁 해결에 대한 적절한 접근방법이라고 할 수 있지만, 경제적 분쟁의 해결에서는 실질적으로 비효율적이고 바람직하지 않다.

ASEAN EDSM은 나름대로 규범을 기반으로 하는 분쟁해결메커니즘으로 규정할 수 있지만 그 핵심적 내용에는 아세안 방식의 요소들이 포함되어 있음을 부정할 수 없다. 이는 아직까지 아세안의 분쟁해결절차가 법의 지배(rule of law)보다는 정치의 지배 또는 힘의 지배(rule of politics or rule of power)하에 있다는 것을 의미한다. 따라서 향후 법의 지배가 적용되는 분쟁해결절차의 수립을 위한 현재의 분쟁해결절차의 개선 여부는 아세안경제공동체의 실질적인 진전과 발전을 평가할 수 있는 잣대로 활용될 수 있을 것이다.

4. 대안으로서의 아세안 중재센터

위에서 논의했듯이 ASEAN EDSM이 공개적으로 법의 지배를 포용하고 규범을 기반으로 하는 분쟁해결시스템으로 자리매김되기 위해서는 아세안 방식을 점진적으로 폐지해야 할 필요가 있다. 자유무역을 추구하는 국제무역질서의 맥락에서 보면 법의 지배(rule of law)는 모든 WTO 회원국이 무역협정의 규칙과 조건을 준수하고 무역분쟁을 법적 근거만을 통해 해결하는, 즉 규범을 기반으로 하는 다자간 무역체제의 개념을 말한다. 법의 지배에 기반한 분쟁해결메커니즘은 분쟁당사자에 대한 구속력 있는 결정을 내릴 수 있어야 한다. 따라서 아세안자유무역지대의 경우 법의 지배가 실질적으로 적용되는 분쟁해결절차의 개선이 필요하며, 이를 통해 아세안경제공동체의 발전을 위한 기반을 마련할 수 있을 것이다.

하지만 위에서 언급한 바와 같은 아세안이 가지고 있는 현실적 제약을 고려해볼 때 단기간 내에 ASEAN EDSM에 법의 지배를 온전히 적용하기는 어려울 것이다. 이에 대한 현실적 대안으로서 제기되고 있는 것이 아세안 중재센터(ASEAN Arbitration Center)다. 중재(arbitration)란 제3자가 분쟁에 연루된 당사국들 사이에서 분쟁을 조정해 화해를 모색하는 것을 의미한다. 중재를 통해 현재 아세안이 갖고 있는 분쟁해결시스템의 한계와 단점을 상당부분 보완할 수 있을 것으로 기대할 수 있다.

아세안이 고수하고 있는 아세안 방식의 특성 때문에 분쟁해결절차로서 중재가 적절할 수 있다. 또한 아세안 회원국 간의 발전 격차를 고려할 때 중재는 일반적인 사법적 절차에 비해 증거 및 절차의 간소화 등에서 개발도상국 회원국에 좀 더 접근하기 쉽고 활용되기 쉬운 분쟁해결 방식이 될 수 있다. 예를 들어 시간과 비용을 절약하기 위해 법원의 재판 개시 및 진행을 위한 절차 대신 중재를 통해서 이보다 간소하고 편리한 절차의 채택이 가능하다. 그리고 대부분은 비용 측면에서 소송보다 중재가 더 저렴하다. 중재는 일반적으로 대부분의 분쟁당사자가 요구하는 기밀 유지를 위해 비공식적으로 개최되는 특성이 있다.

이러한 이점을 가진 중재를 활용하기 위한 공식적 기구인 아세안 중재센터의 제안은 이전부터 논의되어왔는데 2010년 발효된 아세안 헌장에 관한 분쟁해결메커니즘 의정서(2010 Protocol to the ASEAN Charter on Dispute Settlement Mechanism)가 그 대표적인 예다.[6] 동 의정서에는 분쟁해결을 위한 여러 가지 방식에 대해 그 의미와 절차를 구체적으로 기술했다. 특히 중재를 중심으로 하는 분쟁해결절차에 대한 내용이 다수 반영됨으로써 아세안 내에서 중재를 통한 분쟁해결이 본격적으로 진행될 수 있는 제도적인 여건을 마련했다고 할 수 있다.

중재는 ASEAN EDSM이 법의 지배를 실행하기 위한 현실 가능한 대안이 될 수 있다. 중재는 아세안 방식과 같은 정치적 영향력에서 자유롭지만 동시에 중재판정이 법적인 성격을 갖는다는 측면에서 사법적 구속력의 적용이 가능하다. 중재는 당사자 간의 상호 합의하에 제3자(중재인)에게 법적으로 구속력을 지닌 중재판정(award)을 내릴 수 있는 권한을 부여함으로써 분쟁을 해결하는 방식으로 특히 무역 등 상사

6 http://agreement.asean.org/media/download/20160829075723.pdf 참조.

분쟁 관련 사건에서 널리 이용되며, 주권 국가 간의 국제적 분쟁 해결 시에도 사용되고 있다.

제3자, 즉 중재인은 당해 분쟁 분야에 정통한 자로 양 당사자에 의해 선정된 개인이나 중재기관이다. 중재는 일반 사법적 판정제도에 비해 그 법적 엄격함이 덜하고 분쟁당사국들의 의사와 이해가 충분히 반영될 수 있다는 점에서 아세안 회원국이 선호할 가능성이 크다. 앞에서 언급했듯이 이러한 이점이 2010년 아세안 분쟁해결메커니즘 의정서가 발효된 요인이라고 할 수 있다. 아세안 중재센터는 2010년 아세안 분쟁해결메커니즘 의정서를 기초로 아세안자유무역지대와 아세안의 여타 경제 관련 협정에서 야기되는 무역분쟁을 다루는 역할을 할 것으로 기대된다.

법적인 측면에서도 중재센터의 설립은 2004년 의정서의 조항과 충돌하지 않는다. 2004년 의정서 제1조 3항에서는 분쟁당사국들은 분쟁해결을 위해 다른 분쟁해결절차를 자유롭게 선택할 수 있다. 따라서 분쟁당사국들이 아세안자유무역지대에서 발생하는 분쟁으로 ASEAN EDSM의 패널을 통한 분쟁해결 대신 아세안 중재센터에 분쟁건을 제고하는 것도 동 의정서에 배치되지 않는다고 할 수 있다. 물론 분쟁해결절차와 관련된 당사국들 간의 합의가 이루어지지 않을 수 있기 때문에 이를 극복하기 위한 가장 이상적인 방안은 2004년 의정서에 배타적 관할권 조항 또는 분쟁해결절차의 중복 가능성을 차단하는 조항을 신설하는 것이 될 수 있다.

좀 더 구체적으로 아세안 중재센터의 설립은 위에서 언급한 아세안 분쟁해결메커니즘의 개선을 위해 필요한 요소들의 도입과 더불어 다음의 세 가지 주요 목적을 수행할 것으로 기대할 수 있다. 첫째, 민간 분쟁당사자들이 아세안 중재센터에 직접 접근할 수 있는 권한을 부여함으로써 분쟁절차를 정부에 위임하는 데서 야기될 수 있는 불필요한 시간과 비용을 줄일 수 있다. 또한 분쟁당사자들이 자신의 의사와 이해를 효율적으로 제시할 수 있게 되어 현재 정부 중심의 ASEAN EDSM과 비교할 때 분쟁절차와 판정에 더 효율적이고 일관되며 공평한 분쟁해결방법이 될 수 있을 것이다. 민간 분쟁당사자들은 자국 정부에 더는 의지하지 않아도 되기 때문에 분쟁해결과정에서 정치적·외교적인 고려사항이 개입될 여지가 없는 것도 하나의 중요한 이점이라고 할 수 있다.

둘째, 중재는 미해결된 분쟁이 아세안정상회의까지 회부되는 것을 막을 수 있다. 위에서 보았듯이 아세안 헌장 제26조는 ASEAN EDSM에 따른 미해결 분쟁을 아세안정상회의에 회부해 최종 결정을 내릴 수 있도록 하고 있다. 하지만 아세안 중재센터의 판정은 법적으로 구속력 있는 효력을 가지고 있고 이와 더불어 중재판정의 집행은 아세안 10개국 모두 중재판정의 법적 구속력을 확인하는 뉴욕협약에 가입하고 있기 때문에 제26조는 이에 적용되지 않는다. 아세안 중재센터의 설립과 중재절차의 시행은 ASEAN EDSM이 정치적 영향력에서 벗어나 법의 지배에 기초한 분쟁해결메커니즘으로 발전하는 데 징검다리 역할을 할 것으로 기대할 수 있다.

셋째, 아세안 중재센터 설립은 또한 ASEAN EDSM과 WTO DSM 간에 차별성을 두어 아세안 역내 차원에 적합한 분쟁해결메커니즘의 구축을 가능하게 할 것이다. ASEAN EDSM은 WTO DSM과 그 내용이 거의 유사하기 때문에 회원국들로부터 WTO DSM의 아류라는 부정적인 인식을 받게 된 것이 사실이다. 또한 아세안 회원국들과 역내 기업들이 대부분 분쟁해결 방법으로 중재에 익숙하다는 점을 감안할 때 ASEAN EDSM을 중재절차를 중심으로 통합하게 되면 아세안의 지역적 특수성이 잘 반영된 특화된 분쟁해결메커니즘으로 발전될 가능성이 크다고 할 수 있다.

이 외에 아세안 중재센터 설립은 분쟁해결과 관련된 것뿐만 아니라 아세안이 통합된 지역공동체로서 변화, 발전하는 데 선례를 제공할 수 있게 되어 여러 부문에서 법의 지배가 확장, 강화되는 역할을 할 수 있을 것으로 보인다. 아세안 중재센터는 아세안경제공동체가 법의 지배를 받는 실질적인 역내 경제공동체로 발전하는 데 과도기적 역할을 할 수 있을 것으로 평가된다.

5. 요약 및 평가

무역분쟁의 효율적이고 구속력 있는 해결은 다자간 무역체제의 중심축이다. 아세안자유무역지대도 예외는 아닐 것이다. 하지만 ASEAN EDSM은 그 제도적 한계로 인해 지금까지 단 한 번도 활용된 사례가 없을 정도로 무력하다고 평가되어왔다. 하지만 아세안경제공동체의 출범과 더불어 역내 경제통합의 진전을 위해서는 법적 차원의 분쟁해결메커니즘의 개혁은 더는 미룰 수 없는 과제이고 필수불가결한 것이 되었다.

ASEAN EDSM은 크게 세 가지 문제점을 가지고 있다. 첫째, ASEAN EDSM과 WTO DSM의 중복 문제, 둘째, 민간 분쟁당사자의 ASEAN EDSM 참여 배제 문제, 셋째, 아세안 방식에 의한 분쟁해결절차의 정치화 문제다. 2015년 출범한 아세안경제공동체의 목표인 자유로운 상품, 서비스, 노동력, 기술의 이동이 가능한 단일시장과 생산기지를 이루기 위해서는 실제로 이러한 문제점들이 극복되어야 할 것이다. 아세안 역내 경제가 더 높은 단계의 경제통합체로 발전해갈수록 필연적으로 아세안 회원국 간의 무역분쟁은 많아지고 다양해질 것이다. 따라서 아세안경제공동체의 실질적인 실현을 위해서는 단기적인,

임시방편의 분쟁해결이 아닌 장기간 지속될 수 있는 효과적이고 유능한 분쟁해결시스템의 도입과 개발이 필요하다. 하지만 현재의 ASEAN EDSM에는 이러한 부분이 충분히 반영되지 않고 있다고 판단된다.

따라서 ASEAN EDSM의 실효성과 신뢰성을 높이기 위해 우선 '법의 지배'로 가기 전에 '법과 중재의 지배'를 활용할 필요가 있다. ASEAN EDSM에 중재를 통한 분쟁해결절차를 구체화하고 이를 통해 분쟁해결과정을 점진적으로 탈정치화함으로써 ASEAN EDSM을 규범적 분쟁해결시스템으로 전환하는 방안을 고려할 수 있다. 이는 아세안 방식을 극복할 수 있는 효과적인 전략이 될 수 있다. 아세안의 일부 회원국에 법치주의에 의한 분쟁해결은 바로 수용하기 어려울 수 있다. 따라서 법의 지배로 나아가기 전에 과도기적 형태로서 아세안 역내 무역분쟁을 전담해 처리하는 '아세안 중재센터'를 설립하는 것이 하나의 대안이 될 수 있다. 중재는 사법적 판정 과정과 효력이 유사하지만 비공식적이고 유연한 진행절차가 가능하고 정치적 영향력에서 자유로우며 민간 분쟁당사자도 직접적으로 분쟁해결절차에 참여할 수 있다는 점에서 아세안의 특성에 적합한 분쟁해결 방법으로 제시될 수 있다.

결론적으로 아세안 중재센터는 ASEAN EDSM이 가지고 있는 세 가지 난제를 해결할 수 있는 방안이다. 즉 개인 참여를 허용할 수 있고, 둘째, 절차상 정치적 간섭을 억제할 수 있고, 셋째, ASEAN EDSM과 WTO DSM 간의 차별화가 가능하다. ASEAN EDSM에 대한 분쟁해결 방식으로 중재를 추가하고 이를 현실화하는 아세안 중재센터의 설립과 발전은 이후 아세안경제공동체가 법의 지배를 받는 명실상부한 역내 경제공동체로 발전하는 데 중요한 역할을 할 수 있을 것으로 평가된다.

제7장

결론

1. 연구 요약 및 시사점

WTO의 분쟁해결제도는 1995년 이전에는 그 강제력의 부재 등으로 불완전했다. WTO의 전신(前身)이라고 할 수 있는 GATT 체제의 분쟁해결제도에 대한 회원국의 불만이 누적되어왔고, 이를 개혁하기 위한 오랫동안의 협상과 노력 끝에 현재의 WTO 분쟁해결협정이 고안되었고, 20여 년 넘게 실행되어왔다. 그동안 WTO 분쟁해결제도를 통해 모든 회원국이 법의 지배를 통한 혜택을 누리고 있다고 평가된다. 하지만 급격히 변화되고 발전하는 세계무역질서의 환경에 대응하기 위해서는 지속적인 분쟁해결제도의 개선 또는 개혁을 통해 회원국의 신뢰를 담보할 수 있는 노력이 필요하다고 할 수 있다.

미국, EU 등 선진강대국들의 경우에는 통상정책의 목표를 달성하기 위해 일방적으로 행동하는 것이 국제적 협정 또는 규칙의 제약 속에서 행동하는 것보다 더 효과적이고 매력적일 수 있다. 하지만 다자적 차원의 세계경제질서 속에서 상호 간 경제협력과 무역을 통해 살아가는 것이 익숙해지고 일상이 되어버린 지금 일방주의 전술이 지속가능성을 담보하는 효과적인 수단이 될 수 있는지는 회의적이다.

분쟁해결에 있어 자국의 단기간의 이익을 실현하기 위한 일방적 보복 조치는 상대방 국가로부터 다시 보복 조치를 불러일으킴으로써 결국 모두에게 손해가 된다는 것은 이미 역사적 경험으로 알고 있는 바다. 이에 반해 법, 규칙에 근거한 분쟁해결은 일방적 조치에 비해 덜 매력적으로 보이지만 모든 국가의 전반적인 이익에 도움이 될 가능성이 높다. 이러한 가능성은 특히 자유무역을 통한 세계시장으로의 진출을 통한 성장의 대표적 성공사례라고 할 수 있는 우리나라를 비롯한 대만, 싱가포르, 콜롬비아, 스위스 등과 같은 소규모 개방경제에 더 잘 적용될 수 있다. 아세안도 이러한 것에서 예외일 수 없다. 이는 다시 뒤집어 생각해보면 분쟁해결에 있어 힘의 지배를 바탕으로 한 일방적 조치의 경우 이들 국가에는 매우 부정적인 영향을 줄 수밖에 없다는 것을 의미한다. 왜냐하면 분쟁해결에 있어 일방적 보복 조치는 시장참여자들에게 시장의 축소뿐만 아니라 미래에 대한 불확실성을 가져오고 경제적 활동을 위축시키기 때문이다.

최근 심각한 문제로 떠오르고 있는 미국의 WTO 분쟁해결제도의 무력화 시도나 미국의 입맛에 맞는 성격으로의 변화 시도는 그것이 설사 성공한다 하더라도 미국 등 몇몇 국가에 단기간의 승리 또는 혜택을 제공할 수는 있겠지만 모든 회원국이 공유할 수 있는 장기적인 차원의 무역의 이익에는 심대한 피해를 끼칠 수 있다. 따라서 모든 WTO 회원국은 WTO 분쟁해결제도의 원활하고 효과적인 기능을 위해 더욱 노력해야 하며 아세안은 더 그리해야 할 것이다.

물론 오늘날 WTO 분쟁해결제도는 직면한 법적인 차원의 문제를 넘어서 다분히 정치적인 성격을 띠고 있다. 이러한 것들을 함께 고려하며 분쟁해결제도의 개선과 발전 및 적극적이고 주도적인 참여를 위해서는 다양하고 세분화되고 있는 통상 분야의 전문가들의 양성이 필요하고 이를 위한 제도적 지원이 뒷받침되어야 할 것이다. 이것은 앞으로도 무역을 통해 먹고 사는 문제를 해결해야 하는 아세안에는 필수적이고 불가피할 것으로 보인다. 이러한 차원에서 본 연구는 아세안의 통상정책과 무역분쟁에 대한 이해를 위해 관세 및 비관세 조치, WTO 분쟁의 현황 및 사례 분석, 역내 차원의 무역분쟁해결메커니즘 등에 대해 살펴보았다.

2장에서는 아세안의 WTO 분쟁 추이와 그 특징 및 시사점을 살펴보았다. 2000년대 들어서 아세안의 후발주자인 캄보디아, 라오스, 베트남 등이 WTO에 가입하게 되고 본격적으로 세계경제체제에 통합됨에 따라 아세안은 WTO의 다자간무역질서 속에 밀접하게 연결되게 되었다. 이는 아세안 개별국가 차원에서뿐만 아니라 아세안경제공동체를 중심으로 하는 경제통합의 차원에서도 중요한 이슈가 될 것이다.

아세안의 WTO 분쟁의 연도별 추이를 보면 세계와 대동소이한데 이는 아세안의 WTO 분쟁도 세계의 전반적 흐름 속에서 움직이고 있음을 의미한다. 아세안은 1995년 WTO 출범 초기 WTO 분쟁해결절차의 활용에 비교적 적극적이었지만 2000년대 이후 소강상태를 보였다. 하지만 2010년 이후 인도네시아와 베트남을 중심으로 다시 적극적으로 WTO에 제소하는 모습을 보였다. 피소의 경우에도 2010년대 이후 증가하고 있다. 세계경제 위기 이후 세계적 경기침체가 장기화되고 보호무역주의가 다시 대두되는 상황에서 개별국가들은 자국의 무역이익을 최대한 담보하기 위해 WTO 분쟁해결절차를 적극적으로 활용할 가능성이 커질 것으로 보인다. 따라서 아세안도 이러한 세계적 추세에 대응한 개별국가 및 역내 경제 전체 차원의 대응방안이 필요할 것으로 보인다. 특히 보호무역의 색채가 강한 정책을 실시하고 있는 인도네시아가 2010년대 이후 WTO 제소 및 피소 대상 주요 국가가 되었다. 적절한 개혁과 개방을 통해 WTO 협정을 위배하지 않고 피소를 피함으로써 불필요한 분쟁으로 인한 비용을 줄일 필요가 있을 것으로 보인다.

3장에서는 통상정책의 중요한 축의 하나인 관세조치에 대해 양허관세율과 실행관세율을 중심으로 살펴보았다. 양허관세율은 WTO 다자간 협상에서 개별국가들의 국내 산업 보호를 위한 정책 의지가 반영된 결과다. 인도네시아와 미얀마가 가장 높은 수준의 양허관세율을 책정하고 있고 태국, 필리핀 등도 상당히 높은 수준의 양허관세율을 책정했다는 것은 WTO 출범 초기 이들 국가의 국내 산업 보호 내지는 시장개방에 대해 상당히 보수적인 성향을 나타낸 것이라고 할 수 있다. 실행관세율의 경우에도 국가별 차이가 상당히 큼을 알 수 있다. 특히 태국, 인도네시아 등은 WTO 출범 초기 국내 산업 보호를 위한 상당히 높은 관세율을 부과하고 있음을 알 수 있고, 이는 이들 국가가 보호무역적인 색채가 강한 관세정책을 시행하고 있었음을 의미한다고 할 수 있다. 또한 실행관세율의 추이를 통해 한 가지 주목할 수 있는 것은 아세안 전체 차원에서 보았을 때 관세율의 하락이 1998~2000년 시기에 두드러졌다는 점이다. 1990년대 후반 실행관세율의 대폭적인 하락은 1997~1998년의 동아시아 외환위기로 인해 급격한 경제정책의 변화와 맞물려 있는 것으로 보인다. 당시 인도네시아, 태국, 필리핀 등은 외화유동성의 급격한 고갈로 인해 IMF 구제금융을 받는 조건으로 시장개방 및 경제구조조정 등의 요구를 수용할 수밖에 없었다. 이러한 경제외적 충격으로 인해 아세안 주요 국가의 통상정책에도 변화가 불가피할 수밖에 없었던 것으로 보이며 시장개방을 위해 관세율을 큰 폭으로 인하한 것으로 보인다.

1990년대 큰 폭으로 하락한 실행관세율은 이후 2000년대 중반까지 8.5%대 내외에서 유지되다 2000년대 후반 이후 7%대로 하락하는 것을 볼 수 있다. 향후 대외개방이 가속화되면 세계 평균인 4% 수준 이하로 떨어질 것으로 예상해볼 수 있다. 실행관세율이 2000년대 후반이나 1990년대 후반처럼 큰 폭 하락한 것은 아니지만 다시 유의미하게 하락세로 돌아선 것은 2008년 미국에서 시작된 글로벌 금융위기로 인한 세계적인 경기침체와 불황에 따른 무역의 감소를 극복하고자 하는 정책적 노력에서 기인한 것으로 볼 수 있다. 관세율의 변화 양상을 보면 2013년 이후부터는 아세안 대부분의 국가에서 거의 변화가 없는 것을 알 수 있다.

이는 WTO 차원의 최혜국대우 관세율의 변화를 통한 통상정책의 효과나 의미가 많이 희석되었음을 의미한다. WTO의 다자간 무역협상인 DDA(도하개발 어젠다)가 뚜렷한 성과 없이 장기간 공전하면서 WTO를 통한 자유무역확대에 의존하기보다는 양자 간, 복수국 간의 FTA 체결 등 지역적 차원의 경제통합, 무역협정 등이 활발해졌고 이로 인해 WTO보다는 FTA와 관련된 관세율 등이 실제로는 더욱 중요한 통상정책의 관심사항이 되었다고 할 수 있다. 따라서 최근 실행관세율이 거의 변동 없이 유지되는 상황은 WTO를 중심으로 하는 새로운 다자간 무역협정의 체결이 성사되기까지는 지속될 것으로 보인다.

4장에서는 통상정책의 또 하나의 축인 비관세조치를 통해 아세안의 통상정책 및 무역분쟁 가능성에 대해 살펴보았다. 아세안의 비관세조치가 세계에서 차지하는 비중이 미국에 이어 두 번째로 많다는 것은 의미하는 바가 크다. 위에서 언급했듯이 비관세조치는 다분히 국내 산업을 보호하기 위한 차원에서 시행되는 경우가 많다는 측면에서 볼 때 아세안의 통상정책에 있어 관세를 활용한 국내 산업 보호뿐만 아니라 비관세조치를 활용한 보호정책도 상당히 많이 활용되고 있음을 의미한다. 물론 비관세조치가 직접적으로 비관세장벽 등의 국내 산업의 보호조치로 연결되지는 않지만 비관세조치가 많다는 것은 그만큼 비관세장벽으로 활용될 가능성 또한 높아진다는 것을 부정할 수 없다.

9개의 비관세조치 중 가장 많이 활용되고 있는 것으로는 SPS(위생 및 검역조치), TBT(무역기술장벽), ADP(반덤핑관세), TRQ(관세할당) 등인

데 이는 아세안이 국내 산업을 보호하기 위해 관세조치뿐만 아니라 비관세조치도 적극 활용하고 있음을 의미한다. 아세안이 수출주도형 성정전략을 수행해오고 있지만 그 이면에는 다분히 국내 산업을 보호하고자 하는 통상정책의 목표를 위한 방안들이 주요국 못지않게 활발히 시행되고 있다고 할 수 있다.

또한 비관세조치와 관련해 STC(특정무역현안)의 제기에 대해서도 살펴보았다. 특히 인도네시아와 말레이시아는 할랄식품(제품)과 관련된 기준 적용과 관련된 비관세조치 시행 및 STC 제기가 주된 이슈가 되고 있다. 필리핀, 싱가포르, 태국의 경우는 비관세조치 시행건수에 비해 제기된 STC의 건수가 많지 않은데 이는 이들 선발국의 통상부문에 있어 상대적인 성숙도를 반영한다고도 할 수 있다. 태국의 경우에는 다른 국가들과 상이하게 식품안전 및 검역과 관련된 STC보다 상품의 표준 및 인증 기준과 관련된 STC가 주로 제기되고 있다. 이는 태국의 산업적 특성을 반영한 것이라고 할 수 있다. 시기적으로 보면 주로 2008년 글로벌 금융위기 이후 제기된 STC가 그 이전 1995~2008년에 제기된 STC에 비해 월등히 많은데 이는 비관세조치의 시행이 글로벌 금융위기 이후 증가한 것뿐만 아니라 이에 대한 수출 상대국의 피해에 대한 민감도가 그만큼 증가했음을 반영한다고 할 수 있다.

아세안의 경우 총 61개의 STC 중 SPS가 1/3, TBT가 2/3 정도의 비중을 차지하고 있다. 육류, 과일 등의 식품안전 및 검역과 관련되어 있는 SPS는 품목에 있어 한정적인 데 비해 TBT는 모든 상품에 대한 비관세조치로 활용될 수 있다는 점에서 TBT에 대해 제기된 STC 건수가 많다고 할 수 있다. STC가 최초 제기된 시기를 보호무역의 기조가 심화된 글로벌 금융위기를 기준으로 이전과 이후로 나누어보면 예상대로 3건 중 2건은 2009년 이후에 제기된 것으로 글로벌 금융위기 이후에 STC가 많이 집중되어 있음을 알 수 있다. 또한 국가별로 보면 이러한 집중화는 인도네시아와 베트남에서 두드러지게 나타나는 것을 볼 수 있는데 이는 이 두 국가가 시장개방과 무역확대를 추진하는 동시에 비관세조치를 활용한 보호무역정책을 시행하고 있음을 의미한다고도 할 수 있다.

STC가 제기한 상품을 살펴보면 전반적으로 아세안의 비관세조치에 대해 제기된 STC는 주로 식품안전 및 검역과 관련된 비관세조치에 대한 STC가 대부분이다. 순위별로 보면 육류와 과일, 채소, 원예 등 식물류 및 할랄인증과 관련된 STC가 42.4%로 큰 비중을 차지하고 있다. 이 외에 주류, 철강제품, 휴대전화 및 PC, 도기 및 타일, 담배 등의 순으로 STC가 제기되었다.

향후 아세안은 비관세조치의 시행에 있어서 수출 상대국들의 STC 제기로 인한 불필요한 분쟁을 막기 위해 노력해야 할 것으로 보인다. 우선 통상정책의 시행에 있어서 국제적 기준과 관행에 부합하는 절차와 프로세스를 진행하고 아세안 지역 차원의 선발국-후발국들 간의 지원과 협력을 통해 개별국가 차원의 통상 분야의 경험과 노하우를 공유하고 아세안 역내 차원의 통상정책 공조를 활성화함으로써 이러한 무역분쟁으로 인한 갈등과 비용을 줄여나갈 수 있을 것으로 보인다.

5장에서는 아세안 무역분쟁의 사례들을 살펴보았다. 아세안의 WTO 분쟁 현황에 대해 분석하되 최근 WTO 분쟁제도의 활용이 급증한 인도네시아 및 베트남의 분쟁에 초점을 맞추어 그 현황과 주요 제소, 피소 사례에 대한 법적 쟁점 및 판정내용을 살펴보았다. 아세안의 제소는 주로 동 시기에 수출주도형 경제성장을 위해 육성하고 있던 상품 분야에 대해 주로 제기되었다. 결국 아세안은 수출산업의 안정적인 세계시장 확보를 위해 WTO에 적극적으로 제소하고 있음을 알 수 있다.

한편 피소 사건의 급증 또한 같은 맥락에서 아세안은 외국인투자를 유치하기 위한 정책을 적극적으로 추진해오다 2008년 경기침체로 인해 각종 보호무역정책을 시행한 것에 기인한 것임을 알 수 있다. 자국의 경제성장을 위해 외국투자 및 수입규제를 완화하는 정책을 시행하면서도 그 이면에는 세수확대와 자국산업 보호를 위해 수시로 법령 및 규제를 변경하고 도입해왔다. 이러한 상호모순적인 정책의 시행은 세계경제 위기 이후 더욱 강화되는 추세이고 정부의 개입과 보호정책이 상대국의 제소로 이어지게 되는 것이다. 아세안의 WTO 분쟁은 지속적으로 증가될 가능성이 큰 것으로 보인다. 이에 효과적으로 대응하기 위해 향후 발생할 수 있는 무역마찰의 여지를 최소화할 필요가 있고 무역분쟁 발생 시 이를 효과적으로 다룰 수 있는 역량을 키울 필요가 있다.

마지막 6장에서는 아세안 역내 차원의 무역분쟁해결메커니즘에 대해 살펴보았다. 무역분쟁의 효율적이고 구속력 있는 해결은 다자간 무역체제의 중심축이다. 아세안자유무역지대도 예외는 아닐 것이다. 하지만 ASEAN EDSM은 그 제도적 한계로 인해 지금까지 단 한 번도 활용된 사례가 없을 정도로 무력하다. 또한 아세안경제공동체의 출범과 더불어 역내 경제통합의 진전을 위해 법적 차원의 분쟁해결메커니즘의 개혁은 더 이상 미룰 수 없는 과제이고 필수불가결한 것이다. 이를 위해 ASEAN EDSM에 중재를 통한 분쟁해결절차를 구체화하고 이를 통해 점진적으로 분쟁해결을 탈정치화하고 ASEAN EDSM을 규범적 분쟁해결시스템으로 전환하는 효과적인 전략이 될 수 있다. 아세안 내의 일부 회원국에는 법치주의에 의한 분쟁해결을 수용하기 어려운 것이 될 수 있다.

따라서 법의 지배로 나아가기 전 과도기적 형태로 아세안 역내 무역분쟁을 독점적으로 처리하는 아세안 중재센터를 설립하는 것이 하나의 대안이 될 수 있다. 중재는 사법적 판정 과정과 효력이 유사하지만 비공식적이고 유연한 진행절차가 가능하고 정치적 영향력에서 자유로우며 민간 분쟁당사자도 직접적으로 분쟁해결절차에 참여할 수 있다는 점에서 아세안의 특성에 적합한 분쟁해결 방법으로 제시될 수 있다. 이러한 측면에서 ASEAN EDSM에 대한 분쟁해결 방식으로 중재를 추가하고 이를 현실화하는 방안을 포함한 아세안 중재센터의 설립과 발전은 이후 아세안경제공동체가 법의 지배를 받는 명실상부한 역내 경제공동체로 발전하는 데 중요한 역할을 할 수 있을 것이다.

2. 기대효과 및 향후 연구과제

위에서 논의한 바와 같이 아세안은 WTO 무역분쟁 및 관련 통상정책은 국가마다 다르지만 전반적으로 보면 인도네시아, 태국, 베트남 등이 역내 경제 및 통상정책의 흐름을 주도하는 측면이 강하다. 또한 수출주도형 성장전략을 시행하는 동시에 국내 산업을 보호하고자 하는 이중적인 특성도 보이고 있다. 따라서 향후 아세안 역내 및 역외 관계에 있어 무역분쟁이 더욱 중요한 이슈로 떠오를 것으로 전망된다. 이에 대한 역내 차원의 정책적·전략적 대비가 필요할 것으로 보이고 또한 무역분쟁과 관련한 한-아세안 간 상호 지원과 협력이 긴요할 것으로 전망된다.

본 연구의 결론을 토대로 예상할 수 있는 기대효과는 크게 다음의 세 가지로 요약해볼 수 있다. 첫째, 본 연구를 통해 아세안 통상정책의 성격과 결정 메커니즘에 대한 정확한 이해를 도울 수 있을 것이다. 이는 향후 한국과 아세안 양측의 통상 관련 협력을 도모하는 데 있어 장기적 관점에서 전략을 마련하고 계획을 수립하기 위한 기반을 제공하는 역할을 할 것으로 보인다. 특히 아세안공동체 건설을 계기로 아세안의 향후 성격과 역할이 더욱 강화될 것으로 보임에 따라 이에 대한 평가와 향후 한-아세안 관계에 있어 정책적 제안을 도출하는 데 기여할 것으로 기대된다.

둘째, 최근 그 입지와 중요성이 부각되고 있지만 전통적 교역국가들에 비해 그 연구가 부진한 동남아시아의 통상정책에 대한 학술적 요구에 부응하는 학문적 기여와 효과를 기대할 수 있을 것이다. 특히 최근 지역연구 분야에서는 다양한 인문, 사회과학 연구자들이 참여해 학제적 측면의 연구들을 논의함으로써 초국적·초문화적·초인종적 차원에서 나타나고 있는 현상을 논의하고 있다. 따라서 본 연구는 그동안 주류였던 계량경제학적 분석을 포함해 다양한 동 지역 및 개별국가들이 갖고 있는 역사적 맥락 속에서 통상정책이 내포하고 있는 특성 및 그 의미를 찾아내고자 했다. 이러한 연구방법은 위에서 언급한 학문간 융합 및 통섭적 방법에 의한 지역연구의 필요성이라는 최근의 학문적 요구 및 흐름에 부응할 것이다.

셋째, 본 연구를 통해 통상 관련 이슈뿐만 아닌 한-아세안의 전반적인 협력 방안에 대한 새로운 논의를 불러일으키는 계기를 제공할 수 있을 것으로 기대된다. 한국과 아세안은 1989년 대화관계 수립 이후 상대국의 관계를 맺은 이후 대외적 관계를 지속적으로 발전시켜왔으며 1997년 동아시아 경제위기 이후 한국과 아세안은 처음으로 '동아시아'라는 하나의 지역단위로 묶이게 되었다. 2004년 한국은 아세안 우호협력조약(ASEAN Treaty of Amity and Cooperation)에 서명하면서 한-아세안 관계를 포괄적 동반자 관계로 발전시켰다. 이러한 한-아세안의 경제협력관계는 세계경제의 불확실성의 상존 및 보호무역주의의 발흥에 따라 향후 더욱 진전될 필요가 있다. 이러한 측면에서 본 연구의 성과는 두 지역 간 협력관계를 증진하는 데 토대가 되는 기초 연구가 될 수 있을 것이다. 특히 최근 문재인 정부의 신남방(新南方)정책과 관련해 이에 대한 논의와 협력방안도 고려해볼 필요가 있다. 특히 2019년은 1989년 아세안과의 공식적인 외교관계인 대화관계를 수립한 후 30주년이 되는 해로서 이를 기념해 제3차 한-아세안 특별정상회의가 개최되었다.

향후 연구과제로는 이러한 분쟁해결의 여러 측면을 논의해 FTA 무역분쟁에 대한 적용 가능성도 타진해보고자 한다. 아세안의 WTO 무역분쟁에 대한 연구는 비단 WTO가 중심이 되어 이루어져온 다자간 무역질서라는 차원에서 끝나는 것이 아니라 동아시아 역내에서 확대, 심화되고 있는 FTA 체제에서도 충분히 적용 가능하다는 점에서 의미가 있다. 왜냐하면 WTO 무역분쟁 사례는 FTA에서 발생할 수 있는 분쟁을 예측하고 보다 효과적으로 이에 대응, 해결할 수 있는 적절한 벤치마킹의 사례로서 역할을 할 수 있다.

최근 아세안은 아세안경제공동체(AEC)의 출범에 이어, 역내포괄적경제동반자협정(RCEP), 환태평양경제동반자협정(TPP) 등 양자간, 다자간 FTA를 추진하고 있다. 역내의 다양한 FTA의 출현으로 인해 자유무역의 확대라는 긍정적인 측면뿐만 아니라 FTA 무역분쟁 증가라는 부정적인 측면도 예상해볼 수 있다. 이로 인한 경제사회적 비용이 증가할 경우 FTA의 긍정적 효과는 감소될 수밖에 없는데 FTA를 통한 무역의 이익을 극대화하기 위해서는 FTA의 분쟁 가능성에 대한 사전적 대응과 효과적인 사후대처 방안이 필요하다고 할 수 있다.

FTA의 경우 자체적인 분쟁해결제도를 마련하고 있지만 실제로 FTA 무역분쟁이 발생할 경우 WTO 무역분쟁 사례 또는 판례가 중요한 준거로 활용될 수 있다. 이러한 측면에서 본 연구는 아세안의 WTO 무역분쟁 사례를 분석해 FTA 무역분쟁에 대한 사전적 준거틀을 제공할 수 있을 것이다. 이를 통해 향후 발생할 수 있는 FTA 무역분쟁의 분야 및 가능성을 예상해보고 실제적으로 발생할 수 있는 분쟁 사건에 효과적으로 대응함으로써 자유무역의 긍정적 효과를 최대한 확보하는 데 일조할 수 있을 것이다.

또한 위에서 살펴본 비관세조치 및 STC가 실제로 WTO 무역분쟁으로 연결된 사례에 대한 분석도 가능할 것이다. 또한 아세안의 역내 분쟁해결메커니즘에 대한 논의와 활용방안 등이 그 하나의 주제가 될 수 있다. 이러한 연구는 아세안의 비관세조치와 관련해 발생할 수 있는 무역분쟁을 예측하고 효과적으로 이에 대응, 해결할 수 있는 방안을 제공할 것으로 기대할 수 있다. 이에 대한 논의는 향후 연구과제로 남기고자 한다.

참고문헌

공수진(2005), 「WTO 한국-인도네시아산 특정 종이 수입에 대한 반덤핑관세 사건」, 『국제경제법연구』, 제3권 제2호, pp. 51-204.

김다솜·나희량(2017), 「인도네시아 WTO 무역분쟁 연구: 통상정책 관련성을 중심으로」, 『국제지역연구』, 제21권 제3호, pp. 29-55.

김승호(2007), 『WTO 통상분쟁 판례해설(1)』, 법영사.

김태윤·손기태·정재완·이재호·백유진(2010), 『ASEAN 주요국의 비관세장벽 현황과 대응방안』, 대외경제정책연구원.

나수엽(2010), 「중·미간 반덤핑 및 상계관세 분쟁 격화의 경과와 배경」, 『지역경제 포커스』, 제4권 제17호, pp. 1-9.

나희량(2016), 「동남아시아의 WTO 무역분쟁 연구: 글로벌 통상환경의 변화에 따른 특성 및 과제를 중심으로」, 『동남아시아연구』, 제26권 제4호, pp. 119-177.

______(2015), 「아세안경제공동체 출범에 따른 아세안 역내무역 분석 및 시사점: EU, NAFTA, MERCOSUR와의 비교를 중심으로」, 『동남아시아연구』, 제25권 제1호, pp. 31-84.

문돈(2015), 「중국은 WTO 분쟁해결제도에 어떻게 참여하고 있는가?: 소극적 회피주의에서 대응적 법률주의로」, 『한국정치학회보』, 제49권 제1호, pp. 99-129.

신원규(2014), 「국제통상체제의 분쟁해결제도 성과의 재해석」, 안덕근·박지형·이지홍 편저, 서울대학교 아시아연구소, 『국제경제체제의 위기와 위험관리』, pp. 48-111.

안덕근(2014), 「국제경제체제의 발전과 국제통상분쟁 확산 의미와 시사점」, 안덕근·박지형·이지홍 편저, 『국제경제체제의 위기와 위험관리』, 진인진, pp. 11-36.

______(2011), 「WTO 체제 거버넌스의 구조적 문제점과 개선방안 분석」, 『통상법률』, 통권 제97호, pp. 179-221.

오선영(2014), 「WTO 최근 판례 분석을 통해 살펴본 TBT 협정의 해석 및 적용에 관한 연구」, 『법학논고』, 제47권 제4호, pp. 495-518.

외교통상부(2013), 『2013 외국의 통상환경』.

유예리(2008), 「중국의 WTO 분쟁해결체제 활용에 대한 평가와 전망」, 『한국동북아논총』, 제13권 제2호, pp. 205-222.

이길원(2015), 「WTO 분쟁해결절차에 있어서 개발도상국의 참여 활성화 방안」, 『국제법평론』, 제42권 제3호, pp. 115-133.

이제홍(2011),「무역구제제도의 반덤핑관세제도에 경쟁법 도입에 관한 연구」,『무역연구』, 제7권 제1호, pp. 405-425.

이효영(2014),「국제경제체제의 위기확산 상황에서의 정부 역할과 국제통상규범간 충돌」, 안덕근·박지형·이지홍 편저,『국제경제체제의 위기와 위험관리』, 진인진, pp. 112-147.

전정기(2011),「SPS협정상 위생검역조치의 적용과 적정보호수준의 결정」,『무역학회지』, 제36권 제4호, pp. 137-161.

허정·정지은(2014),「개발도상국과 선진국들의 보복성 반덤핑 제소 및 관세부과의 불균형 패턴에 관한 실증연구」, 안덕근·박지형·이지홍 편저,『국제경제체제의 위기와 위험관리』, 진인진, pp. 296-326.

인도네시아 통계청(2015), https://www.bps.go.id/

KIEP북경사무소(2012),「중국 WTO 소송 10년: 사안별 배경 경과와 판결」,『KIEP 북경사무소 브리핑』, 제14권 제4호, pp. 1-21.

Ahn, Dukgeun (2005), "WTO Dispute Settlements in East Asia," eds. T. Ito and A. K. Rose, *International Trade in East Asia* (NBER-East Asia Seminar on Economics 14), Chicago: University of Chicago Press, pp. 287-328.

Ballet, Lucas (2011), "Losing Flavor: Indonesia's WTO Complaint against the U.S. Ban on Clove Cigarettes," *American University International Law Review*, 26(2): 515-541.

Gonzalo, Villalta Puig and Lee, Tsun Tat (2015), "Problems with the ASEAN Free Trade Area Dispute Settlement Mechanism and Solutions for the ASEAN Economic Community," *Journal of World Trade*, 49(2): 277-308.

Kraichitti, Krit (2015), "Dispute Settlement Mechanisms for ASEAN Community: Experiences, Challenges and Way Forward," Workshop on Trade and Investment ASEAN Law Association 12th General Assembly, Feb. 25-28, 2015.

Sally, Razeen (2004), *Southeast Asia in the WTO*, Singapore: ISEAS.

UNCTAD (2017), World Investment Report, http://unctad.org/en/Pages/DIAE/

Vo, Thi Thanh and Nguyen, Ahn Duong (2009), "Vietnam after Two Years of WTO Accession: What Lessons Can be Learnt?" *ASEAN Economic Bulletin*, 26(1): 115-135.

WTO (2015), World Trade Report, http://www.wto.org

______ (2017a), World Trade Report, http://www.wto.org

______ (2017b), World Trade Statistics, http://www.wto.org

World Bank Data Base, http://databank.worldbank.org/data

World Trade Atlas, 2015, https://www.tradestatistics.com/gta/

찾아보기

ㅌ

ㅍ

ㅎ

발간사

아시아의 시대가 열렸고, 동시에 아시아연구의 전성시대가 도래했습니다. 서울대학교 아시아연구소는 2009년 9월 출범한 이래 '지역과 주제를 결합한 아시아 연구의 글로벌 허브'를 목표로 아시아 연구 기반 구축 및 기초연구 활성화를 위해 노력해 왔습니다. 아시아연구소는 지난 10년의 활동을 겸허히 돌아보며 '아시아의 미래, 교류와 협력, 그리고 지역 정보 공유'를 키워드로 '아시아와 세계를 잇고, 새로운 미래를 빚는 세계적 아시아 연구 플랫폼'이 되고자 합니다.

물론 아시아의 시대가 온다고 해서 아시아 사람들이 잘살고 평화롭게 협력하는 공동체가 이루어진다는 것은 아닙니다. 아시아 지역 혹은 국가 사람들이 어떤 공동체를 만들어 가고 싶은가, 아시아 공동체가 인류에게 어떤 도움이 되는 것인가를 꾸준히 질문하고 이에 대한 답을 찾아야 합니다. 서구 식민지 경험 이후 아시아 각국은 지속적인 내부 갈등과 적대, 민족주의와 인종차별, 혐오가 심해지고 있는 상황입니다. 아시아를 중심으로 교역, 이동, 그리고 협력이 꾸준히 증가하고 있음에도 불구하고 갈등 요인은 오히려 확대되고 있습니다. 이런 견지에서 서울대학교 아시아연구소는 아시아를 둘러싼 다양한 이슈와 도전 과제에 대한 이론적 연구는 물론 실천 및 정책적 대안을 제시하여 아시아 공동체를 형성하는 데 기여하고자 합니다.

서울대학교 아시아연구소는 이미 시작된 4차 산업혁명에 부응하는 지식의 생산과 공유, 그리고 후속세대 양성에도 책임을 다하고자 합니다. 이를 위해 이론적으로는 학문 간 융합, 교류, 미래 창발적 지식 창출에 힘을 다하며, 실천적으로는 아시아의 교류와 상호작용에 주목하고, 정책적으로는 아시아 지역 정보의 수집과 공유를 통해 적합한 정책 대안을 발굴하는 데 초점을 맞추고자 합니다.

이러한 연구 및 학술 활동 과정의 결실이 서울대학교 아시아연구소총서입니다. 지난 10년의 연구 축적을 토대로 서울대학교 아시아연구소는 국내외 연구자 간 연구 협력을 적극적으로 지원하여, 여기서 양산된 우수한 연구 성과 및 결과물을 지속적으로 발간해 나갈 것입니다. 아시아연구소총서가 아시아의 새로운 미래와 아시아 공동체를 이루어 가는 데 중요한 밑거름이 되기를 기대합니다.

서울대학교 아시아연구소